U0804656

小天鹅幼儿园教育
系列丛书

从儿童经验生发的艺术化课程

中班

丛书主编——张小媛
分册主编——黄　宁
分册副主编——张　静

南京师范大学出版社

图书在版编目(CIP)数据

从儿童经验生发的艺术化课程. 中班 / 黄宁主编
. —南京：南京师范大学出版社，2021.12
（小天鹅幼儿园教育系列丛书 / 张小媛主编）
ISBN 978-7-5651-4981-8

Ⅰ. ①从… Ⅱ. ①黄… Ⅲ. ①艺术教育—学前教育—教学参考资料 Ⅳ. ①G613.5

中国版本图书馆 CIP 数据核字(2021)第 175800 号

丛书名	小天鹅幼儿园教育系列丛书
书名	从儿童经验生发的艺术化课程·中班
丛书主编	张小媛
分册主编	黄 宁
分册副主编	张 静
丛书策划	张 莉
责任编辑	张 莉
出版发行	南京师范大学出版社
地址	江苏省南京市玄武区后宰门西村 9 号(邮编:210016)
电话	(025)83598919(总编办) 83598412(营销部) 83598312(邮购部)
网址	http://press.njnu.edu.cn
电子信箱	nspzbb@njnu.edu.cn
照排	南京开卷文化传媒有限公司
印刷	江苏扬中印刷有限公司
开本	787 毫米×1000 毫米 1/16
印张	20.5
字数	308 千
版次	2021 年 12 月第 1 版 2021 年 12 月第 1 次印刷
书号	ISBN 978-7-5651-4981-8
定价	39.00 元
出版人	张志刚

序一

让美浸润课程

幼儿园课程的根本指向是为培养体智德美劳全面发展的儿童。因此，课程的设计和实施必须关注儿童发展的各个领域，注重课程的整体性、综合性和发展性。美育作为幼儿全面发展教育的重要组成部分，必然是幼儿园课程内容不可缺少的部分。幼儿园课程应高度关注幼儿的美育，充分利用各种途径让幼儿感受美、表达美。要让幼儿经常性地欣赏各种艺术作品，感受生活中的美，环境中的美，尤其是要亲近自然，让美浸润幼儿的生活。

美育不是幼儿园课程中孤立的部分，而是课程的有机组成部分，美育与其他各育是相互渗透、有机联系的。幼儿园课程应充分反映幼儿身心发展的特点，充分反映幼儿园课程的美育特点，将美育融入幼儿园课程的方方面面，让幼儿园课程全面渗透美的气息。引导幼儿关注日常生活中的美、自然环境中的美、艺术作品中的美，让美无处不在，无时不有，真正让幼儿园课程成为美的课程，让幼儿园课程显现出美的特质，用美好的事物、美好的行为、美好的词语、美好的作品、美好的环境去塑造幼儿美好的心灵和优秀的人格，真正成为艺术化的课程。

艺术化的课程是将艺术融入整个课程体系的，是将审美融入课程实施的全过程的。艺术化课程的建设要求教师有正确的美育观，有良好的审美意识，有广泛的审美视野，有完整把握幼儿科学探索、人际交往、身体运动、语言表达和艺术创造的意识和能力，能采用综合的手段组织课程内容。因此，艺术化课程不局限于音乐、美术等艺术学科，更不只是艺术领域的课程。艺术化课程就是让幼儿园课程更具审美意义，让美的元素渗透课程的每一个角落，让幼儿的认知过程与审美过程相融合，让幼儿充分表达和表现，让幼儿的创造性与想象力得到更好的激发。

艺术化课程从本质上说是遵循儿童身心发展规律和审美特点的课程，能将幼儿的审美需求和兴趣转化并融入整个课程之中。这就要求教师能倾听幼儿的心声，感受幼儿的内心世界，努力为幼儿提供全时空的学习机会，调动幼儿多种感官，将审美与其他活动相互融合，让幼儿获得综合的经验。艺术化课程一定是为了儿童和面向幼儿的，一定是以幼儿为本的，能充分满足幼儿的审美需求，能将幼儿的审美与多样化的活动有机结合起来，让幼儿在活动中审美，在审美中活动，享受美的生活、美的教育。艺术化是幼儿园课程的一个重要特质，需要努力探索，深入实践。

南京小天鹅幼儿园一直在为艺术化的幼儿园课程而不断学习、思考和探索。他们通过课题引领，努力思考课程艺术化的路径和策略，将艺术与整个课程融合起来，让整个课程更具有艺术的气息。老师们通过对主题的畅想，拓展主题的思路和发展空间，更多地融合艺术与其他课程内容，在课程实施的进程中实现课程与整个课程内容的交融。在主题实施的具体过程中，注重审美资源的挖掘和利用，注重审美与认知、交往、运动等活动的结合，尽可能利用一切机会，融入审美，让幼儿真正感受美的世界、美的社会、美的行为、美的作品。让幼儿在行动和思考中感受美好，热爱生活，积极创造，全面发展。课程探索是一个长期的过程，相信南京小天鹅幼儿园一定会不断学习，不断改革，不断探索，在艺术化课程建设上实现新的突破。

虞永平

序二

“一个经验”：艺术化课程的生活化与审美化

我满怀兴趣读了南京小天鹅幼儿园的“从儿童经验生发的艺术化课程”，读完后是满满的喜悦、满满的感动、满满的收获。

“小天鹅”再次飞起来了，那么优雅，那么圣洁。“小天鹅”的不断飞翔、歌唱、舞蹈，显现出了不竭的力量。不竭的力量、持续飞翔的力量，来自艺术化课程长期深化的研究。科学研究好比“小天鹅”的双翼，艺术化课程成了“小天鹅”的代名词，成了“小天鹅”的文化符号，让“小天鹅”更优雅，更健美。

我们应当不断认识、发现小天鹅幼儿园。她是一所幼儿园，但她不稚嫩，也不只有感性，相反，她越来越成熟、越来越深刻。如果说她感性的话，那是灿烂的感性，因为，当感性遇到了科研，便与理性牵手，便成为黑格尔所说的：这是一种美。

说到小天鹅幼儿园必定想到幼儿艺术表演。的确如此。小天鹅幼儿园和艺术结缘，是幼儿艺术让她走向全国。但是幼儿园的老师们不止于此，而是将艺术与课程结合起来，进行艺术课程的研究、实践。这样，艺术教育课程化了，艺术教育也就得以落实并提升了。值得注意的是，他们又将艺术教育的理念、方式迁移至其他领域课程中去，将其称为“通过艺术的教育”，命名为“艺术化课程”。显然，这是一次次突破与超越。正是在突破、超越中，整个幼儿园也随之提升、发展。这样，走向全国的不仅是艺术表演，也不仅是艺术课程，还有艺术化课程，这是艺术对课程的优化与改造，是课程审美化的提升。

“小天鹅”的飞翔永远不会停止。艺术化课程的研究又一次深化了：他们将艺术化课程与幼儿的经验统一起来，将杜威关于“一个经验”的理论创造性地转化到幼儿园课程建构中。无疑,这又是一次新的突破和进步。

关于经验与艺术化课程的理解与统整,小天鹅幼儿园厘清、把握了一些基本问题。首先,关于经验。他们坚守这样的认识:生活与经验是教育的灵魂。经验是生命的一种现象,我们要让幼儿的生命与环境产生交互作用,从环境中吸收经验,又以自己的经验和行动影响环境。其次,幼儿经验产生、获得的主要来源与途径是日常生活。他们这么理解:教师与书本不再是幼儿唯一的导师,手、眼睛、耳朵以至整个身体都是知识的源泉,任何书本或地图都不能代替幼儿的经验,日常生活构成了儿童经验的基础。因此,完全可以认定,艺术化课程是植根于生活的,是基于儿童经验的。艺术化课程要回到日常生活中去。再次,对经验的梳理和筛选。杜威说,当零散的、无系统的日常经验之间发生相互联系,产生相互作用的时候,将构成相对圆满的"一个经验",许多小的"一个经验"联系在一起会变成更大、更完满的"一个经验"。当日常经验变成"一个经验"的时候就具有了审美的性质。小天鹅幼儿园就是想通过"一个经验"促使艺术化课程具有整体性、系统性、审美性,用"一个经验"让艺术化课程在日常生活中得以完整,逐步结构化,并能让幼儿发挥想象;更为重要的是,通过"一个经验"紧扣各领域学习与发展的核心经验,进一步优化教育各要素之间的相互联系,以项目活动和主题活动为载体,有效整合各类资源,创造适宜的环境,支持儿童在与环境的交互中获得"一个经验"。这是艺术化课程的核心理念和审美化的追求。这样的认知是深刻的,由这样的理念来引领,艺术化课程走上了审美境界。

可喜的是,小天鹅幼儿园不仅获得了理念认知的提高,更重要的是将其落实在艺术化课程,尤其是艺术化班本课程的建构与实施中。2015 年以来,他们生发了 150 个班本课程主题,而且这些主题在研究中被审议,并通过网络进行对比分析,再进行调整和优化,教师在其中发挥了主导作用。他们的进步离不开南京师范大学虞永平教授、王丽副教授的具体指导。再次证明,高校与幼儿园的伙伴研究多么重要。小天鹅幼儿园坚持了这么多年,他们的研究品质和方式值得大家借鉴和学习。

我想,我们应当为"小天鹅"的飞翔唱一支艺术化课程的赞歌。

成尚荣

前　言

小天鹅艺术化课程的班本开发

> 我们在所经验到的物质走完其历程而达到完满时就拥有了"一个经验"。
>
> ——杜威

小天鹅幼儿园艺术化课程迄今已走过20多个春秋，大致可分为三个阶段。"九五"期间建构单科的艺术教育课程、综合艺术课程，这让我们的教师在研究中逐步养成一种"艺术的"眼光和思维，对美具有敏感性和具有将美传递给幼儿的教育力，为艺术化课程的发展奠定了良好的基础。"十五"到"十一五"是艺术化课程研究的第二个阶段，该阶段我们对"艺术"及其与课程的关系进行了新的探索和定位，实现了从综合艺术课程向艺术化课程的转变，这是我园课程建构的重大突破。"十二五"期间，我们进一步厘清了儿童、教师与课程的关系，明确了把儿童经验作为艺术化课程建构出发点与归宿的重要理念。研究中，我们更加深刻地认识到儿童作为课程建构的主体，其个体经验对课程建构具有极其重要的意义，关注儿童经验就是关注儿童发展的可能性。课程就是要基于儿童发展的可能性促成儿童经验的主动建构。在此基础上，"十三五"成为艺术化课程的新发展期，我们展开了更加聚焦儿童个体经验的艺术化班本课程的研究。由此，我们积累了150个班本主题案例。本丛书精选了16个主题案例，完整展现了每个主题预研究、审议、实施、再审议的全过程，并突出了主题网络的前后对比、幼儿经验的分析，以及教师在主题生发过程中的感悟和提升，期望能给读者带来实践层面的借鉴和更深入的思考。

一、艺术化课程的理论基础

(一) 经验观

杜威对经验的意义和价值有着较为全面和系统的论述，他认为生活和经验是教育的灵魂。在杜威看来，有机体是活动的，经验是一种生命现象，是生命体与物理环境和社会环境之间的交流，而不仅仅是主体的一种认识事件；经验意味着我们在特定的环境下行动，外部条件影响着我们的行动，反之，我们的行为也影响着环境。这种“做”与“受”的过程，是一个生命体或者有机体与环境的交互过程，是寻求有机体与环境平衡的过程。经验不是对认知对象所发出的感觉信息的被动的接收、被动的思维活动，而是有目的、有意义、有组织的主体的行为。

杜威认为日常生活是经验的主要来源，人与人之间的交往以及感官的直接感知是获取经验的重要途径。“教师和书本不再是唯一的导师；手、眼睛、耳朵、实际上整个身体都成了知识的源泉，而教师和教科书分别成为发起者和检验者。任何书本或地图都不能代替个人的经验；它们不能取代实际的旅行。物体下落的算术公式也不能代替掷石子或把苹果从树上摇下来。”[①]所以说，日常生活经验构成了儿童经验的基础，“没有一个东西能够从无中发展出来，从粗糙的东西发展出来的只能是粗糙的东西……发展并不是指仅仅从心灵里获得某些东西的意思。它是经验的发展，发展成真正需要的经验”[②]。但并非所有来自日常生活的经验都具有教育的意义，或能成为教育的内容。

杜威提出“教育性”的经验有两个标准。第一，经验具有连续性。经验的连续性包括纵向联系和横向联系。纵向联系意味着每种经验既从过去经验中采纳了某些东西，同时又以某种方式改变未来经验的性质；而横向联系则是指儿童在自然、社区、家庭、学校等环境中的经验应具有一致性和完整性。第二，经验具有交互作用。任何经验都产生于外部客观条件和个体内

① [美]杜威.学校与社会·明日之学校[M].赵祥麟，等译.北京：人民教育出版社，1994：261.
② [美]杜威.学校与社会·明日之学校[M].赵祥麟，等译.北京：人民教育出版社，1994：125.

部条件的交互作用。外部的客观条件既包括外部环境刺激，也包括和成人、同伴等之间的交互作用；个体的内部条件包括个体原有经验、兴趣、情感、需求等方面。个体的经验是以自身原有经验为起点，以兴趣和需求为引导，在外部客观条件的作用下生长起来，向横向展开，往纵向延伸的。杜威把经验的连续性和经验的交互作用比喻为“经”和“纬”，两者相互制约，相互联合，密不可分，成为衡量经验的教育意义和价值的标准。①

在《艺术即经验》一书中，杜威指出，当零散的、无系统的日常经验之间发生相互联系，产生交互作用的时候，将构成相对圆满的“一个经验”，许多小的“一个经验”联系在一起会变成更大、更完满的“一个经验”。② 当日常经验变成“一个经验”的时候就具有了审美的性质。作为经验的艺术不仅恢复了与生活的密切联系，还成了一个囊括了自然美、社会美、艺术美、科学美的广阔范畴。

卢梭认为教育是一个自然的过程，大自然是儿童最好的老师，儿童的经验来自大自然，自然中的所见所闻所感都是儿童课程的内容之源。卢梭的经验观体现在以下几方面。首先，经验、知识是由感觉与观察形成的。感官是获得经验、知识的门户，感觉与观察是形成经验、知识的基础。“由于所有一切都是通过人的感官而进入人的头脑的，所以人的最初的理解是一种感性的理解，正是有了这种感性的理解做基础，理智的理解才得以形成，所以说，我们最初的哲学老师是我们的脚、我们的手和我们的眼睛。”③其次，经验是可以还原的，任何复杂的智力都能还原为各种感觉，观念的正确依赖于对感觉的正确判断。最后，真理建立在直接经验的基础之上，真理是靠主体主动发现并自行验证的，而不是接受现成的、不加验证的。

我国幼儿教育家张雪门认为幼稚园课程是给三足岁到六足岁的孩子所能够做而且欢喜做的经验的预备。④ 他提出，幼稚园的课程应该包括技能知识、兴趣、道德、体力、风俗、礼节等多种经验，应与自然环境和社会生活

---

① [美]杜威.我们怎样思维:经验与教育[M].姜文闵，译.北京：人民教育出版社，2005.

② [美]杜威.艺术即经验[M].高建平，译.北京：商务印书馆，2010.

③ [法]卢梭.爱弥儿 论教育[M].李平沤，译.北京：商务印书馆，1978.

④ 戴自俺，等.张雪门幼儿教育文集[M].北京：北京少年儿童出版社，1994.

相结合，并让幼儿实际行动，“凡扫地、抹桌、熬糖、爆米花，以及养鸡、养蚕、种玉蜀黍和各种小花，能够实在做的，都应让他们实际去做”[①]。这些活动都是当时幼儿的实际生活，幼儿在生活中通过行动获得了一定的直接经验，“然后可以补充想象”[②]，获得各种知识、技能、兴趣、习惯等。

（二）建构主义学习理论

建构主义强调，意义不是独立于我们而存在的，个体的知识是由人建构起来的。对事物的理解不是简单由事物本身决定的，人以原有的知识经验为基础来建构自己对现实世界的理解与解释。由于每个人原有经验的不同，对同一种事物理解也会不同。教学并不是把知识经验从外部装到学生的头脑中，而是要引导学生从原有的经验出发，生长建构新的经验，这一认知建构过程常常是通过参与共同体的社会互动而完成的。

以维果茨基理论基础发展起来的建构主义学习理论认为，学习是由学习者以自己的方式建构的，是积极主动的意义建构和社会互动过程。因此，建构主义学习理论非常重视教学中教师与学生、学生与学生之间的社会性相互作用，重视合作学习、交互式教学。他们认为学生并不是空着脑袋走进教室的，他们在日常生活、学习中，已经形成了丰富的经验。所以，教学不能无视学生的这些经验，而是要把学生现有的知识经验作为新知识的生长点，引导学生从原有的知识经验中“生长”出新的知识经验。

（三）相关课程理论

1. 瑞吉欧教育

瑞吉欧教育认为，真正的课程是教师与学生联合创造的经验。其课程的建立以儿童兴趣和经历为基础，以项目为主要活动形式。项目是就一个值得学习的话题或儿童感兴趣的事物、现象所开展的寻找问题答案的活动，这是瑞吉欧课程的关键点。

---

① 胡琼，喻本伐选编、校注、点评.张雪门幼儿教育论著选读下[M].武汉：长江少年儿童出版社，2014.

② 胡琼，喻本伐选编、校注、点评.张雪门幼儿教育论著选读下[M].武汉：长江少年儿童出版社，2014.

在课程的运作中，幼儿不断以符号表征来呈现任务与学习，学习表现出积极性、主动性。教师的主要职责是认真观察幼儿，并且仔细倾听幼儿的心声，以制订计划，开展工作。这体现在，在活动初期教师对未来活动和项目的方向提出预设，并做适当的课程开展准备，进而观察幼儿的活动，与幼儿一起讨论和学习。同时，瑞吉欧教育还明确父母的主要职责，认为父母作为教育项目的基本组成部分，其主要职责是参与每日的幼儿交流，参与教师、幼儿工作，讨论教育问题、特殊事件、短途旅行以及庆祝活动等。①

瑞吉欧教育强调观察并记录儿童在教育活动中的表现，评析儿童的发展状况和教育需求，以此调整教育活动方案并生成新的课程。在瑞吉欧的课程中，教师对幼儿的观察和评价在课程的组织和实施中随时进行，某种程度上我们可以说此课程做到了不断生发课程与对课程评价的一体化。

2. 高瞻课程

以皮亚杰认知发展理论为基础建构的高瞻课程，旨在针对儿童当前的发展阶段提供广泛、真实的教育经历，以促进学习建构过程的发生。高瞻课程致力于培养儿童广泛的技能，包括解决问题、处理人际关系的技能，以及在日新月异的社会中实现成功生活所必需的沟通技能。该课程通过为儿童提供学习材料、设备、时间来展开他们所选择的活动，激发儿童的创造力。一般认为，高瞻课程的开展基于三个基本原理：其一，儿童积极地参与选择、组织与评价学习活动的过程，这些都是在一定的学习环境中，由教师通过认真仔细的观察与指导来完成的，学习中心有丰富多彩的学习材料；其二，教职人员根据适应儿童身心发展规律的课程模式来制订有规律的日常计划；其三，以高瞻课程的“关键经历”为基础，为儿童设立适应身心发展的系列目标与学习材料。②

3. 认知发展课程

认知发展课程以皮亚杰的认知发展理论为基础，该理论认为“教育体系

---

① [美]乔治 • S.莫里森.学前教育：从蒙台梭利到瑞吉欧[M].祝莉丽，等译.北京：中国人民大学出版社，2014.

② [美]乔治 • S.莫里森.学前教育：从蒙台梭利到瑞吉欧[M].祝莉丽，等译.北京：中国人民大学出版社，2014.

应当去适应儿童的需要”①，为此要为“能有效地促进儿童发展的教育”②提供一种课程。该课程理论提出要使课程能有效地促进儿童发展，必须符合以下条件：一是能对儿童在某一特定发展阶段正在出现的各种能力提出挑战，并提供练习的机会；二是能鼓励和帮助儿童发展他自己独特的兴趣、才能并符合长远的目标；三是当儿童对某种学习内容处于最佳的掌握、概括和记忆期，并能把这一内容与过去已有的经验和将来的事件联系起来时，能及时给他们提供有关的学习经验。

认知发展课程以“儿童的主动学习”为中心，课程的目的在于有效地促进儿童认知能力的发展。反映儿童认知能力的近50种关键经验，共分为五类，即主动学习、语言运用、经验与表征、发展逻辑推理、理解时间和空间。这些关键经验是用来帮助教师了解人类基本的智力过程和内容的。关键经验之间有着密切的联系，在任何实际的学习活动中，它们都应该综合为一体，而不是以孤立的形式让儿童来学习和运用。也就是说，每一种经验都能通过适合儿童不同发展水平的多种活动来获得，这些活动既可以是教师设计的，也可以是儿童自发生成的。在一日活动中，教师应是儿童解决问题活动的积极鼓励者，是儿童发展的支持者，为儿童提供丰富的材料和活动，使儿童可以对材料和活动进行选择；教师明确地要求儿童运用某种方式制订计划，表明他们准备干什么、怎么干；提供问题和建议，为有关儿童的思维过程、语言发展和社会性发展的关键经验的情景安排创造条件。③

总之，在课程发展的历史上先后出现了众多的课程理论流派，这些课程理论流派在一定程度上都对课程问题做出了解释与回答。而不同课程理论流派和观念的选择决定了我们要建构什么样的课程、由谁来建构以及怎样建构。

经验的课程论从重视知识到重视儿童，从重视分科到重视综合，从重视

---

① [美]玛丽·霍曼，伯纳德·班纳特，戴维·P.韦卡特.活动中的幼儿　幼儿认知发展课程(幼儿园教师手册)[M].郝和平，周欣，译.北京：人民教育出版社，1995.

② [美]玛丽·霍曼，伯纳德·班纳特，戴维·P.韦卡特.活动中的幼儿　幼儿认知发展课程(幼儿园教师手册)[M].郝和平，周欣，译.北京：人民教育出版社，1995.

③ [美]玛丽·霍曼，伯纳德·班纳特，戴维·P.韦卡特.活动中的幼儿　幼儿认知发展课程(幼儿园教师手册)[M].郝和平，周欣，译.北京：人民教育出版社，1995.

理性到重视感性，从重视静态课程到重视活动课程，从重视一般到重视个别，完成了课程理论发展史上一次伟大革命。这对我园艺术化课程的建构有重要的借鉴价值。而建构主义的课程观将人的价值、人的创造性提到更高的位置，是人本主义哲学在课程领域的反映，以此为理论基础建立起来的课程更指向儿童本位，重视知识的生成意义，鼓励探究性学习和合作学习。这些都为艺术化课程提供了相应的理论基础、方法论基础和实践经验。

二、艺术化课程的内涵

"幼儿园课程是实现幼儿园教育目的的手段，是帮助幼儿获得有益的学习经验，促进身心全面和谐发展的各种活动的总和。"①艺术化课程不同于艺术课程。艺术课程是以实现艺术教育为目的的课程；而艺术化课程的宗旨是促进幼儿全面发展，其本质吸收了杜威的《艺术即经验》的精华，强调一种"大美育"的教育立场。课程的目的不再是传递固定的艺术知识和艺术技能，而是帮助儿童获得一个个完整、独特、整一的新经验，同时获得审美的愉悦体验；课程的内容不再局限于音乐、美术、戏剧等专门领域，而是一个不可分割的生活整体；课程实施的场所不仅仅是学校，更是要融入大自然、大社会之中。② 南京师范大学边霞教授也指出："教育不应隔断儿童现在生活和过去生活以及将来生活的联系，而应在一个最为自然的过程中，将它们串连成一个整体。儿童的生活将成为完整、持续生长的艺术化过程。"③

艺术化课程也不等同于课程艺术化。艺术化课程注重的是将艺术精神融入整个课程，而并非机械地将所有课程改成艺术活动。艺术精神本质上是自由自在、想象创造、享受愉悦。艺术化课程各领域的活动是交融、渗透的，它们之间没有明确的边界，正因为有了艺术精神的融入，整个课程都有了艺术的意蕴，有了艺术的趣味，在保证基本艺术素养培养的同时促进了儿

---

① 王春燕.幼儿园课程概论[M].北京：高等教育出版社，2012.

② [美]杜威.艺术即经验[M].高建平，译.北京：商务印书馆，2005.

③ 边霞.儿童的艺术与艺术教育[M].南京：江苏教育出版社，2006.

童的全面发展。

综上，艺术化课程是基于儿童兴趣与成长需要，以艺术精神为引领，以培养灵性生长的完整儿童为目标，经由儿童经验整合各领域内容，富有审美意蕴与创造趣味的幼儿园综合性课程。艺术化课程具有创造性、生成性与审美性等特征，它强调从儿童经验出发，通过亲身体验、直观想象、自由创作、艺术表现等实践路径，实现儿童经验持续不断的生长，培育儿童的审美意识，陶冶儿童的审美情操，促进儿童全面而富有个性的发展。

三、艺术化课程的理念

艺术化课程强调从儿童已有经验出发生发契合儿童兴趣和发展需要的班本课程，使儿童与周围的他人、社会与环境相互联结，以获得经验的不断生长，最终成为灵性生长的完整儿童。

（一）经验

一般认为经验既指从已发生的事件中获取知识，又指“经历”。儿童经验既指环境作用于儿童身上所实现的变化，也指儿童与环境之间交流互动的过程。儿童的发展体现在其自身经验的发展上，因此经验生长成了艺术化课程的主轴。艺术化课程关注经验的连续性、生长性、整一性等基本属性，强调以游戏为基本活动，以直接感知、实际操作、亲身体验为基本方式实现儿童经验的发展。艺术化课程中的儿童经验具体包含三个方面：一是儿童已有的日常生活经验，二是各年龄段儿童学习与发展的核心经验，三是儿童在艺术化课程中逐步发展起来的完满、整一、独特并具有审美性的新经验。

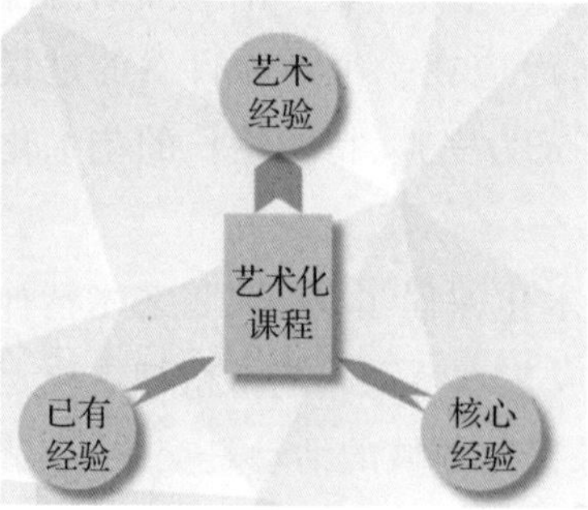

图 0-1

首先，了解儿童经验是艺术化课程的出发点。已有经验是儿童经验生发艺术化课程的触点，具体体现在儿童行为中，教师必须用科学的方法观察、理解儿童行为，感受其变化和发展，既全面把握本班儿童经验的丰富性，又关照到个体儿童经验的独特性，开放式地呈现儿童经验可能生发艺术化课程的多个触点。例如由社会活动“家乡的桥”中儿童对桥的兴趣生发了主题“小小桥梁工程师”。一开始，通过全班“头脑风暴”式的讨论活动，如“桥是什么”等，对儿童有关桥的已有经验进行了调查与归类，其中呈现出了主题的多个触点，如桥的演变、结构、功能等。已有经验为主题的开展提供了可供参照的课程生发触点。

其次，把握和分析儿童经验伴随艺术化课程建构的整个过程。儿童学习与发展的核心经验是儿童经验生发艺术化课程的重要依据。我们参照《3—6岁儿童学习与发展指南》《学前儿童语言学习与发展核心经验》《学前儿童健康学习与发展核心经验》等文件、专著及其他相关文献，以学习品质为内核，从运动与健康、交流与读写、认知与理解、表达与创造、交往与适应、习惯与态度六个方面梳理了艺术化课程中儿童学习与发展的核心经验（见附录）。在具体的主题活动开展过程中，我们通过聚焦提问式的反复调查，并结合核心经验与儿童共同设计、构建了围绕主题可能开展的活动内容和可能涉及的活动形式，预构了主题可能生发的网络图。在具体的课程实践中，网络图也随着儿童经验的变化在不断地调整。

最后，新经验是儿童已有经验经由艺术化课程的开展生长起来的，具有生成性、流畅性、整一性、审美性，这些新经验都将在儿童今后的各类活动中得到应用和再发展，呈现出持续的生命力。

（二）生长

生长有生发、发展的含义，它是有机体内部一种由内而外的向上、向外生长的本能冲动和能力。儿童正处于认知、道德、审美的生理、本能层面的萌芽阶段，这种未成熟的状态具有向上生长的无限可能。艺术化课程珍视这一特质，从儿童天性出发，承认儿童生长的潜能与个性，尊重儿童生长的时间与速度；着重创设支持、开放的生长环境，集结丰富适宜的材料资源，提供自主融合的活动与方法，为儿童的生长提供最适宜的支持。

儿童经验的生长是课程中最为重要的生长，即儿童与丰富、适宜、有层次、有意义的环境相互作用，不断生长出新的经验。提升教师的教育智慧是促成儿童经验生长的重要条件，即教师在了解儿童已有经验的基础上，遵循儿童经验生长的规律和特点，开展艺术化课程班本实践，强化自身的经验意识与课程意识。同时，艺术化课程也是不断生长完善的，其生长与儿童经验的生长是相辅相成、密不可分的。

（三）联结

美国国家艺术核心素养标准曾提出联结（connecting）这一概念，指出艺术要与个人的各种经验相联通，要与社会、文化、历史等背景相联通。在艺术化课程中，我们认为联结本质上指的是课程各要素之间的有机融合，即艺术化课程中各要素是整一存在的。

儿童的发展具有整体性，课程要在充分了解和遵循儿童自身发展节律的基础上，以活动为载体，促进影响儿童发展的各方面因素（人、社会、历史、文化）之间的联结，发展儿童经验，丰富审美性情绪情感体验，实现儿童的全面发展。课程中的联结具体包含课程联结的触点和经由联结生发的联结过程。课程中的联结触点基于儿童的生活和学习，可以是一日生活中的某个惊喜时刻，也可以是某段时间持续的一个主题活动，我们认为凡是在课程中的、为了儿童经验发展、符合儿童发展需要的内容都可以成为课程联结的触点。而联结过程则指的是艺术化课程中各要素（人、事、物）之间有机融合的过程，具有动态生成性和整一性，课程中的联结过程有个体经验的发展、个体与他人的联结、个体与社会的联结、个体与环境的联结。

艺术化课程中的联结是独特的，是艺术化课程中儿童一个愿望得以实现、一个问题得以解决……“一个经验”得以完满的重要途径。

（四）灵性

灵性，是儿童天性之下的天真烂漫、新奇好动、异想天开等特性。它表现为一种心灵需求的满足——有着无限自由的空间。儿童所经历的对事物的感受力、发现力、创造力以及“共情”都是其灵性的体现，有灵性的儿童具有自发地、愉悦地探索与发现未知的动机和能力。

艺术化课程强调儿童的灵性和游戏是紧密相连的。一直以来，儿童的游戏都被认为是最为纯粹的游戏形式，是根源于“纯粹的人的本性”的活动。

游戏是艺术化课程的基本活动形式，是从儿童人性深处流淌出来的旋律，是一种“心”的活动。儿童的灵性蕴于丰富的游戏活动中。游戏中的儿童凭借丰富的想象，表现出打破常规、不拘一格的创造性、开放性和跳跃性，尽情探求未知世界、探索生命成长。

艺术化课程中儿童的灵性，伴随在儿童“一个经验”发展的全过程，也体现在“一个经验”最终完满的状态上。基于此，我们认为儿童经验发展的过程具有灵性的美。课程为儿童提供灵性发展的自由空间，创造丰富、适宜而有意义的环境，让他们在创造性的游戏活动中，在思维飞扬和激情投入的状态中，获得惊奇、智慧和纯粹的快乐，彰显灵性之美。

四、艺术化课程的基本框架

小天鹅艺术化课程以杜威的经验观、建构主义学习理论为基础，对国内外开展的方案教学、项目教学、认知课程等实施模式加以借鉴，结合我园实际情况和实践经验不断创生发展。至今，艺术化课程已初步形成一套恒定的、独具我园特色的课程框架。

艺术化课程框架主要由五个部分组成：其一为课程理念，课程以“经验”“生长”“联结”“灵性”为核心理念；其二为课程目标，课程总目标是培养灵性生长的完整儿童，总目标下又分为运动与健康、交流与读写、认知与理解、表达与创造、交往与适应、习惯与态度六个层级目标；其三为课程内容，课程来源于儿童生活，来源于与儿童生活相关的人、自然、社会，儿童兴趣和成长需要是选定课程内容的重要依据；其四为课程实施，儿童经验是课程实施的触点，伴随课程实施的整个过程，课程实施是儿童“一个经验”得以形成，并得到不断的丰富和完善，形成具有圆满性、独特性、整一性和审美性的“艺术经验”的过程，即“源于经验、为了经验、发展经验”的过程，课程以开展各类活动，如集体活动、区域活动、生活活动等为实施途径，课程实施模式由预研究、具体实施和总结反思三阶段构成；其五为课程评价，主要体现在对幼儿的评估、教师的评价以及课程的审议。具体框架如图 0－2 所示。

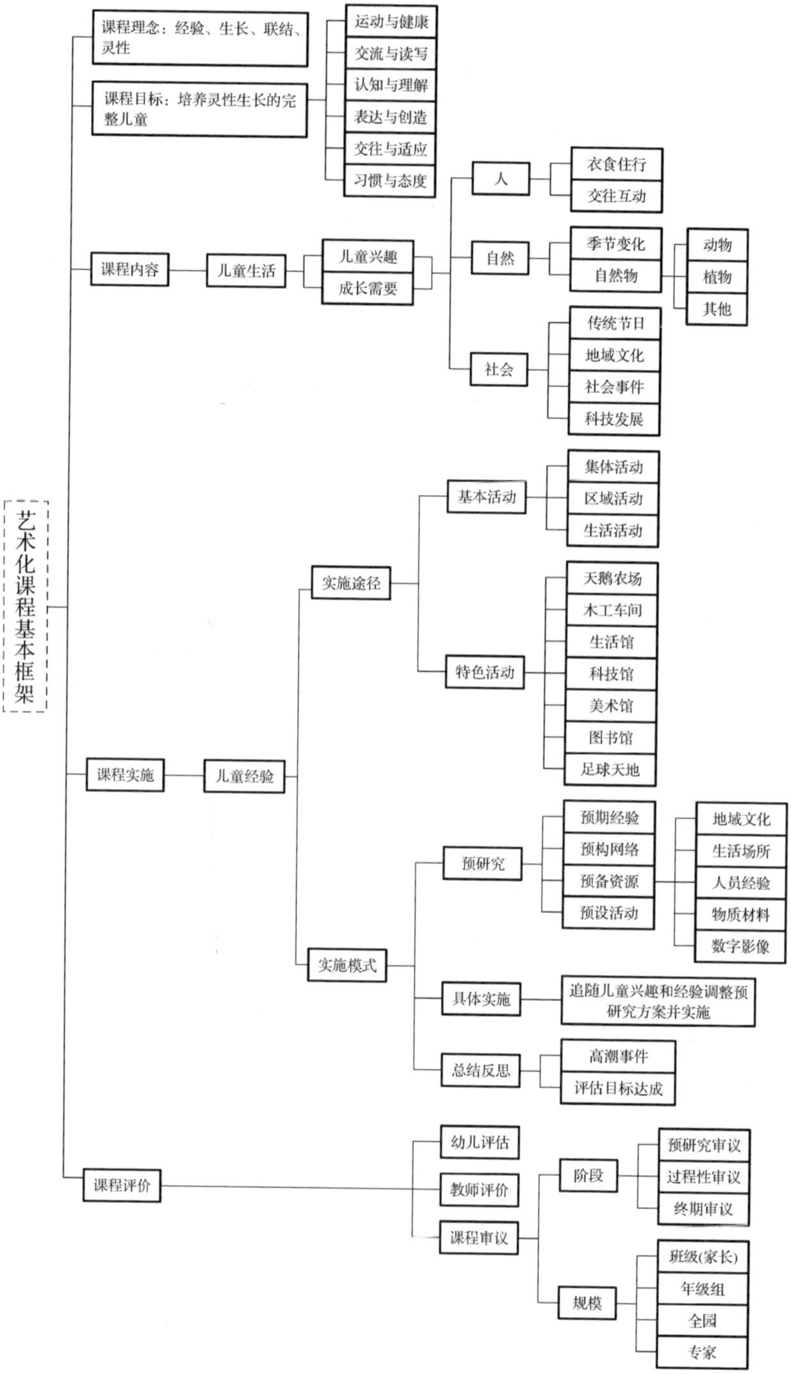
艺术化课程基本框架
课程理念：经验、生长、联结、灵性
课程目标：培养灵性生长的完整儿童
运动与健康
交流与读写
认知与理解
表达与创造
交往与适应
习惯与态度
课程内容
儿童生活
儿童兴趣
成长需要
人
衣食住行
交往互动
自然
季节变化
自然物
动物
植物
其他
社会
传统节日
地域文化
社会事件
科技发展
课程实施
儿童经验
实施途径
基本活动
集体活动
区域活动
生活活动
特色活动
天鹅农场
木工车间
生活馆
科技馆
美术馆
图书馆
足球天地
实施模式
预研究
预期经验
预构网络
预备资源
预设活动
地域文化
生活场所
人员经验
物质材料
数字影像
具体实施
追随儿童兴趣和经验调整预研究方案并实施
总结反思
高潮事件
评估目标达成
课程评价
幼儿评估
教师评价
课程审议
阶段
预研究审议
过程性审议
终期审议
规模
班级(家长)
年级组
全园
专家

图 0－2

五、艺术化课程的目标

艺术化课程以杜威经验观为理论依据，结合《幼儿园教育指导纲要（试行）》（以下简称《纲要》）和其他国家纲领性文件，将总目标定位在灵性生长的完整儿童上，即培养有灵性、有活力、有激情、有潜能的完整儿童。

我们根据艺术化课程总目标，以《3—6岁儿童学习与发展指南》中的儿童发展目标为纲，借鉴参考了“核心经验与幼儿教师的领域教学知识丛书”、俄罗斯《幼儿园教育与教学大纲》、“高瞻课程的关键发展指标与支持性教学策略丛书”（语言、创造性艺术、数学、学习品质、社会性和情感发展等）、《学前儿童音乐教育活动设计与指导》、《通向数学：教师指导手册》等，制订了艺术化课程中儿童学习与发展的层次目标，具体分为六个方面——运动与健康、交流与读写、认知与理解、表达与创造、交往与适应、习惯与态度，并根据年龄特点进行了层级划分。

1. 运动与健康

强健的身体、健康的生活以及良好的自我照顾能力是儿童发展的重要内容，是艺术化课程的重要目标，是完整儿童发展的重要前提。“幼儿阶段是儿童身体发育和机能发展极为迅速的时期，也是形成安全感和乐观态度的重要阶段。”课程着力于促成儿童良好的身体发育、愉快的情绪、强健的体质、协调的动作、良好的生活习惯和基本生活能力的发展。

2. 交流与读写

在社会关系和有意义的活动中发展起来的儿童语言读写能力，是日后儿童在阅读理解和其他学科领域，如科学和社会领域学习成功的必要条件，对于儿童未来的学习能力培养至关重要。

3. 认知与理解

“丰富”的经验造就了“丰富”的头脑。艺术化课程旨在为儿童提供丰富和适当的认知经验，让儿童在活动中不断思考、推理和正确使用信息，帮助儿童在丰富的经验中，获取知识、了解身边的世界并做出恰当的决定。

4. 表达与创造

创造艺术形象以表征人们对世界的认识，早已是人类经验的一部分。

儿童全神贯注地表征自己世界中的爸爸、妈妈和喜爱的事物正是他们对表达创造精神的渴望。投入创造性活动给人们带来的满足感是任何事情都无法比拟的。以表达和创造作为艺术化课程的目标有利于培养儿童健康的情绪，增强其自尊和自我价值感。

5. 交往与适应

“人际交往”和“社会适应”是儿童社会性发展的重要内涵，幼儿时期充满丰富的社会学习机会。艺术化课程着力于帮助儿童发展交往与适应能力，促使他们适应新环境，与同伴、成人建立良好的互动关系。

6. 习惯与态度

《3—6岁儿童学习与发展指南》中明确指出“重视幼儿的学习品质。幼儿在活动过程中表现出的积极态度和良好行为倾向是终身学习与发展所必需的宝贵品质”。艺术化课程重视儿童学习习惯与态度的养成，旨在培养儿童成为热情、主动、投入的学习者。

各年龄段层级目标见附录。

例如我们在“表达与创造”的核心经验中提及与“设计、戏剧、文化休闲”等相关的内容，这在俄罗斯《幼儿园教育与教学大纲》中也有涉及。我们在学习借鉴与深入思考之后，结合艺术化课程的特点，调整为“对戏剧游戏有积极的兴趣，理解艺术形象，关注角色人物的发展和相互影响”。

再比如“文化休闲活动”是我国《3—6岁儿童学习与发展指南》中缺少的，但对儿童来说很重要，而且这还是艺术化课程核心经验的重要组成部分，而俄罗斯《幼儿园教育与教学大纲》却对此有非常细致的描述，这对艺术化课程的开展有很重要的借鉴意义。据此，我们提出“在空闲时间常做有趣的、有益的、丰富的活动，形成良好的休闲文化的基础（游戏、运动、阅读、绘画、泥塑、搭建、散步和参观等）”这一核心经验。

六、艺术化课程的内容

《纲要》指出：“幼儿园应与家庭、社区密切合作，与小学相互衔接，综合利用各种教育资源，共同为幼儿的发展创造良好的条件。”艺术化课程的内容来源于儿童生活，儿童在真实生活情境中发展起来的兴趣和成长需要是选定课程内容的重要前提条件。对课程内容需要密切结合与幼儿园相关的资源环境进行考量，具体有人、自然、社会等。

（一）人

幼儿园的教育说到底是人的教育问题。艺术化课程注重课程中幼儿对自我的认识，注重自我与他人、自我与社会的关系，因而艺术化课程的内容与人的生存和活动密切相关，既来源于幼儿日常生活中的衣食住行等各方面，又来源于幼儿社会交往互动的过程。一方面，幼儿作为独立的个体有基本的生存需要（衣食住行）和生存意识（自我发展）。根据全人教育理论的观点，幼儿健全的自我分为身体自我、情感自我、认知自我、社会性自我与创造性自我。因此，艺术化课程内容注重挖掘与幼儿生活密切相关的衣食住行各方面内容以及作为人的自我相关内容。另一方面，幼儿是在与环境互动的过程中逐步获得健康的体魄和对自我的理解的。因此，课程也注重幼儿与他人互动中所形成的人际关系的相关内容。以此我们生成了一些相关的主题活动，如“Hello，Baby！”“十个手指头”“饼干总动员”“面面相趣”“好玩的球”等。

（二）自然

陈鹤琴说：“大自然、大社会都是活教材。”自然环境作为幼儿园重要的课程资源，蕴藏着扩展幼儿生活和学习空间的无限可能，艺术化课程内容的选择珍视与幼儿生活相关的、幼儿感兴趣的自然内容。一方面，自然界中季节更替、阴雨晴云等自然现象都与幼儿的生活密切相关；另一方面，幼儿园、军区大院乃至周边环境（如紫金山、玄武湖、红山动物园等）中的动植物，也都是幼儿感兴趣的，这些都已逐渐被纳入我们课程内容的选择范围。比如军区大院的水杉树林是幼儿最喜欢去玩的地方，幼儿通过看、摸、闻、抱、画等多种方式观察、了解、记录水杉，由此生成了一系列的有关水杉的活动。以自然资源生成的主题活动有“我和斑鸠做邻居”“柚子熟了”“你好，小鸭子”“小土豆大世界”“蚂蚁王国趣事多”等等。

(三) 社会

幼儿从一出生,便开始探索社会。幼儿的社会学习涉及对社会规范和习俗的认识,涉及对历史、人文、时事的学习,是幼儿整体学习和发展的重要组成部分,也是艺术化课程的内容组成。幼儿在成长的过程中获得关于社会人、社会角色、社会群体的理解;识别和理解周围社会环境的特征和地理方位;认知社会历史的过去、现在和未来;感知自然与社会的关系,形成初步的主人翁意识。这些都可能是艺术化课程内容的来源。我们对这部分的内容做了梳理与归纳,具体可以分为传统节日、地域文化、社会事件、科技发展等。以社会资源生成的主题活动有“小小桥梁工程师”“各种各样的伞”“跃然‘纸’上”“手机的秘密”“筷子兄弟”等。

七、艺术化课程的实施

(一) 艺术化课程的实施途径

艺术化课程以主题活动或项目活动的方式开展,实施途径丰富而多样。一方面,集体活动、区域活动、生活活动等幼儿园一日生活的各环节是艺术化课程实施最为重要也最为基本的活动形式,任何一个主题的开展都借由集体活动、区域活动、生活活动得以实现。另一方面,主题活动的开放性、生成性使得资源对课程的实施途径有着越来越重要的影响。我园精心打造了天鹅农场、木工车间、生活馆、科技馆、美术馆、图书馆和足球天地等,为艺术化课程的实施提供了更加丰富的活动形式和活动实施的场域及资源。目前,这些都已纳入我园课程实施的途径加以考量,旨在用更灵活多样的、有效的活动促成儿童经验持续、完满、整一的发展。

(二) 艺术化课程的实施模式

艺术化课程的实施从儿童经验出发,以“经验、生长、联结、灵性”理念为统领,具体分为三个阶段。见图 0-3。

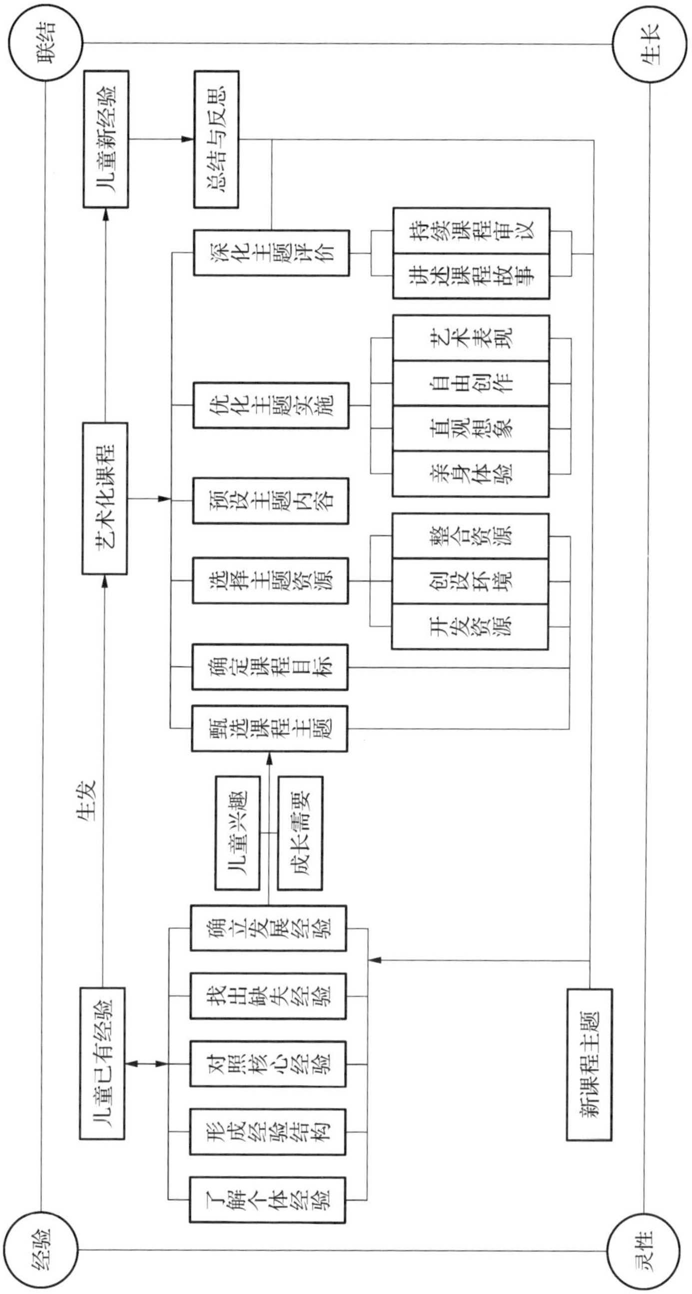

儿童经验生发艺术化课程的模型

第一阶段：整体把握儿童已有经验。

环节一：了解个体经验。

艺术化课程强调以儿童经验为本，儿童的已有经验决定着儿童的最近发展区，这是课程生发的重要触点。要整体把握儿童的已有经验，必须从个体经验出发，即通过自然观察、谈话等方式了解不同家庭背景、生活体验、个人能力等的儿童的个体经验水平。

环节二：形成经验结构。

在了解儿童个体经验水平的基础上，将儿童的已有经验按照我园艺术化课程核心经验的六个维度进行归类，形成经验结构，以便于进一步分析儿童已有经验和艺术化课程学习与发展的核心经验的差距。

环节三：对照核心经验。

将全班儿童的经验结构与艺术化课程中该年龄阶段儿童学习与发展的核心经验进行对照，找出缺失的经验，而这一部分的经验正是在他们的最近发展区之内的，是儿童可以通过自身努力获得的新经验。

环节四：找出缺失经验。

将儿童的已有经验和我园艺术化课程学习与发展的核心经验对照，不足的地方即儿童的缺失经验，也是需要通过主题活动的实施帮助儿童获得的新经验。

环节五：确立发展经验。

根据找到的缺失经验整理出儿童的发展经验，这为下一阶段艺术化课程的实施提供了科学的依据。

第二阶段：实施艺术化课程。

环节一：甄选课程主题。

促进儿童经验的生长是幼儿园课程建构与完善的出发点和落脚点，通过对照儿童已有经验和艺术化课程学习与发展的核心经验而确立的儿童发展经验，是甄选课程主题的重要参照。

环节二：确定课程目标。

在确立主题生发点之后，即通过对照儿童已有经验和缺失的核心经验，制订符合该年龄阶段的目标。主题目标应具有适宜性与全面性，促进儿童在运动与健康、交流与读写、认知与理解、表达与创造、交往与适应、习惯与态度六个方面的全面发展。同时，主题目标应该具有生成性。正如杜威所说，“一个良好的目标会调查学生目前的经验状况，制订一个试验行为处理计划，并经常考虑这个计划，但是当情况发展时，就改变这个计划”，这就是根据儿童的生长需要不断生成目标的过程。

环节三：选择主题资源。

根据主题活动的目标，接下来应该充分挖掘与整合各类可利用的资源，提高资源的利用率。第一，根据艺术化课程资源地图，选择和主题密切相关的地域文化、生活场所资源。第二，从小天鹅“资源超市”选择丰富的物质材料资源、数字音像资源。第三，从小天鹅经验资源库选择适宜的家长资源、专家资源。第四，根据以上资源绘制主题资源图。

环节四：预设主题内容。

主题内容的确定与目标是紧密联系的，目标决定内容，内容反映目标。教师在主题实施前会根据儿童的兴趣、已有经验的分析和主题目标等预设主题内容。主要包括：第一，预设主题活动网络图，为儿童的经验增长和建构提供线索脉络，接下来的活动需要儿童自主探索并与老师共同生成；第二，预设可开展的活动，这里的活动可以是集体活动或小组探究活动，也可以是发展儿童个性的区域活动、日常生活活动。

环节五：优化主题实施。

主题实施是艺术化课程的中心环节，教师与儿童都是主题实施的主体，儿童可以在教师的指导下独立或小组合作对问题进行调查探究，也可以与教师共同探究。在这个过程中儿童可以通过调查、实地参观等收集资料，可以用绘画、测量等方式记录，也可以通过讲故事、讨论等分享在探究中的收获与想法并发展语言表达能力，教师始终作为观察者、协助者出现在儿童身旁。探究后教师对儿童探究的态度、方法、能力进行研究，对所探究的话题、过程、结论进行回顾、反思和改进。最后，师幼在一系列的探索反思后自然地将活动推向高潮。在整个活动中，教师充分关注每一个儿童的个性发展与经验获得，充分支持儿童的亲身体验、直观想象、自由创作和艺术表现。

环节六：深化主题评价。

主题评价主要包括：第一，讲述课程故事。教师回顾整个探究活动，总结儿童在主题活动中新经验的生长轨迹以及教师在主题活动中的支持与帮助。第二,持续课程审议,包括课程实施前初审议、课程实施中阶段性审议、课程结束时汇报总结。此外,讲述主题故事和持续课程审议是紧密结合、循环往复的过程。通过讲述主题故事,教师不断地分析儿童的已有经验和最近发展区,结合儿童的兴趣点开展深度的课程审议,为进一步深化主题活动提供依据。通过持续的课程审议,教师反思儿童经验的获得,反思主题活动是否适合本班儿童,从而获得教育智慧的提升。

第三阶段:儿童获得新经验。

本阶段的主要工作是主题总结与反思,一方面,教师要分析儿童在主题探究活动中所获得的新经验,同时发现儿童新的兴趣点,为下一个主题活动的生成奠定基础;另一方面,教师要提炼总结自己在主题活动中的有效策略,并反思自己的不足,以在下一个主题中得以改善。总之,主题总结与反思既是这一主题活动的结束,又是新的主题活动的开始。

综上所述,儿童经验生发艺术化课程的模型是一个可操作性的实践模型,构建了从儿童经验出发生成艺术化课程、儿童获得新经验的整个过程。

(三) 艺术化课程的实施策略

1. 了解儿童已有经验的策略

(1) 自然观察策略

自然观察策略是通过观察儿童生活中自然发生的、与主题相关的事件,捕捉儿童的个体经验,并对个体经验进行调查与汇总归类,从而了解全班儿童经验的倾向性。同时,通过自然观察策略,将个体兴趣引发成群体兴趣,为主题的生发及主题活动脉络的预设提供支持。如当一个儿童对蚂蚁产生兴趣时,教师有意识地引导儿童为蚂蚁提供食物并进一步观察,让全班儿童产生"蚂蚁能搬动多重多大的食物"的探究兴趣,小蚂蚁的探究活动就自然而然生成了。

(2) 情境观察策略

教师通过创设问题情境,引发儿童对主题更深入的思考,不但可以更有针对性地了解儿童的已有经验,还能够将个体经验升华为班级的群体经验,助推主题的深入。当儿童对萝卜为什么会裂开产生兴趣时,教师及时抓住这个兴趣点,提出一系列的问题:"萝卜成熟时会不会发生炸裂的现象?其他蔬菜成熟时是什么样的呢？也会炸开吗？”教师在其中把握的儿童已有经验为后续课程的开展奠定了基础。

总之，在艺术化课程的开展中，既要注意避免经验的简单重复，又要注意避免经验的遗漏。因此，准确把握儿童的已有经验是开展艺术化课程的重中之重。为了准确把握儿童的已有经验，教师既要在一日生活中保持敏锐的洞察力，及时捕捉儿童对于新生事物的兴趣点，又要适时地创设问题情境，全面把握儿童经验。

2. 整合利用资源的策略

资源在艺术化课程的实施中起着不可或缺的作用，因此要逐步建立资源意识，开发利用周围的各种资源。我们将资源分为地域文化资源、生活场所资源、数字影像资源、物质材料资源与人员经验资源等5大类别，形成了多样化的整合策略，具体如下。

（1）绘制了资源地图

为了大力开发地域文化资源和生活场所资源，我们从儿童经验出发，充分发掘与利用周围的地域文化资源和生活场所资源，以小天鹅幼儿园为中心，3千米左右为半径，绘制了我园独特的网络资源地图。在课程的开发与实施中，教师可以根据课程的需要，查阅幼儿园资源地图，寻找可以使用的资源。资源地图也在使用中得以不断更新与完善。

（2）建立了“资源超市”

我们建立了小天鹅“资源超市”，有效整合了物质材料资源、数字影像资源。物质材料资源分为教学挂图、家居用品、废旧物品、自然物等8大类，有70余种物品。对于数字影像资源，目前主要整理了教学课件，其中白板课件34个，PPT课件51个，教师原创的获奖微课43个。“资源超市”可供教师和儿童在各主题开展时根据需要“选购”资源，形成主题下的课程“资源包”。主题开展时，教师可进一步展开调查，与儿童共同挖掘新资源进行补充；主题结束后“资源包”归档，新的资源推进了“资源超市”的更新。因此，每一次主题活动的开展都是对“资源超市”的补充与丰富。可见，儿童经验生发的艺术化课程“资源超市”是动态的、不断扩充的。

（3）建立了经验资源库

为充分利用幼儿园的人员经验资源，包括幼儿家长资源、教师资源、专家资源与社区资源，我们梳理并建立了经验资源库。其中，家长资源是一种重要的课程资源，它是动态的、不断更新的，我们应当充分利用。2020 年最新的家长资源有文化、教育、交通、医疗、安全、金融、建筑、其他共 8 大类，由于家长资源 60%是军人资源，所以没有将其囊括其中。专家资源包括舞蹈、音乐等方面的艺术家，物理、天文、植物等方面的科学家，剪纸、花灯等非物质文化遗产传承人等。教师资源除有丰富教学经验的教师外，还有舞蹈、美术、足球、科学、种植等方面的专职教师。

在实施艺术化课程时，教师会通过资源地图、“资源超市”以及经验资源库进行选择，选取并补充自己需要的课程资源，助力课程的实施。

3. 课程的实施策略

(1) 以多通道感知支持亲身体验

多通道感知是一种通过视、听、闻、触等多种感官来亲身感知与体验，达到主体与客体相互作用，从而构成一种新的意义关系，实现主体对客体的认知。学前儿童处于前运算阶段，多种感官的刺激符合儿童无意记忆、无意想象的心理发展特点，从而促进其思维、记忆、想象力的发展。例如让儿童通过拍照感受水杉树林在不同视角下的形态美，倾听水杉树林里的各种声音，闻一闻不同天气条件下水杉树林的独特气味，通过拥抱测量水杉的“腰围”，通过放气球测量水杉的“身高”……儿童通过视、听、闻、触、拍照、拓印、测量、绘画等多种方式得到全方位多维度的艺术体验，丰富审美经验。

(2) 以开放环境支持直观想象

儿童的想象力往往不受认知的制约，具有夸张性、外显性、独特性的特点。民主、自由、开放的环境中，教师不设好坏标准，不给出唯一答案，不限制儿童的思维，不扼杀儿童想象的天性，让儿童发挥想象力，自由阐释艺术、表现生活，有效支持儿童的直观想象。比如，南京市正在进行垃圾分类，大家都在谈论垃圾分类、学习垃圾分类，幼儿园也开展了垃圾分类的主题活动。当教师询问儿童想发明什么来进行垃圾分类时，由于他们的生活环境、审美期待和审美心境各不相同，且较少受到思维定式的影响，其直观想象就各不相同，回答中有“能力强大的垃圾机器人”，也有“凶狠的垃圾怪兽”。儿童这种独特、充满个性，有时甚至怪诞的艺术想象与表现，正是他们艺术潜能的发挥，教师都以开放的态度给予了支持。

(3) 以情感投射支持自由创作

幼儿的自由创作往往具有自然天成的稚拙、纯朴与超乎寻常的想象力和创造力的特点。他们创作的过程就是情感投射的过程,是情感记录的过程,是审美体验的过程,也是经验不断丰富的过程。针对这样的特点,教师采用情感投射的策略,让幼儿以自己的视角和想象去自由创作,"主观"地表现事物。比如,当小班幼儿刚认识乌龟时,大部分幼儿只画了一个大大的圆来表示乌龟,而随着教师的引导和主题的深入实施,幼儿和小乌龟成为朋友后,他们的创作就更加自由、大胆而独特了。画面上,出现了小乌龟的朋友、小乌龟的家、无数大大小小的乌龟蛋等。

(4) 以多元统整支持艺术表现

幼儿的艺术表达具有多元、多样、整合的特点,多元统整的策略正顺应了幼儿的这种特点,加强了各种艺术表现手法的相互联系和有机结合,有效支持了幼儿的艺术表达。当对幼儿园新种植的树进行主题探究,积累了丰富的经验后,幼儿决定用戏剧表达在探索中获得的经验。融合音乐、舞蹈、儿歌等多种艺术形式,以显性形式带动隐性形式,可帮助幼儿进行感知、体验、表现和创造,使幼儿经验得以丰富、拓展和提升,而这些经验又能迁移并运用在日后真实的生活情境之中。

八、艺术化课程的评价

艺术化课程的评价以过程性评价和形成性评价为主。我们通过对幼儿的评估、教师的评价和相应的课程审议,对课程中幼儿的学习情况、教师支持情况和课程的开展情况进行持续的追踪和反思。评价侧重实践指导性,指向促成幼儿经验的发展,评价采用多种方式,同时注重评价主体的多元化,旨在调整相应的课程策略,促成在课程中幼儿经验连续、整一的发展。

(一) 对幼儿的评估

对幼儿的评估是对幼儿在课程中的动态发展进行的评估,观察评价是艺术化课程中对幼儿发展评估的重要手段。艺术化课程实施的过程中,教师对幼儿一日生活和学习活动中某个特殊时间内的某个典型事件进行观察,可以是借由观察表格的正式的观察,也可以是简单的轶事记录的非正式的观察,并定期梳理观察记录,这些观察和评价为调整活动方案、促成幼儿经验的发展提供了事实依据。同时,制作幼儿成长档案,科学而及时地分析幼儿在课程中的行为表现和发展水平也是艺术化课程评估幼儿经验发展水平的重要方式。总之,艺术化课程中对幼儿的评估是落实"为了经验、依据经验、发展经验"的重要支撑,是教师把握幼儿在课程活动中的最近发展区和调整相应活动策略的重要依据。

(二)对教师的评价

对教师的评价集中体现在课程中教师的自我反思评价上。教师的自我反思能力是教师课程力的体现,在主题活动中有效总结活动、反思经验、评估幼儿,对教师顺利开展有效活动起着决定性的作用。艺术化课程中,一方面,教师会在主题中的各个活动结束后,对具体活动开展的情况进行反思;另一方面,在整个主题结束后,教师会对整个主题活动的目标达成情况进行梳理,并提炼相应的课程策略,为下一次的课程实践做好准备。艺术化课程正是在教师这种不断反思和评价中趋于完善的。

同时,幼儿园层面也会对教师进行相关的评价,如园部进班,了解教师开展课程的情况,并给出相应的指导策略。这样的方式可以有效提高教师对课程开展的理解、评估及践行能力。

(三)对课程的审议

课程审议是我园评价课程的重要形式,艺术化课程正是在不断审议、调整中得以完善的。一方面,我们初步建立了以儿童为中心,教师、家长及课程专家共同参与的多元课程审议主体;另一方面,我们完善了相关的课程审议制度,如课程开展前的预研究审议、课程开展中的过程性审议、课程结束时的终期审议的审议流程,以及班级、年级组、全园等层面的审议。课程审议有利于明确和调整课程目标,筛选和确定主题内容,发展多样化的主题活动形式,为满足儿童"一个经验"的发展提供适宜的课程土壤。

成静　李雪

目　录

夜黑黑

虞林笋　郭思为

一、主题畅想

（一）活动缘起

《夜黑黑》绘本蕴含较丰富的教育价值，其戏剧性的故事情节跌宕起伏，引人入胜，能给予幼儿丰富的想象空间和表演空间。出人意料、幽默的故事结局，让幼儿不仅知道在面对困难时要积极想办法战胜困难，而且明白了个儿大、强壮并不可怕，拥有智慧、懂得合作才是最强大的道理……我们将这本绘本悄悄地放进了班级图书区，观察幼儿对该绘本的兴趣和反应。

绘本投放不久，很快被芳芳小朋友发现。她拿出绘本津津有味地翻看时，吸引了一旁的希希、政政和海心，四个小朋友围坐在桌旁，一边翻看绘本，一边你一言我一语，交流着绘本的内容……

发现《夜黑黑》绘本

阅读《夜黑黑》绘本

他们猜测着绘本上的内容，还时不时地谈及“夜晚”这个概念，谈及森林里的树木和夜行动物，谈及主人公的害怕心理。可见《夜黑黑》绘本对孩子们是具有吸引力的，能让孩子们有话可谈，有内容可以探究。于是，我们以幼儿的兴趣为导向，以中班幼儿的关键经验为依据，围绕《夜黑黑》绘本，与孩子们一起开启了“夜黑黑”的探究之旅。

（二）活动可能的发展脉络图

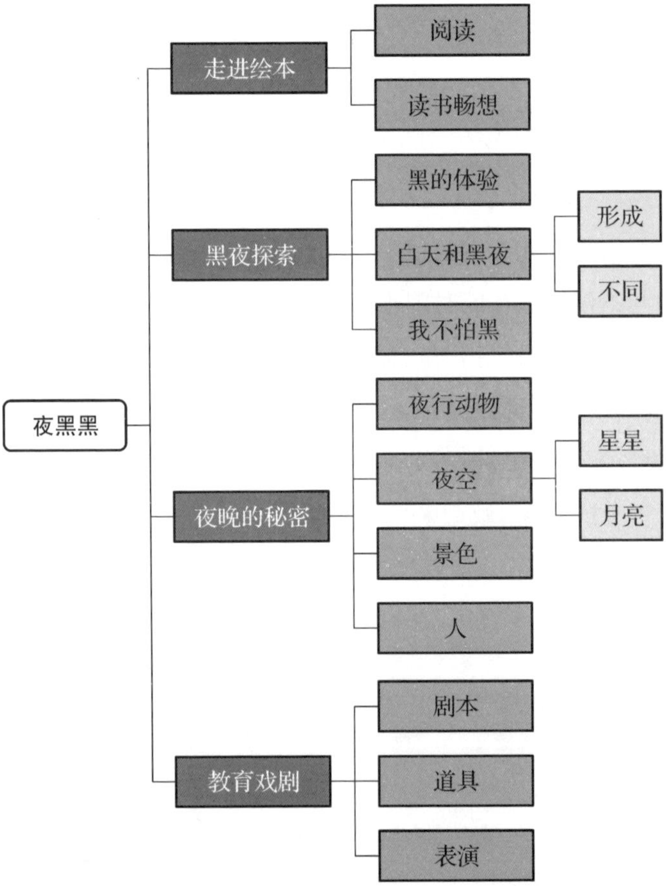

（三）幼儿可能获得的经验图

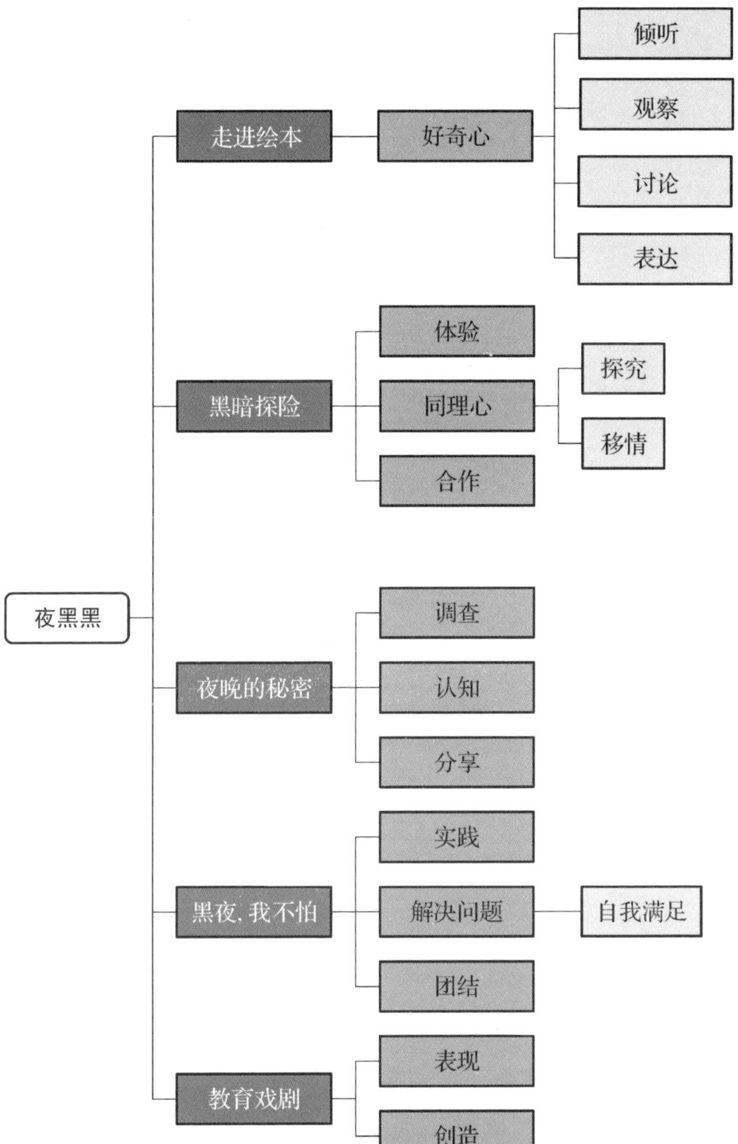

（四）主题可能涉及的资源图

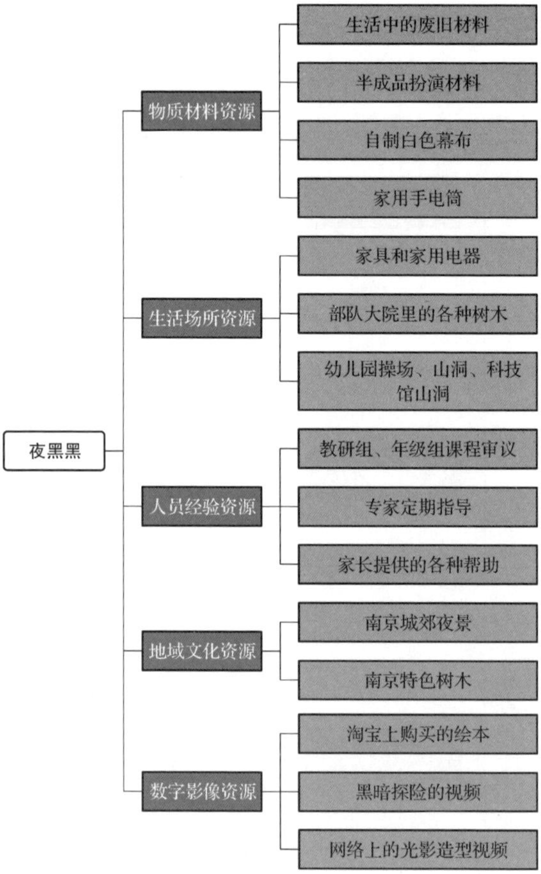

专家点评

《夜黑黑》是一本教育价值丰富的绘本，教师在班级投放这本绘本时，采取了比较隐蔽的方式，将书本放进图书区，观察幼儿的反应，不仅为幼儿发现绘本、接触绘本创造了条件，也为幼儿谈论绘本、产生兴趣提供了可能。通过观察，教师发现幼儿对《夜黑黑》绘本有着浓厚的兴趣，他们有话可谈。由此，教师顺应幼儿的兴趣展开了教育研究。主题的缘起，既有教师的用心预设，又能以幼儿的兴趣为出发点，我认为这个主题将是有趣的，也是有意义的。

二、主题开展

初探绘本

(一)《夜黑黑》

1. 阅读绘本《夜黑黑》

当孩子们对绘本产生了兴趣，我们便从阅读绘本入手，组织孩子开展集体阅读活动。在活动中，孩子们被《夜黑黑》的故事情节深深地吸引。大野兽来啦！他们或是瞪大眼睛、张大嘴巴、屏住呼吸；或是蹲下身子、蒙上眼睛、闭紧嘴巴；或是躲到树后、蜷缩身子、紧张地窥视等等，体验主人公方丹遇到野兽时紧张害怕的心理。接着，在教师的引导下，他们开动脑筋，想出了各种好办法，如：两人合作变成小怪物，多人合作变成大怪物……同时，塑造出各种可怕的怪物形象，吓跑了大野兽，从而体验到战胜大野兽、战胜恐惧的胜利喜悦。

绘本阅读活动

早期阅读活动之后，我们将多本《夜黑黑》绘本投放到图书区，以满足幼儿继续阅读探究的愿望。于是，在游戏时间、自由活动时间，孩子自主选择到图书区阅读、探究《夜黑黑》，从而加深了对绘本内容的理解。

《夜黑黑》进入图书区

继续探究《夜黑黑》

还有的孩子经常会到语言区操作《夜黑黑》故事盒、桌面小舞台，他们声情并茂地讲述着《夜黑黑》的故事，操作着故事中的玩偶，玩得不亦乐乎。

讲一讲《夜黑黑》的故事

2. 读书畅想

孩子们阅读了《夜黑黑》之后，对绘本故事产生了各种想法。《夜黑黑》读书畅想活动应运而生。孩子们用绘画的方式表达了自己对绘本内容的理解和想象，教师进行了记录，并整理出了以下几类读书畅想主题。

(1)“我述说的夜黑黑故事”——这是孩子们对《夜黑黑》故事内容的再

现表述。

(2)“方丹和小兔子的森林奇遇”——孩子们根据自己对《夜黑黑》故事的理解,进行故事情节的想象与创编。

(3)“用计策战胜大野兽”——除了绘本中所讲述的两人合作变成大怪物吓跑大野兽的办法,还有什么好办法能战胜大野兽呢?孩子们开动脑筋,发挥想象,创编出各种计策战胜大野兽。

(4)“夜晚,不外出”——孩子们提醒大家晚上不外出,保护好自己。

(5)“美丽的家”——孩子们觉得小兔子的家在地下不好住,想盖一幢房子给小兔子住。

《夜黑黑》读书畅想

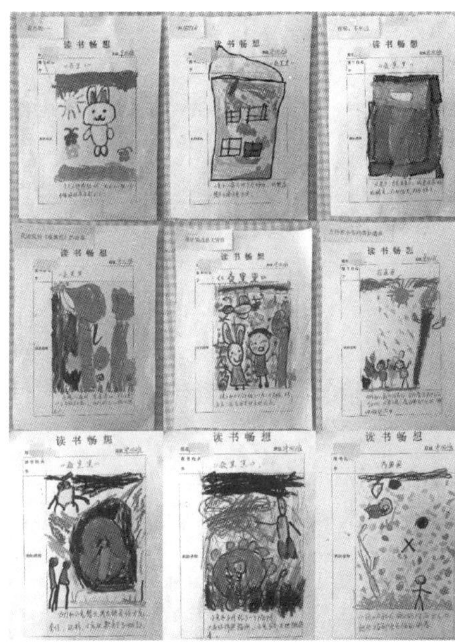

我们的作品

(6)“我喜欢……”——这是孩子们对绘本中角色的理解和讨论。

为了让孩子们保持对“读书畅想”活动的热情,我们在图书区里除了投放《夜黑黑》,还投放了与“夜黑黑”主题有关的其他书籍,以及纸、笔、“读书畅想”记录表,支持孩子们在游戏时间继续阅读、记录,抒发自己对绘本的感受、理解和想象。孩子们绘画好的作品，我们分类挂在圆柱架上进行展示、分享。

教师的思考

幼儿对绘本的理解，除了用语言表达，也可以用艺术的方式进行表达。在“读书畅想”活动中，幼儿以绘画的形式，从不同角度表达了自己对《夜黑黑》的理解、想象和创造，让我们不仅了解了幼儿的内心世界，也感受到他们天真、朴实、关爱、美好的情感。“读书畅想”给了每个幼儿表达理解绘本、畅想创造的机会，同时也给了教师了解孩子经验、理解孩子心理的机会。教师只有走进幼儿心里，才能发现幼儿的兴趣所在，从而为活动的进一步生发提供可能。

读书畅想制作区

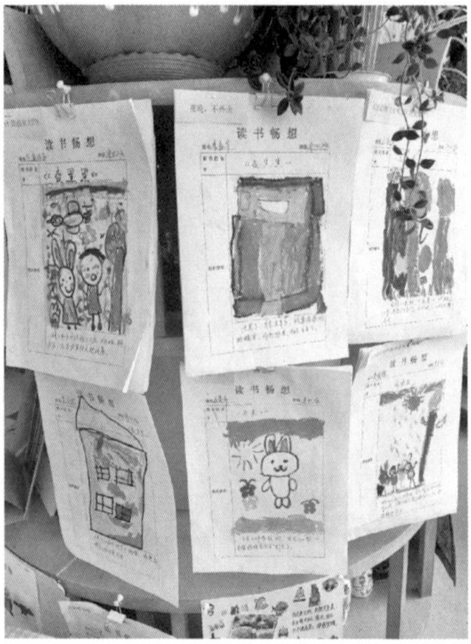

读书畅想作品展示

绘本中小兔子的家和方丹家的房子曾引起幼儿的兴趣，高怡和静静分别还想建一幢新房子给小兔子、方丹居住。根据幼儿的兴趣，我们在建构区提供了各种森林木屋的图片、积木建构的各种房子范例图，供他们建构时观察、欣赏，并尝试自己动手用积木搭建美丽的房子。幼儿在建构区中建造了各式各样的房子，有一层的木屋、多层的楼房、多栋的房屋群落，还有各种雪松，尽情地发挥着自己的想象和创造。

“森林小屋”参考图片屏风

森林小屋

教师的思考

教师既利用集体活动的形式开展班本主题活动，又利用区域活动进行班本主题活动的延伸和补充，有些区域活动的内容直接来源于幼儿在班本活动中意犹未尽的兴趣，有些班本课程则直接以区域活动的形式进行。形式多样的区域活动激发了幼儿的兴趣，不仅巩固了幼儿的知识经验，同时也丰富、拓展了幼儿的思维。充分发挥区域活动的功能，让集体活动和区域活动相互交融、相辅相成，吻合了课程游戏化的精神。

第一次课程审议

“夜黑黑”主题活动源于幼儿对绘本产生的兴趣。因此，引导幼儿走进绘本、理解绘本是第一步。于是，教师从绘本入手，为幼儿创设条件，通过活动和游戏，引导幼儿阅读绘本、理解绘本内容，并尝试用各种形式去表现绘本，表达自己对绘本的理解、感受与创造，深入浅出地帮助幼儿更好地理解绘本，也为下一步主题活动的开展打下了基础。那么，下一步课程的走向如何，则需要教师学会观察，寻找幼儿感兴趣的话题，从幼儿的兴趣点入手生发课程。

(二)黑暗探险

1. 山洞探险

在“读书畅想”活动中,孩子们对“黑暗”自发地产生了议论。航航问:“黑暗给人什么感觉?”廷廷问:“方丹为什么那么紧张害怕?”针对孩子们的提问,我们进行了“山洞探险”“黑暗体验”活动。

我们来到幼儿园草坪上的小山洞,由于光照射进了洞口处,洞里不是那么黑,每个孩子都较为顺利地完成了探险活动。接着,我们将难度提升,带孩子们来到了幼儿园科技馆的山洞,馆里的灯全部熄灭后洞里一片漆黑。此时,有的孩子在洞口犹豫了一下,往洞里瞧瞧,然后小心翼翼地钻进山洞;有的孩子在洞口停住,看到同伴成功通过后才尝试着往前走;有的孩子借助工具来壮胆通过山洞;有个别孩子在洞口不敢往里走,需要同伴陪伴才敢进去。

探险草坪上的山洞

探险科技馆的山洞

孩子们在洞口的反应各有不同,不同程度地表现出对黑暗的恐惧。

廷廷说:“我觉得山洞非常阴森、非常恐怖,没有光源,太阳又照不到,感觉里面有好多吓人的蝙蝠。我原先找不到出口,后来看到光才找到出口了。

我心里非常害怕。”

辰辰说：“一开始，我在山洞里非常害怕，感觉自己的身体会碰到所有的东西。我走呀走，看到地上有一些光了，又走呀走，看到门口的光了，就走到外面了。”

……

孩子们生动地表达了自己在黑暗中的种种感受。

通过此次山洞探险活动，孩子们对黑暗有了深刻的体验，也理解了绘本中主人公方丹在漆黑的森林里行走时的那种恐惧的心理。

2. 白天和黑夜

在黑洞探险后的讨论中，一些孩子们自发地说起“光”。有的说：“有光就明亮了。”有的说：“白天有明亮的光，黑夜就没有。”……孩子们自发地讨论起白天和黑夜。那么，白天和黑夜是怎么形成的呢？我们找来了地球仪，让孩子们用手电筒对地球仪进行照射。孩子们发现，被光照射到的地方很亮，就是白天；没有被光照射到的地方很暗，就是黑夜。斐斐旋转地球仪，发现地球仪上出现了暗与亮的交替。孩子们在操作探索中了解了白天与黑夜形成的原因，并且还对比了白天和黑夜的不同之处。

探索白天和黑夜的形成

活动之后，我们将地球仪、手电筒、观察记录表放入科学区，供孩子们游戏活动时继续探索白天和黑夜的形成与转换，探索自己的新发现，并做好相关的观察记录。

继续探索

3. 有趣的影子

当孩子们用手电筒照射地球仪时，发现墙上出现了一个大大的黑影子，孩子们的目光立即被这大大的黑影子所吸引，对影子产生了极大的兴趣。

光影探秘

墙上的黑影子

追随孩子们的兴趣，我们来到户外进行了玩影子的游戏。在阳光下，孩子们发现自己的脚下都有一个黑黑的影子，不仅我们人有影子，树、花、房子、大型玩具……都有影子。“为什么会有影子呢？”孩子们指指天上的太阳，说是太阳光照射的原因。“为什么太阳光照在玻璃上，没有影子，而照在我们身体上，却有影子？”为了找到答案，孩子们通过观察发现，有光照，同时被照的东西挡住了光，就会产生影子。

孩子们还玩起了踩影子、捉影子、影子造型的游戏。他们进一步发现自己摆什么造型，影子就是什么造型，影子与被照物体的外形很像。他们还发现自己跑到哪里，影子就会“跟”到哪里。在快乐的游戏中，孩子们了解了影子的特征，获得了相关的经验。

更有趣的是，有的孩子还想方设法让影子离开自己。辰辰说：“我跳起来，就离开影子了。”圆圆说：“我站在树下，就没有影子了。”

我们都有黑影子

影子跟我“学样”

教师的思考

教师从幼儿讨论的话题中、幼儿的目光和行为中，发现他们的关注点和兴趣点，并及时追随幼儿的兴趣开展活动。通过亲身体验，幼儿在心理上与绘本中主人公方丹产生共鸣；通过动手操作，幼儿发现白天与黑夜的形成及转换；通过游戏探索，幼儿发现影子的产生和影子的特征。活动以体验、操作、游戏的形式进行，活动的形式符合幼儿的年龄特点和活动愿望，幼儿在活动中积极主动，思维活跃，非常愉悦。在接下来的课程中，教师要多以这样的形式开展活动，让幼儿在他们感兴趣的活动中探索经验、获得经验。

4. 百变的影子

玩影子游戏的同时，辰辰小朋友有了新问题："光照在其他东西上会出现什么样的影子呢?"于是我们创设了"百变的影子"游戏活动，游戏的材料源于孩子们在家收集的各种废旧生活用品。游戏中，孩子们对这些废旧物品进行想象，创造性地组合搭建，然后用手电筒进行照射，观察其投射在白幕布上的造型。由于所用的材料不同，搭建组合的不同，白幕布上的影子各种各样，有的像房屋，有的像灯笼，还有的像盆栽……十分有趣。

废旧的生活用品

组合搭建生活用品

进行光影造型

孩子们对影子的探索乐此不疲，我们在科学区创设了光影游戏区，将该游戏材料投放其中，供幼儿继续进行光与影子的探索。

起初，孩子的创意很简单，投射的是一个物品或两个物品简单组合的影子造型。后来，我们增加了半成品材料的种类和数量，启发孩子们尝试用多个物品，或者用多种类型的物品进行不同方式的组合搭建，观察其在白幕布上的造型，鼓励孩子们想象、创造。同时，我们将每次游戏中有创意的作品拍摄下来，并将照片打印出来引导孩子们观察欣赏，相互学习。

盆栽“向日葵”

城堡

孩子们创作的影子造型明显丰富起来了，他们能运用多种类型的生活物品组合造型，创作不同的生活场景。如码头有帆船、车；动物园里有恐龙馆和行走的恐龙；看戏的大剧院；双层停车场……

大剧院

飞车表演

恐龙馆

停车场

爸爸妈妈和我

未来城

手影游戏真好玩

5. 好玩的手影游戏

户外散步时，有些小朋友自发对着太阳做手影，激发了其他小朋友的好奇心。

孩子们有了兴趣后，我们开展了手影游戏活动，将手影造型简单的手影图片粘贴在手影游戏区投影柱子的上下圆环面上，使孩子们游戏时随时能见能学。此外，也将一些造型新奇的手影图片装订成册，挂在柱子上，供孩子们游戏时翻阅。对此，孩子们很感兴趣，不仅学会了“小兔”“小鹿”“孔雀”“蝴蝶”“小鸭”“老狼”“螃蟹”等几十种手影造型，还能运用手影造型念儿歌、创编故事呢！

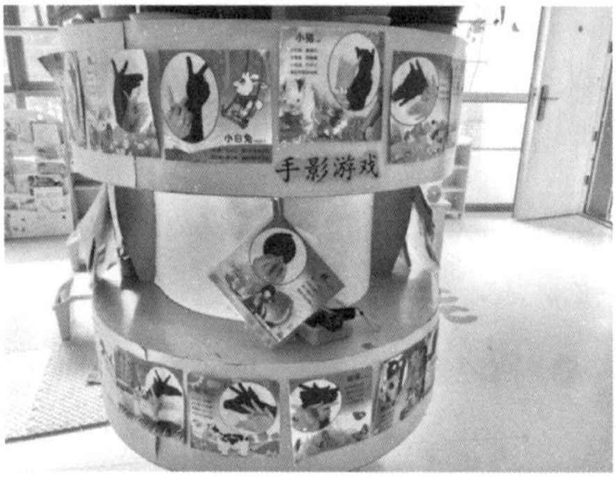

手影游戏区

手影剧演播

6. 奇特的光影造型

户外活动时，孩子们三三两两自发地在阳光下摆出各种姿势，观察自己影子的造型。我告诉孩子们：“我们的身体也可以做各种各样的光影造型，身体创造出来的光影造型很奇特。”“真的吗？”“什么样子的呀？”孩子们好奇地问，都想一探究竟。

身体影子造型

回到教室后，我们一起观赏国内、国外各种身体影子造型视频，视频中的人运用“光影”一会儿变出交通工具，一会儿变出著名建筑，一会儿又变出各种动物和花草树木，曼妙奇特的影子造型深深地吸引了孩子们的眼球，大大开阔了孩子们的眼界。

观看人体影子造型艺术表演

看完了视频，孩子们跃跃欲试，他们在灯光下摆起了造型。渐渐还出现两人、三人，甚至多人合作摆造型。同伴间相互学习、相互借鉴，孩子们的动作越来越丰富，造型也越来越有创意。孩子们在白幕布前或独自或组合创造各种影子造型，丰富了光影表演的经验。

一人造型

三人造型

四人造型

教师的思考

一系列的活动中，教师以幼儿的兴趣为出发点，及时追随幼儿的兴趣，创造条件，提供各种资源，如提供各种游戏活动材料、创设游戏环境……在活动中，教师让幼儿成为活动的主体，充分支持并鼓励幼儿开动脑筋，自主探索，自主思考，获取经验。同时，教师适时出现，给予幼儿适当的引领和帮助，必要时，还要为幼儿提供恰当的“支架”，支持幼儿的学习，成为幼儿活动的支持者和引导者，促使幼儿进入更深层次的探索和发现，使其经验和能力获得进一步的提升。

7.“夜黑黑”小剧场

光影下的小怪物

我们将白幕布投放在表演区的小剧场中，供孩子们在游戏时间继续表演探究，满足他们创造、表现的愿望。

一天，辰辰和嘉嘉拿着自己用玩具拼插出的宝剑在白幕布前摆造型，称自己是《夜黑黑》绘本中的小怪物，这引起了其他小朋友的注意。我意识到孩子们已经不满足于徒手的造型，道具和辅材的加入会使游戏内容更丰富。我将我的想法和家长们进行了交流，得到了大家的大力支持，孩子们从家里带来帽子、面具、披风、纱巾、头饰等材料。孩子们忙着将自己装扮一番，在白幕布前留下了各种可爱的小怪物造型。

可爱的小怪物光影造型

教师的思考

家长是幼儿园教育的重要合作伙伴,班本课程的开展和实施离不开他们的支持和帮助。虽然家长没有直接参与班本活动,但是他们在配合、协助的过程中,可以间接地了解我们班本活动的内容、进度以及活动的意义,从而引起他们对班本活动的关注,同时为班本活动的进一步开展提供更多的有力支持和帮助。引领家长走进班本课程,也有助于增进家园沟通,实现家园合作,同步教育幼儿,使家园教育达成一致性。

自从孩子们在小剧场中用光影塑造了《夜黑黑》绘本中的小怪物造型后,他们对绘本的表演产生了兴趣。除了在小剧场继续塑造小怪物外,一些孩子还会创编表演情节,如怪物争斗、怪物吓跑大野狼、森林中的小动物……于是,我们将小剧场布置成森林场景,提供各种辅材供幼儿进行光影造型及合作表演。小剧场的名字也在孩子们的建议中产生了,叫作“夜黑黑”小剧场。

“夜黑黑”小剧场

我们在表演

光影造型

光影表演进行中

孩子们在游戏中不仅获得了创编、表演的经验，而且还获得了科学方面的经验，他们探索出白幕布上影子的大小与自己离白幕布的远近距离有关，与自己离光源的远近有关，学会了通过调整自己离光源（或者白幕布）的距离，从而调整幕布上自己影子的大小。

孩子们在小剧场进行光影表演时，不知不觉地将《夜黑黑》绘本中的“小怪物”角色引入了光影游戏中，并用光影的方式表现绘本中的某些情节，将光影技术与绘本表演巧妙地结合起来，这是一个创新的举措，值得我们进一步考虑和探索。

8. 光影森林

《夜黑黑》的故事发生在夜晚的森林，什么是森林？森林里的树木是什么样子的？带着孩子们的疑问，我们收集了树木、森林的图片和视频，让孩子们去认识、观察、欣赏。通过活动，孩子们认识了各种各样的树，观赏了树木的不同形态。我们还利用春游的机会，让孩子们与各种各样的树木进行亲密的接触，从而使他们对树的种类、树的特征有了进一步的了解。

树的造型参考

与各种树木的亲密接触

游玩时孩子们在树荫下休息，发现了阳光下树的影子。微风吹拂，树影婆娑，给孩子们留下深刻的印象。一次班级游戏中，可可小朋友用纸剪了一棵小树，在“百变的影子”游戏区用手电筒一照，白幕布上出现了树的影子……

对树的剪影产生的兴趣促成了“森林探秘小屋”游戏的诞生。为了营造森林夜晚的氛围，我们选择了深蓝色的遮光帘，并在布上面粘贴了星星、月亮和松树，让人联想到森林里夜晚的苍穹。另外，我们还在墙上布置了各种树的图片，在游戏区桌上提供纸、笔、剪刀，供幼儿画树和剪树，带着树的剪纸到“森林探秘小屋”进行探秘。

森林探秘小屋

在遮光帘围合的、充满神秘的暗室里，孩子们的各种感官以及主动学习的积极性被调动起来。他们用手电筒照射自己所画、所剪的各种树木，观察白幕布上的树木投影，尽情地探索光源、树木和影子之间的关系。

游戏中，孩子们不断操作、不断探究，有了许多新发现。我们为此制作了“我的发现”展板放在“森林探秘小屋”旁，让孩子们将自己在游戏操作中的新发现进行记录。孩子们发现，光照在小树上，小树的影子就出现了；所有的影子都是黑黑的；手电筒在动，影子也在动；手电筒离小树远，小树变小了；手电筒离小树近，小树变大了；小树上剪出了洞，影子上也有洞；几个手电筒照小树，就出现几个小树的影子；影子会向手电筒光的反方向跑；手电筒转动，所有树的影子也会在白幕布上旋转……孩子们给这里起名叫“光影森林”。

创作各种树

探秘“光影森林”

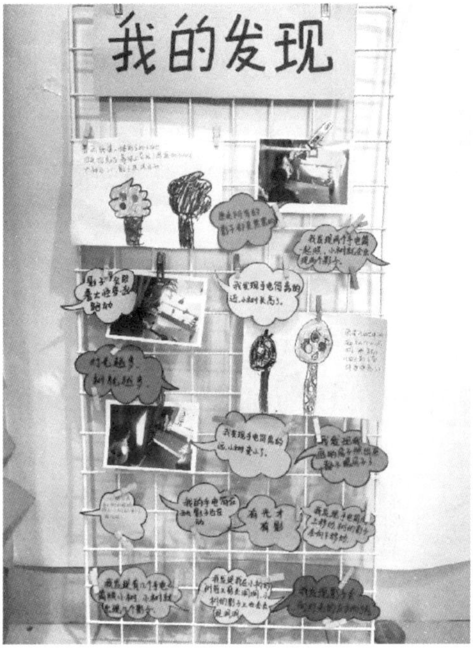

我的发现

教师的思考

新奇而又神秘的“森林探秘小屋”将我班的区域活动推向了高潮，在这里，幼儿可以创造性绘画、裁剪自己喜欢的树木，到小屋暗室里用光源进行自主探究。游戏中，幼儿情绪高涨，思维活跃，在动手动脑中自主归纳总结。

在整个活动中，教师充分支持、欣赏幼儿的游戏过程，不做过多干预，更多地以游戏玩伴的身份出现，在适当的时候对幼儿的游戏作出引导，注重幼儿在游戏中的探索、思考、发现。

第二次课程审议

在“夜黑黑”课程实施的系列活动中，教师能够仔细倾听幼儿的心声，善于观察、发现幼儿的兴趣点，顺应幼儿的兴趣，及时地创造条件，为他们提供各种支持，不断地生成出许多新的活动和新的游戏。在活动中，教师能以幼儿为主体，让幼儿既成为问题的提出者，也是问题的探究者，而教师则是幼儿活动的支持者、引导者和合作者，不断地追随着幼儿的学习，助推着幼儿知识经验不断地提升，能力不断地获得发展。

在小剧场游戏中，还出现了儿童剧的萌芽，并且利用“光影”这个特殊的形式进行表现，想法新颖独特。如果有可能，后期可以发展成儿童剧搬上舞台。当然，“夜黑黑”本身还有许多教育价值和内容可以继续探究，教师可以继续关注幼儿的兴趣所在。

（三）夜晚的秘密

一天，睿睿、圆圆和叮叮在阅读区看《夜黑黑》绘本。叮叮说：“我不喜欢晚上，晚上的树都是黑黑的，还会有狼、老虎，太可怕了。”睿睿：“是的，我也不喜欢晚上。”圆圆却说：“晚上有什么可怕的，我爷爷经常晚上带我去广场散步，一点也不可怕。”

“夜晚有什么？夜晚可怕吗？”带着这些问题，我们与孩子们一起探索夜晚的秘密。

1. 夜行动物有哪些

绘本中，森林里夜晚活动的狼、老虎、鳄鱼吸引了孩子们的注意。这些动物为什么夜晚出来？还有哪些动物也是夜晚出来的？我们利用图片、视频、故事等资料，丰富孩子们的相关经验，让孩子们不仅知道了什么是夜行动物、夜行动物有哪些，还了解了夜行动物的特征和生活习性，以及它们在夜晚出来的原因。

夜行动物我知道

夜行动物

另外，我们制作了“夜行动物”的主题墙，设计了“谁是夜行动物”的区域游戏。孩子们课间游戏时也会到“夜行动物”主题墙前指认、讨论，从而巩固了此方面的经验认知。

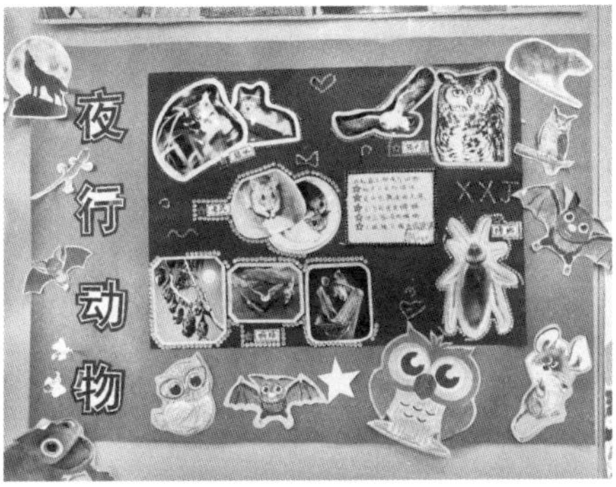

“夜行动物”主题墙

谁是夜行动物

2. 神秘的夜空

“夜晚还有什么呢?”孩子们说夜晚的天空有月亮和星星。通过观察，孩子们发现月亮每天都在变化，于是我们通过“月相变变变”活动，让孩子们了解月亮的变化，以及月亮一个月周而复始的变化规律，感受月亮在夜空中的皎洁与美丽。活动“美丽的星空”则让孩子们知道宇宙中有众多的星球，初步了解了太阳系中的八大行星，感受到了宇宙的浩瀚、星空的美丽。

月相变变变

星空真美丽

3. 美丽的夜晚

清明节放假，许多孩子都外出游玩，家长们拍摄上传了许多孩子们在夜晚的照片。于是,我们抓住节日资源,在节后开展了“美丽的夜晚”活动。通过对照片的观察欣赏和讲述,孩子们不仅感受到城市的灯火通明和郊外乡村的宁静,而且还发现了夜晚中的城市和乡村都有各自的美丽。

城市的夜晚真热闹

乡村的夜晚真宁静

4. 夜晚中的人们

在谈话活动中,细心的薇薇告诉我,她发现夜晚时马路上有警察叔叔在巡逻,很辛苦。“夜晚还有哪些人在辛勤地工作呢?”带着这个疑问,我们发动孩子们回家和爸爸妈妈一起去寻找答案。

我们共同搜集了许多照片,开展了“夜晚中的人们”这一活动。孩子们结合照片畅所欲言。圆圆说:“夜晚,有司机叔叔在为人们开车。”辰辰说:“环保工人晚上也在打扫我们城市的卫生。”韵韵说:“商场卖东西的营业员阿姨也是工作到很晚。”廷廷说:“夜晚,医院里有正在抢救病人的医生。”叮叮说:“夜晚,还有快递员在送货。”

孩子们介绍着这些为人们美好生活而辛勤忙碌着的人的同时,感激、敬佩之情在心中油然而生。他们发现,夜晚很美好,不仅有美丽的风景,而且还有为人们服务的工作人员忙碌的身影!

警察叔叔在夜晚执勤

医生在夜晚抢救病人

教师的思考

让幼儿回家与父母一起寻找答案、搜集图片,不仅可以促进亲子感情,而且可以让父母间接地了解班本活动的内容,从心理上更乐意支持班级工作,做好配合。另外,幼儿可以从爸爸妈妈那里获得新的经验,他们学会了外出观察、拍照,学会了上网查找资料,能够主动地将习得的经验记录下来,与同伴分享,这些都是自主学习重要的过程。在分享的过程中,同伴之间的相互学习、经验的相互融合,又进一步拓展了幼儿的视野。幼儿在发现自然美的同时,还发现了人间的真善美,情感得到了升华。

（四）黑夜，我不怕

诚诚妈妈希望诚诚能独立睡小床，但是诚诚不肯，家长希望老师能做做诚诚的思想工作。我们询问了诚诚，诚诚说自己害怕。于是，我们了解了班级其他孩子的睡觉情况，发现只有很少一部分孩子愿意自己睡小床，大部分孩子都是跟大人睡的。通过了解发现，孩子们不愿独自睡觉的原因有：怕黑、怕怪兽、怕做噩梦等。

1. 冬冬是个胆小鬼

针对孩子们怕黑、怕怪兽的心理，我们开展了“冬冬是个胆小鬼”的活动。“冬冬是个胆小鬼，怕风怕雨怕打雷。半夜起来遇妖怪，四个脑袋三条腿。爷爷听了笑哈哈，带着东东去抓鬼。一下碰到衣服架，帽子掉了一大堆。”在诙谐幽默的儿歌中，孩子们知道了鬼怪都是自己想象出来的，不要做胆小鬼宝宝，要做勇敢的孩子，只要内心强大了，就什么都不害怕了。

2. 怪兽来了，怎么办

怪兽来了，怎么办？让我们学一学《夜黑黑》故事里的小兔和方丹，把自己变成一个更可怕的大怪物，去吓走大怪兽。在表演活动中，孩子们发挥想象力和创造力，他们两人组合或多人组合，做出各种大怪物的造型，瞪大眼睛、龇牙咧嘴，做出可怕的表情，连大怪兽都害怕了。原来大怪兽也不可怕，运用智慧就能战胜它。体会到战胜大怪兽的喜悦后，孩子们信心倍增。

超级组合大怪物

3. 小怪物面具

《夜黑黑》故事里的小兔和方丹用怪物面具吓走了大怪兽，怪物面具成了孩子们最想得到的东西。于是，我们在美工区里投放了硬卡纸、面具模型、彩色笔、各种装饰材料、胶水，供孩子们创造性地绘制各种小怪物面具，并展示在美工区的墙面上。

制作怪物面具

制成的怪物面具

游戏活动中，孩子们戴上自制的怪物面具，吓跑了可恶的大怪兽。哈哈哈，真开心！大怪兽也有害怕的时候，孩子们顿时觉得自己好强大！

4. 黑夜，我不怕

在战胜了大怪兽后，孩子们转变了自己的认知，有的孩子觉得夜晚挺美好的，黑夜并不那么可怕；有的孩子觉得大怪兽也没什么可怕的，因为鬼怪都是自己想出来的。不过，当问及晚上是否可以独自睡觉时，还是会有一些孩子表示不愿意。

吓跑大怪兽

为此，我们开展了“黑夜，我不怕”活动，孩子们在活动中说出了许多自己不愿意独自睡觉的原因，也想出了很多对策。有的说：“晚上可以点个小夜灯睡觉。”有的说：“如果怕从床上滚下来，可以在床边放椅子或枕头。”有的说：“可以抱个娃娃睡觉。”还有的说：“睡前可以听听音乐，就不容易做噩梦了。”他们还说：“大怪兽是自己想出来的，只要睡前不去想可怕的事情，想些快乐的事情就不害怕了。”孩子们互相引导，相互劝慰。

看得出，同伴间相互学习也是促进孩子心理成长的好途径。谈话后，孩子们对黑夜不再那么恐惧了，还掌握了各种克服怕黑的方法，有 80%的孩子纷纷表示晚上回家可以尝试独自睡觉。的确，后来有许多家长反映，孩子在家愿意独自睡觉了，诚诚小朋友也愿意独自睡小床了。

同伴间交流“不怕黑”的对策

教师的思考

怕黑、不敢独自睡觉，是孩子们普遍存在的心理现象。如何改善这一现象，改变孩子怕黑的心理和行为？一方面，我们利用“夜晚的秘密”系列活动，让孩子们感受城市夜晚的喧嚣和乡村夜晚的静谧，发现夜晚中不仅有美丽的景，还有美好的事，从而让孩子们对夜晚产生美好的印象。另一方面，就此话题我们开展了“黑夜，我不怕”系列活动，让孩子们正确认识“黑”，了解黑夜并不可怕，怪兽是自己想象出来的，学习用各种方法克服对黑夜的恐惧，从而促进心理健康成长。

第三次课程审议

“夜黑黑”班本课程以绘本阅读为切入点开展实施，幼儿在理解绘本的基础上，围绕“夜黑黑”生发了各种活动。首先是对黑暗的探险；接着是对夜晚的探索，由此唤起幼儿对夜晚的美好感受；最后，通过“黑夜，我不怕”心理疏导，帮助幼儿克服对黑夜的恐惧，促进幼儿心理健康发展，将身心发展有机地结合起来。在这一过程中，既有科学领域的探索，又有艺术领域的感受与表现；既有社会领域的认知，又有健康领域的疏导与维护；还有儿童剧表演的创新萌芽。活动不仅促进了五大领域能力的发展，而且培养了幼儿乐于尝试、探索未知、积极思维的良好品质。

小剧场游戏出现了《夜黑黑》片段表演的萌芽，并且运用了光影这一特殊的手法，这是亮点。那么，幼儿会在这方面继续发展吗？表演能否最终形成儿童剧？我们期待……

（五）我们自己“打造”的儿童剧

基于幼儿在课程实施过程中一次又一次的创造性表演，我们整合幼儿在课堂、区域活动以及日常生活中的经验，将这些经验像“味精”一样洒进绘本故事中，打造出了有趣的“夜黑黑”儿童剧。

方丹的智能之家

“味精”1：方丹的智能之家

“夜黑黑”小剧场表演时，婷婷弯下腰双手扶着膝盖，航航和骁骁则把两只杯子平放在婷婷的后背处，我问道：“你们在表演什么呢？”“我用身体当方丹家的桌子，这样他们俩就可以在桌上喝热巧克力庆祝了。”婷婷兴奋地说。孩子的想法打开了我们的新思路：中班孩子对用身体造型来扮演家具感兴趣吗？

于是，我将问题抛给孩子们：“方丹家里除了有桌子，还会有什么家具呢？”“有桌子、椅子、床、沙发、衣柜。”“有电视机、洗衣机、冰箱。”“有水池、马桶、浴缸”……他们不仅说出了家具，还有生活电器。接下来的问题是，这些家具怎样用身体造型来表现呢？在看过婷婷用身体当桌子的造型后，孩子们充分发挥自己的想象力和创造力，创造出了许许多多的“身体家具”造型，由刚开始的单人造型，到后来的两人、三人甚至多人组合造型；同一种家具，不同的孩子还有不同的创意，比如沙发，有的是单人沙发，有的是长沙发，有的是高靠背沙发，造型多样。

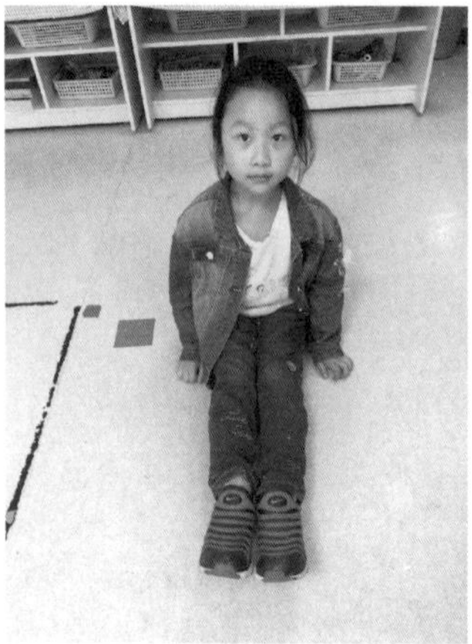

单人沙发

双人沙发

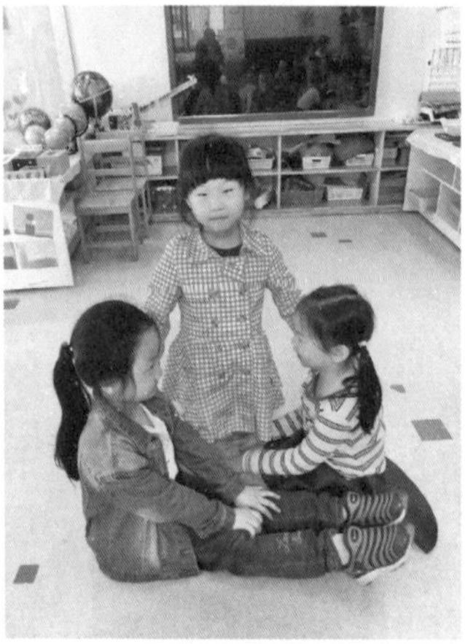

贵妃沙发

长沙发

更有趣的是，孩子们还能表现出动态的物体，他们用胳膊的转动来表现滚筒洗衣机的运作状态；用身体的扭动来表现冲水马桶水流的形态；用手指的晃动来表现花洒开阀的水流……在与孩子们商讨儿童剧的剧本时，他们迫切地想要将自己的这一本领得以展现，于是家具造型也成了孩子们在小剧场里的表演内容之一，同时也生成儿童剧的第一幕：方丹的家——孩子们用身体组合造型的方式来介绍方丹的智能之家。

我们尊重幼儿在表演中的自主性，家具、电器的位置布局完全由幼儿自行设计，每一组推荐一名能力较强的幼儿担任“造型队长”，承担每次排演时候场、上下场、喊拍子、提醒位置、变换造型等演出事项。教师的退位锻炼了幼儿的任务意识、自我管理意识以及团队意识。

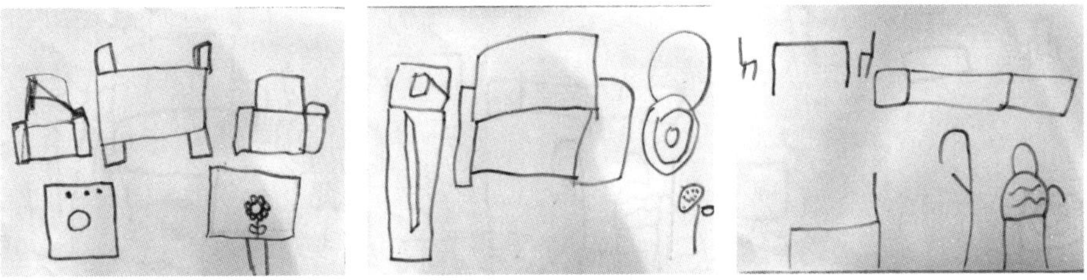

自己设计的家具摆放图

用身体动作表现的各种家具造型

“味精”2：百看不厌的玩具大比拼

“不要轻易瞧不起别人，你瞧不起的人可能会帮助到你”这一价值观一直贯穿在故事中，为了让孩子们有更深入的体会，我们和孩子们一起设计了方丹“丢玩具”的情节。

游戏中的“小海草”

“丢玩具”游戏的玩法是：请“方丹”和“玩具们”通过玩海草舞游戏来“清理玩具”，即“玩具们”与“方丹”做不一样的动作来赢得最后胜利，输的“玩具”就会被丢弃。

为了使戏剧故事具有鲜明的矛盾冲突，我们将最终帮助方丹赶走野兽的小兔子定位为方丹众多玩具里的一个。顺应故事的发展，小兔子在游戏中是一定要被淘汰的，但是游戏结果存在极大的不确定性，小兔子可能会一直赢下去，但是演出时间有限，怎么办呢？要不给方丹和每个玩具都固定游戏动作？这样就没有不确定因素了。

实施后我们果断放弃了这一做法，因为一旦固定动作，孩子们便会丧失游戏的激情，没有了任何的喜怒哀乐，是在玩一场“假游戏”。再三讨论后，我们决定从剧本入手，巧妙修改了故事的发展线索，只对小兔子这一个玩具做了“要被淘汰”的要求，其他玩具全凭实力与运气，让孩子们回归到真实的游戏中，感受竞争的刺激和游戏的快乐。

教师的思考

激情四射的玩具大比拼成了孩子们百玩不厌、小观众们百看不厌的“真游戏”。幼儿在竞争的过程中实现了自我挑战，让以往可能枯燥的儿童剧排演过程变得新鲜、有趣、充满期待。在和孩子共同建构玩具大比拼的过程中，我们始终追随孩子的兴趣所在，使他们保持乐于表演的动机力量，同时我们也意识到，富有“生命力”的游戏活动才会得以维持。这次的活动也为我们后面的戏剧建构打开了新的思路，给予了戏剧创作更多的可能性。

“味精”3：我的舞台我做主

凡幼儿可以自己做的，就让他们自己去做。在表演“光影森林”游戏时，舞台上的三个投影大幕布，全部由幼儿两两合作搬上搬下。投影在白幕布上不同造型的树木剪纸，也是由幼儿自己创作的。

光影森林

合作搬幕布上舞台

自己画树、剪树

自己制作的树木剪纸

树木剪纸由幼儿两两合作扛起，站在相应的幕布背后；幕布上出现的各种造型的夜行动物，由幼儿结合游戏经验自由想象、自主创造，按照自己的意愿塑造各种动物，并模仿相应动物的叫声。

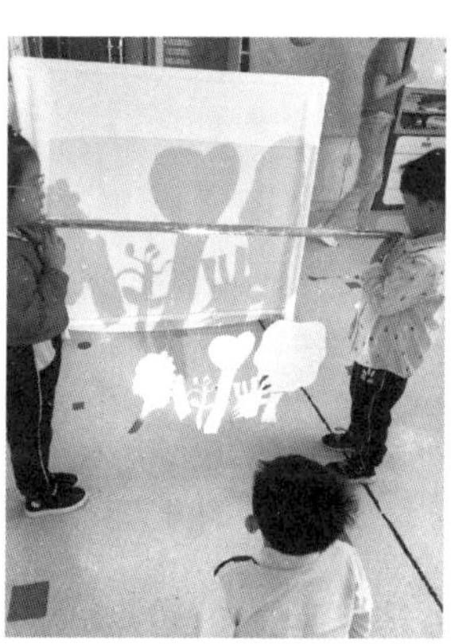

两两合作扛起道具

分工明确的幕后工作者

行走在“光影森林”中的“夜行动物”

灯光师的光照投影工作也全部由幼儿独自完成。他们肩负重任，根据幕布上影子的大小、高低调整光源；调整自己与幕布之间的距离，使幕布上的影子达到合适的大小和位置。

幕后工作者各尽其职

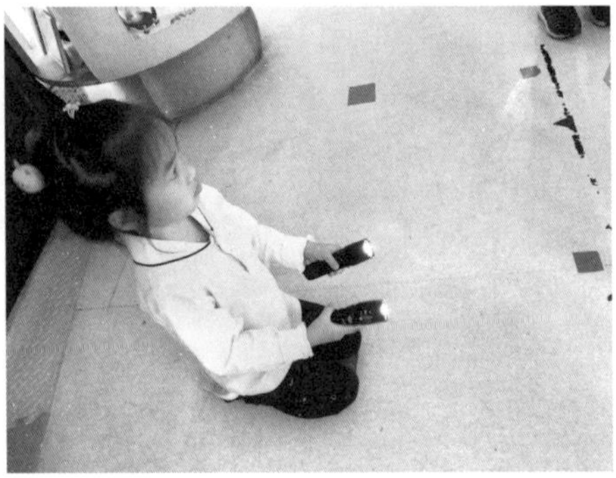

专心致志的灯光师

教师的思考

在这一幕的建构中，组织的形式由单一的教师指导排演转为孩子们区域游戏的再现，也就是孩子们将区域游戏搬上了舞台，使得表演形式在原有的基础上更加深层次地突出孩子们的自主性、能动性。“光影森林”整合了语言、艺术、科学、社会等领域的内容，促进了幼儿综合能力的发展，幼儿能轻松自由地创造，自主快乐地游戏。舞台上的他们各司其职，忙中有序，每一个幼儿都可以在角色中实现自己的价值，他们在这个过程中形成了相互帮助、相互鼓励、相互分享的良好氛围，逐渐具备了社会责任意识，在表演中他们也学会了友好合作、默契配合。

“味精”4:舞动的火焰

对于绘本中多次出现的篝火,我们改变了以往用道具呈现的方式,而是依然秉持“凡儿童可以自己做的,一定要让儿童自己去做”的原则,请幼儿尝试自己扮演。在韵律活动中,幼儿观察、欣赏各种火焰燃烧的形态,尝试用红纱巾当道具,具象与抽象相互融合,幼儿跟随音乐创编各种身体动作去表现燃烧的火焰。在律动中,伴随音乐情景,发挥想象力和创造力,或是上下舞动纱巾,或是水平舞动纱巾,或是转圈舞动纱巾……幼儿用自己的肢体语言去表现美、抒发美、创造美。

感受燃烧的火苗

用红纱巾表现火苗

如何演绎小火苗变成大火苗?幼儿一下子想到了人数由少变多的累加方法,一人变成两人,两人变成三人……呈现篝火熊熊燃烧的形态。

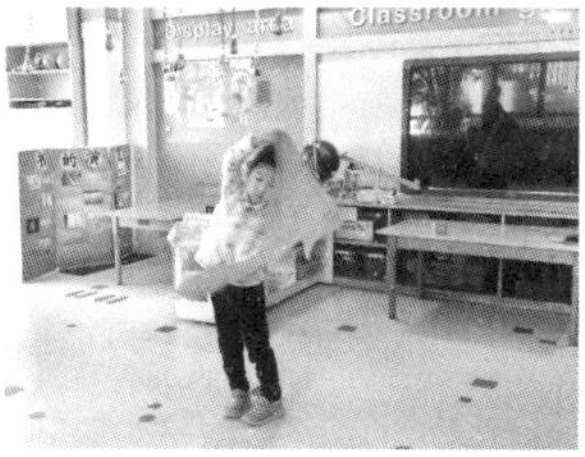
小火苗

燃烧的火焰

熊熊烈火

律动中,幼儿自主创造、自由发挥,动作没有固定模式,每一场表演的动作都是不同的。正因如此,幼儿在活动中轻松愉悦,没有记忆的压力,始终保持着表演的热情,观众们也始终保持着欣赏的激情。

舞台上的“篝火”

小插曲:我可以演方丹吗?

绘本中的方丹由谁来演呢?为了让每个孩子都有参与的机会,我们准备进行一次公平竞争,凭实力担任。班上的18个男孩,每人演一段剧本里的情节,内容不限。孩子们做了充分的准备,经过家人的指导帮助,每个小演员的表演都各具特色。“老师,我在家也准备了,我可以试试吗?”晨晨举手说道。晨晨是个聪明伶俐的小女生,上学期我班的儿童剧《梦幻图书馆》,她以一票之差输给了小主角希希。“不行,她是女孩,方丹是男孩。”“女孩不能演方丹。”孩子们你一言我一语地讨论着。看着晨晨自信的眼神,我想了想:“那我们让她试一试,好吗?”孩子们纷纷表示赞同。“老师,我妈妈还给我准备了音乐,在U盘里。”说着她拿出U盘,插进小音箱,开始了她的表演。“这是什么地方?我怎么到这里来了?我好害怕,我好冷啊,我要回家。呜呜呜……”晨晨出色的表演把我们都看呆了,表演结束孩子们纷纷为晨晨鼓掌。投票环节,晨晨以23票位居第一,成了多数幼儿心目中的“小方丹”。

关于方丹性别的问题,我们在幼儿园教研组进行了研讨,有教师说要尊重原著,有教师说要尊重幼儿的想法,绘本里的方丹形象虽然是男孩,但是内容里并没有任何关于性别的情节和暗示,完全可以尊重幼儿自主选择扮演的角色。晨晨通过自己的努力,成功担任了剧中的小主角——方丹。

经过一段时间的辛苦排练,由全体幼儿参与创作表演的《夜黑黑》儿童剧搬上舞台啦!孩子们在舞台上大方而自信,表演认真投入,随着剧情的起伏，他们时而喜、时而悲、时而惧……用生动的表情、声音、动作表现角色，演绎故事。每个人对待自己的“工作”认真负责，搬运道具、光照投影、转场换装……孩子们分工明确，合作默契。完美惊艳的演出赢得了观众们的阵阵掌声和高度评价。

舞台上的展现

第四次课程审议

为了让儿童剧既保留原故事情节，又能让幼儿真正成为儿童剧的主人，教师遵循几个原则开展实施活动：① 凡儿童可以自己做的，一定要让儿童自己去做。② 给予幼儿更多的自由发挥、想象创造的空间。③ 整合多个领域的内容。

看着舞台上幼儿自信、自由、自主的表演，我们深感这次的儿童剧和以往“为幼儿排练一部戏”观念的不同。在戏剧教育的过程中，教师充分挖掘绘本故事里的真善美，对原故事情节进行了微调，创设了戏剧冲突，体现重要的价值观“不要轻易瞧不起别人，你瞧不起的人可能会帮助到你”。通过趣味性的情节和表演，让幼儿体会到其实每个人都有害怕的时候，要通过智慧和勇敢来克服恐惧。教师尊重幼儿的心声与想法，给予幼儿更多的自由发挥、想象创造的空间。保护幼儿的戏剧天资，尽可能地创造各种条件使幼儿充分展现，让幼儿成为表演活动的主人，实现自我挑战，逐渐成为具有社会责任感的人。

三、主题总结

（一）活动脉络图对比

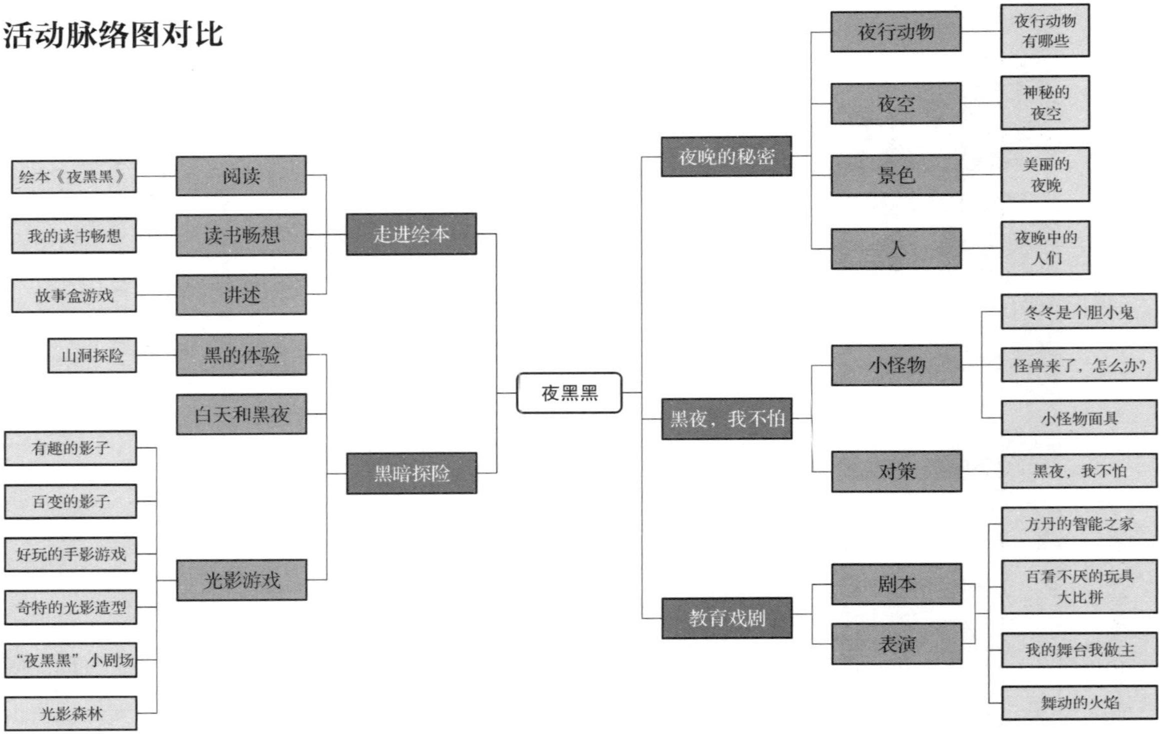

活动脉络分析

“走进《夜黑黑》”最初预设的活动脉络图是根据幼儿之间就《夜黑黑》绘本展开的讨论内容，经我园《夜黑黑》教研组教师归纳而初步设定，分为“绘本”“黑夜”“夜晚的秘密”“教育戏剧”四个主要部分。

在课程实施的过程中，针对幼儿的兴趣和课程的生成、走向，我们对最初预设的活动脉络图进行了调整。将“黑夜”更名为“黑暗探险”，“我不怕黑”更名为“黑夜，我不怕”，这样以儿童的视角来命名，易于幼儿理解，更具童趣性。“黑夜，我不怕”原先是“黑暗探险”这一主要部分的分支，由于“黑夜，我不怕”属于心理健康教育，对幼儿心理健康发展具有重要意义，并且在课程实际开展中，根据幼儿的兴趣走向，它还生成了新的活动，考虑到它在课程实施中的比重，我们将它从“黑暗探险”中分离出来，作为班本课程的另一个主要部分。这样，“夜黑黑”班本课程分别由“走进绘本”“黑暗探险”“夜晚的秘密”“黑夜，我不怕”“教育戏剧”五个主要部分构成。孩子们从最初对《夜黑黑》绘本发生兴趣，继而对“黑”进行探险，发现“黑”带来的趣味；接着对“夜”进行探秘，发现“夜晚的美好”；最后，通过努力，战胜对“黑夜”的恐惧；并以教育戏剧的形式进行展现。即以《夜黑黑》绘本切入，又以儿童剧表演完美收官，五个主要部分紧紧围绕《夜黑黑》生成、展开和升华。

在课程的行进中，我们在围绕预设活动脉络图展开活动的同时，又追随着幼儿的兴趣，生发出许多幼儿感兴趣的新活动，这些新生成的活动丰富了班本课程的内容，增强了主题的生成性、趣味性。比如：在“黑暗探险”这一块内容中，针对孩子们对“光与影”产生了探究兴趣，生成了一系列探究“光影”的新活动，其中“百变的影子”，探究实物造型与影子的关系；“好玩的手影游戏”，探究手部造型与影子的关系；“奇特的光影造型”，探究人体造型与影子的关系……这些操作性、趣味性极强的光影活动和光影游戏，备受幼儿的青睐。

另外，在班本课程的具体实施中，随着幼儿兴趣的走向、课程的生发，原先预设的活动脉络也在不断地具体、丰富起来。比如：在“夜晚的秘密”这一部分，其“夜行动物”“夜空”“景色”“人”这几个板块的内容都有了新活动的生成，使得每一块的内容更加的细化、具体化。又如：在“教育戏剧”部分，我们本着幼儿是课程的主体这一原则，让幼儿成为“舞台”的主人，自主操作、自主探究、自主创造、自主演绎，于是生成出“方丹的智能之家”“玩具大比拼”“光影森林”“舞动的火焰”等一系列新板块的内容。这些内容的出现和延展，使班本课程的活动脉络更加具体、丰满，充满活力。

（二）幼儿经验分析

课程实施前的预设经验，是教师预设的活动所能带给幼儿的经验。但是随着课程的行进，幼儿兴趣的变化，活动的偶发事件，幼儿的随机学习、自发学习以及课程在走向、内容、组织形式方面都会发生变化，幼儿在经验的获得方面超出了教师的预设。从文中可以看出班本课程几个部分的内容、形式、走向等方面均有所变化，幼儿的实践探究活动比预期的要丰富，如：黑暗探险、教育戏剧，多数是幼儿在游戏中探索、积累的经验，有些是我们之前无法预设的，这种幼儿自己慢慢“生长”出来的经验，对他们的吸引力和挑战性更大，更有意义，也更有价值。

（三）教师的感悟

班本课程实施的过程既是幼儿获取能力、获得成长的过程，也是教师收获经验、转变观念的过程。在此过程中，我们受益匪浅，感悟主要有以下几点。

1. 课程要回归幼儿生活

美国著名教育学家杜威曾提出“教育即生活”。他认为教育源于生活，教育要以儿童为中心，以儿童的生活经验为内容。因此，我们的班本课程也应该是儿童的课程，应该关注儿童生活中的事物，以儿童的兴趣为指向。本着这样的观点，我们追随着幼儿的兴趣，逐一生成了“山洞探险”“白天和黑夜”“光影森林”“观察树木”“夜晚的秘密”“黑夜，我不怕”等一系列的班本活动，这些内容贴近幼儿的生活，与幼儿的生活相契合，具有很强的操作性、游戏性和生活性，满足幼儿的兴趣和需要，易于幼儿理解和接受，从而使幼儿获得能力上的提升，为幼儿未来的生活打下良好的基础。

2. 幼儿是课程的主体

儿童是教育课程的主体，他们是一切活动的主人。因此，在“夜黑黑”课程的实施中，我们仔细倾听、认真观察幼儿，去发现他们的兴趣所在，及时地追随幼儿，为他们创造条件。活动中，我们将活动的“舞台”留给幼儿，把“做事”的机会让给幼儿，使他们成为“舞台”的主人，活动的主人，自己发现问题，自己探究问题，自己思考总结问题，自己调整行为，从而建构有意义的经验。比如影子游戏，从幼儿发现影子到玩半成品造型投影，再到玩人体造型投影，以及后来儿童剧中的“光影森林”，一路走来都是幼儿在唱主角，他们自主游戏、自主操作、自主探究、自主创造、自主演绎，这一切都体现了“儿童为本”的教育精神。

3. 课程要追随着孩子的兴趣

“兴趣是最好的老师。”只有幼儿感兴趣的事物，他们才会有兴致积极地去探究。在活动中，他们调动各种感官去参与，情绪高涨，思维活跃，积极动手动脑，热情探究，过程轻松愉悦。因此，班本课程的内容取材于本班幼儿的实际情况与兴趣点，班本课程的实施也要始终围绕兴趣与问题展开研究，只有追随幼儿兴趣的班本课程才是最适合孩子的课程。要追寻幼儿的兴趣，教师需要有善于倾听的耳朵和善于发现的眼睛，从幼儿的言语、行为、作品中，及时地发现他们的兴趣，捕捉闪光点。例如：在幼儿“读书畅想”的绘画中，我们知道了幼儿想给小兔子、方丹建新房子；在倾听幼儿的谈话中，知道了幼儿想了解白天和黑夜；从幼儿好奇的目光中，读懂了他们产生了探索影子的兴趣。教师这些细致的发现，都是班本课程生发的关键。

4. 教师是课程的支持者、引导者

在班本课程中，孩子是活动的主体，教师是孩子活动的支持者、引导者。教师的退位指导与幼儿的主动学习，是促使课程进一步生发必不可少的因素。

教师需要有一双智慧的眼睛，仔细观察幼儿，善于发现幼儿的兴趣点和关注点。发现了幼儿的兴趣点之后，教师要追随着幼儿的兴趣，及时地为他们的活动创造条件，提供与之匹配的资源。如当我们知道了幼儿想给小兔子、方丹建新房子，便在建构区提供了各种形状的木质积木，供幼儿建构房子；提供各种森林木屋的图片，积木建构的各种房子范例图，供幼儿观察、欣赏、参考，丰富建构经验。当幼儿喜欢光影游戏时，便为幼儿提供各种半成品材料、手电筒、白幕布，并创设游戏环境，提供丰富的图片……这些资源为幼儿的探究学习活动提供有力的支持。

活动中，教师虽然隐藏在幼儿的身后，但一定会在幼儿最需要的地方出现，给予他们适当的引领和帮助，必要时提供“支架”支持幼儿进入更深层次的研究，推进幼儿经验与能力的发展，为幼儿开展后续活动做好铺垫。

5. 关注幼儿的探究过程

在班本课程实施中，幼儿的问题总会一个接一个地产生，面对他们遇到的问题或困难，教师不要急于给予答案，而是要在保护幼儿好奇心及探究欲望的同时，了解幼儿遇到问题或困难后的后续发展，真诚地接纳、积极地鼓励支持幼儿的探索行为，适时地引导，帮助幼儿不断积累经验。在光影游戏中，幼儿发现自己的投影时而偏大，占据了整个白幕布；时而偏小，缩在了白幕布的某一角落。那么，如何让自己在白幕布上的影子位置合适、大小适中呢？有幼儿向教师发问，教师没有作答，而是将他们抛来的“球”又抛了回去，鼓励他们自己探究，自己去寻找解决问题的方法。于是，幼儿开始自主探究，他们尝试调整手电筒的距离，观察自己影子的变化，在探究中获得了许多新发现。在探究过程中，幼儿除了收获知识和能力，更是收获了良好的学习态度、学习习惯和宝贵的科学求知精神。

附:《夜黑黑》剧本

第一幕:方丹的家

方丹:(音乐起,方丹上场)小朋友们好,欢迎到我家来做客。告诉你们噢,我的家可是最最先进的智能之家,家具们,快来展示你们的本领吧!

家具:(音乐起)我们是电视机,我们是洗衣机,我们是桌子,我们是椅子……(幼儿自主建构家具设施)

方丹:我还有好多玩具呢。玩具们,快来吧!

玩具:来啦!来啦!我是小熊,我是小汽车,我是小兔子,我是小火车,我是布娃娃,我是飞船……

方丹:今天我要宣布一件事情,我的玩具太多了,我要清理掉一批玩具,玩具们要跟我比个赛,当我出方向动作的时候,谁出的方向跟我一样,就会被淘汰。

玩具:比一比!比一比!比一比!

(音乐起,玩具们跳海草舞,进行淘汰赛)

方丹:就你们最厉害,我不要你们了。哼!

玩具:其实我们都有各自的本领,我们一定要想办法让方丹知道,我们是能够帮助他的。

方丹:玩具都被我清掉了,明天我会有新的玩具,让我美美地睡一觉吧!

第二幕:误入森林

(音乐起,幼儿用道具、白幕布制造出“光影森林”)

方丹:这是森林,我怎么到这里来了?我好害怕呀,我好冷呀,我要回家……

方丹:咦?一堆火?

火苗:来吧,来吧,快来烤烤火。来吧,来吧,快来烤烤火。

方丹:好呀,好呀。围着火堆走一圈,手暖了;围着火堆走两圈,脚暖了;围着火堆走三圈,全身都暖了。让我去烤烤火吧!

老狼:啊呜……(老狼律动《我是一只大野狼》)

老狼:阿嚏!怎么这么冷啊!冷得我都要感冒了。咦?一堆火。

方丹:啊!大灰狼!(逃走)

老狼:围着火堆走一圈,手暖了;围着火堆走两圈,脚暖了;围着火堆走三圈,全身都暖了。让我去烤烤火吧!

老虎:嗷呜……(老虎律动《两只老虎》)

老虎:阿嚏!怎么这么冷啊!冷得我都要感冒了。咦?一堆火。

老狼:啊!大老虎!快跑!

老虎:围着火堆走一圈,手暖了;围着火堆走两圈,脚暖了;围着火堆走三圈,全身都暖了。让我去烤烤火吧!

鳄鱼:呼哧……(鳄鱼律动《小鳄鱼》)

老虎:啊!大鳄鱼!快跑!

鳄鱼:围着火堆走一圈,手暖了;围着火堆走两圈,脚暖了;围着火堆走三圈,全身都暖了。让我去烤烤火吧!

方丹:咦?后面有个洞,我还是进去躲一躲吧。(爬进洞里)

第三幕:巧遇兔子

(兔子在家里吃晚餐)

方丹:啊!一只兔子!

兔子:啊!一个小孩!

方丹:我好像认识你!

兔子:我也认识你!

方丹:你就是那只被我扔掉的兔子!

兔子:你就是那个把我扔掉的方丹!

方丹:这是什么地方?你怎么活了?

兔子:这是我的家,我不是一般的兔子,我是有魔力的兔子,每次你睡着了,我就回家了。

方丹:回家? 呜……我也想回家。

兔子:可是,你怎么到这里来了呢?

方丹:我在森林里烤火,狼来了,我就躲进了树洞;老虎来了,狼吓跑了;鳄鱼来了,老虎吓跑了。呜,我想回家!

兔子:别哭啦,我们一起想办法! 想想,想想,狼比你大。

方丹:老虎比狼大。

兔子:鳄鱼比老虎大。

方丹:然后,怎么办呢?

兔子:唉,有办法了,我们要把自己变成比鳄鱼还大的怪物。

方丹:哇! 好办法!

兔子:那我们赶快行动起来吧! 魔法箱,快出来!(音乐起,兔子和方丹合作扮演更大的怪物)

方丹和兔子:大怪物,走吧! 啊呜……啊呜……呼哧呼哧。

第四幕:合作回家

老狼、老虎、鳄鱼:啊呜……啊呜……呼哧呼哧。

方丹和兔子:啊呜……啊呜……呼哧呼哧。

老狼、老虎、鳄鱼:大怪物! 太可怕了!(逃走)

方丹:哈哈,原来你们也有害怕的时候。

兔子:是呀,每个人都有害怕的时候,勇敢一点就好了。我们回家吧。

方丹和兔子:到家了,到家了。

兔子:好了,现在我要回去了。

方丹:什么? 你要走吗?

兔子:对呀,你已经把我丢弃了,我只能回家啦。

方丹:兔子,兔子,我错了,我以为自己最厉害,其实我也需要朋友的帮助。求求你,不要走了。

兔子：好吧，我们还是好朋友。

方丹：兔子，你真好！

（话外音，妈妈的声音：方丹快点起床了，妈妈带你去买玩具喽）

方丹：不，不，妈妈，我已经有很多很多玩具了，他们都是最厉害的。

（谢幕）

快递来了

钱瑾瑾　宋　烨

一、主题畅想

(一) 活动缘起

开学了，购买的班级环境创设材料以快递形式分批寄到了幼儿园。饭后散步时，我们邀请孩子们一起到门卫处取快递。他们既兴奋又好奇，在回班的路上聊得不亦乐乎。

“老师买的是什么呢?”“从什么地方寄过来的?”“有几个快递啊？我来数数。”“我在家也会收到快递。”“快递上的字是什么意思呢?”“快递员每天要送好多快递，真辛苦!”从孩子们的讨论中，我们发现他们对快递充满了好奇。因此我们围绕快递，开展了班本活动“快递来了”。

（二）活动可能的发展脉络图

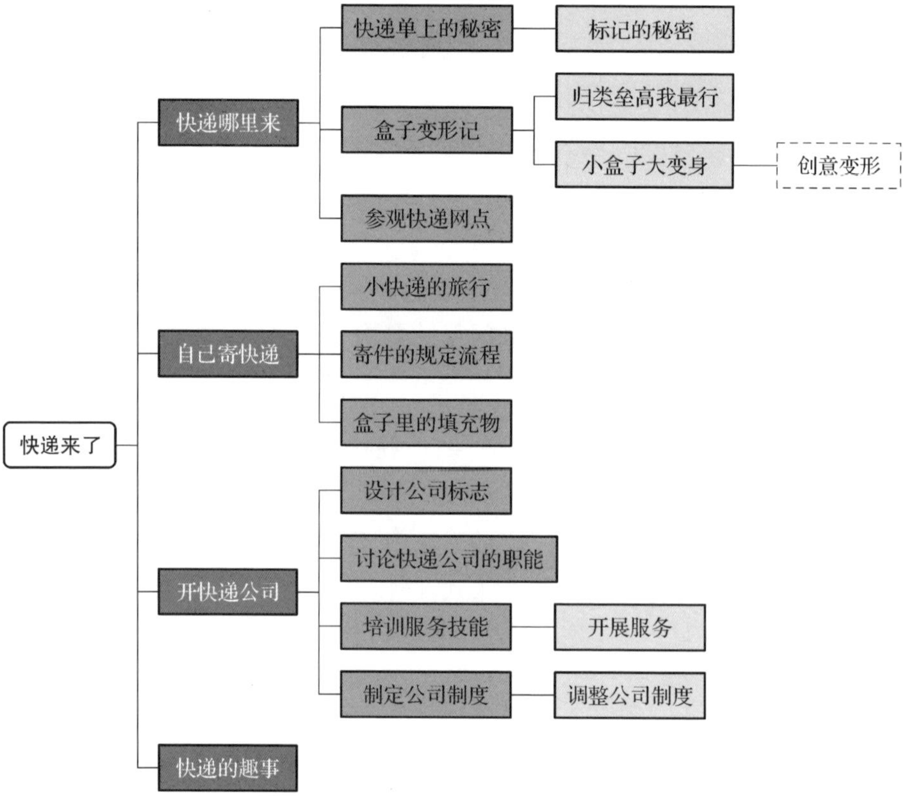

（三）幼儿可能获得的经验图

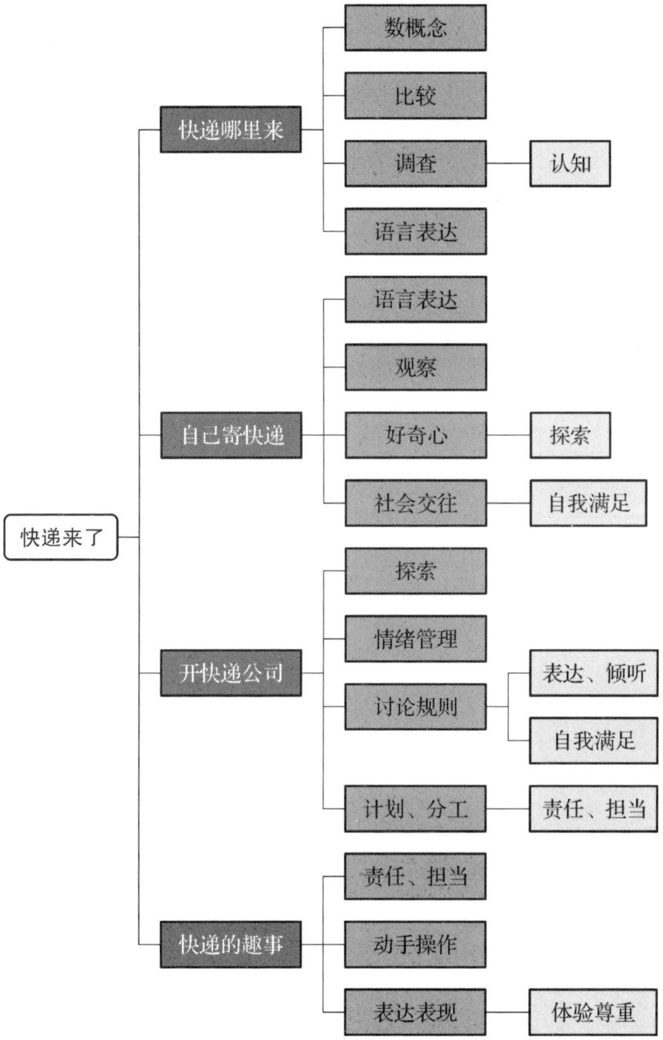

（四）主题可能涉及的资源图

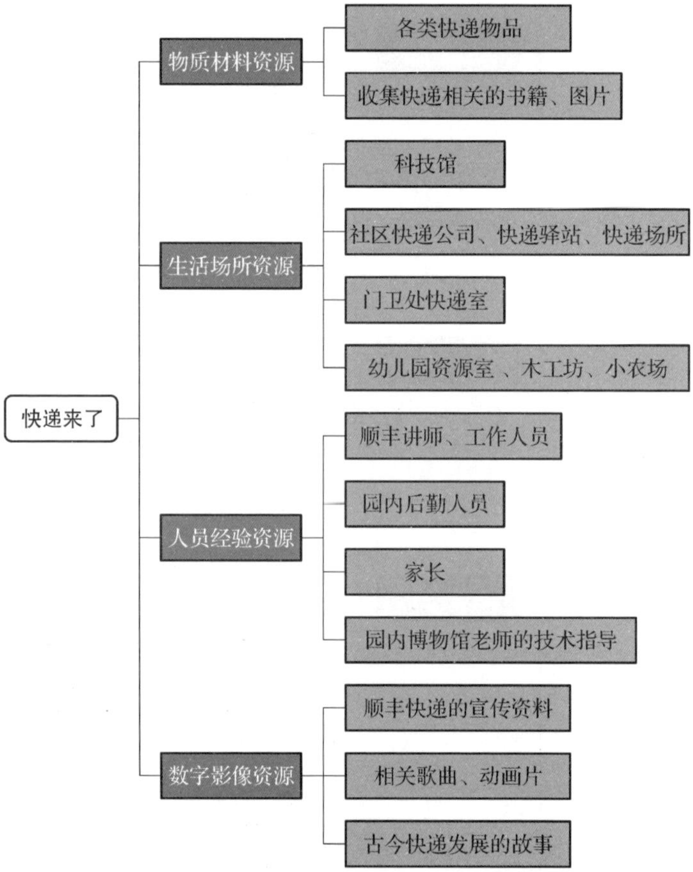

专家点评

电商时代，快递已经融入我们的日常生活，成人世界的变化正在悄然影响着幼儿。当幼儿对快递充满了好奇时，教师没有忽视幼儿的兴趣，而是发现了兴趣背后的教育契机。“快递来了”源于幼儿真实的生活体验，也必将赋予主题真实感和生命力。从预设中可以看出，教师支持幼儿通过各种活动获得相关的快递知识，不仅有创设的教育环境，也有真实的生活环境。在主题预设中教师充分挖掘身边的各类资源，促进幼儿发展的需要，以丰富、优化快递课程内容。

“快递来了”这一主题若能追随幼儿的兴趣需要，让幼儿在生活中学习，跟着他们的脚步去发现课程中有趣的故事，将会促进幼儿对快递这一行业的社会认知，提高同伴交往、语言表达、问题解决等各方面的能力。

二、主题开展

（一）小快递的旅行

1. 快递到了

网上购买的班级环境创设材料已经到了，我们一起去取快递。

收到快递

观察讨论

团团和天天抬着一个大大的快递盒，团团说："快看，这个快递好大呀。""太重了！"天天一边喘着"粗气"，一边笑着说。欣妍说："我这个快递没有盒子，好像是袋子。""这个'SF'是什么意思啊？"佳佳指着盒子上的字母问。

从幼儿的讨论中，我们发现他们对快递充满了好奇。因此，快递拿回班后，我们没有着急拆开，而是给幼儿更多的时间先观察快递的外观，发现快递的更多信息。

（1）有用的快递单

每个快递上都贴着一张纸，上面写着很多字。“这是什么呀?”浩浩很好奇。悦儿大声地说：“我知道，这是快递单。”浩浩看看自己的快递又看了看旁边团团的：“真奇怪，我们俩的不一样，我的有二维码，你的是条形码。”“那是怎么回事呢?”团团也很好奇。欣妍说：“我这个快递单是绿色的，上面还有数字和字母呢!”悦儿指着快递单上的“SF”说：“我这是‘顺丰’吧，我们家经常收到这种快递。”“啊，快递还有名字啊? 那还有什么快递呢?”俊俊追问道。“那我就不知道了。”悦儿耸了耸肩，摇了摇头。

见孩子们对快递单如此感兴趣，我把快递单拍成照片，在大屏幕上播放，和他们一起了解、认识。原来，快递单上记有发件人、收件人的地址和电话号码，快递物品的重量等相关信息；快递单上的数字和字母表示地区编号。这些都是寄快递的重要内容，有了它们快递才能安全准确地送达目的地。

观察快递单

快递单上的秘密

记录发现

（2）LOGO 的故事

孩子们发现不同快递公司的快递单也不同，顺丰快递、中通快递、圆通速递、申通快递、天天快递、邮政 EMS……每一个快递公司都有专属的 LOGO 和快递单。“快递公司的标志表示什么意思呢?”天天提出了新的问题。我们与孩子们讨论后了解到“SF”是“顺丰”拼音的首字母；“EMS”是邮政快递服务的英文缩写；圆通快递的 LOGO 采用字母和图案的组合，展现了一个奔跑小人的形象，体现了快递的速度，“YTO”是“圆通”的拼音缩写……

天天说：“哦，原来就像我们小朋友的名字一样，LOGO 就是代表这个快递公司。”

我肯定了天天的说法：“是的，LOGO 是商品的特定标志，这样能直观地表示商品，给人留下深刻印象。在我们的生活中有各种各样的标志，它们都代表着不同的意思，大家可以去找一找，看一看，想一想。”

很快，孩子们发现在我们的幼儿园里有各种区域活动标志和生活提示标志。例如：图书区的“图书摆放图示”、表演区的“我是小导演”、生活区的“这样洗手”、户外的“安全小贴士”等，它们可以强化活动规则，建立秩序。生活中也有公共标志，例如：安全标志、食品标志、施工标志等等，这些标志用无声的语言提醒、规范我们的行为，帮我们形成良好的社会秩序。

幼儿园里的 LOGO

生活中的 LOGO

（3）自己动手拆快递

悦儿把手中的快递盒放在耳朵旁摇了摇说："我听到里面有声音，我想看看里面到底装的是什么。"俊俊说："我和佳佳的快递盒一样大，我的重，里面装的是什么呢？""我也想知道我和天天费了好大劲儿抬回来的大快递里面有什么！"团团说。

随着对快递信息的了解，孩子们迫不及待地想打开快递看一看。我故作神秘地说："那——谁会开快递？"天天积极地举起了手说："我可以打开。"佳佳也举起了手说："我也行。"悦儿、俊俊、浩浩也纷纷举起了手。

在孩子们的强烈要求下，我们把这个动手的机会交到他们手中，让他们自己想办法拆开快递盒，希望他们能在动手操作的过程中有新的收获。在分组操作中，孩子们有的用剪刀、有的用美工刀、有的直接动手……

天天很快找到了快递上的胶带封口，直接撕拉起来，胶带被拉得越来越长、越来越细。天天说："这个胶带太黏了，我得用劲拉。"盒子上的长胶带缠在了浩浩的手上，浩浩有点手足无措。团团拿起剪刀对着快递盒上的胶带平行剪，剪刀不停打滑，旁边的欣妍说："你要把剪刀伸到里面，才好剪呢。"团团采用了同伴的建议，试着用剪刀在盒子边处戳了几下，将剪刀伸进盒子里剪了个小开口，接着就用手把盒子封口拉开，把胶带撕掉。悦儿拿着美工刀，小心翼翼地推出刀片，对着胶带中缝一点一点割。欣妍在一边紧张地看着说："悦儿，你一定要小心哦！"快递盒割出了一个口子后，悦儿放下美工刀，干脆把双手伸进那个口子，一使劲，把盒子拆开了。

自己动手拆快递

"原来拆快递盒也不容易呀，我还以为很简单呢！"天天说。欣妍说："是呀，使用小刀时要注意安全，不要弄坏里面的物品。"团团说："还要沿着盒子边剪，才好打开快递。"

（4）神奇的防撞物

快递打开了，浩浩指着盒子里的一团纸说："咦，这是什么呀？"悦儿说："是泡沫纸。"欣妍说："我盒子里有充气袋子。"团团说："我的快递盒里有好多揉成团的报纸。"俊俊说："我盒子里只有买的东西。"悦儿问："老师为什么还买这些纸和袋子呀？"团团说："这肯定不是买的，是送的，我们家苹果外面也会包着泡沫袋，妈妈说是防止它们被挤坏的。"

"这些东西能不能保护物品呢？哪一种的保护能力最强呢？"带着这些疑问，孩子们决定寻找答案。经过与同组小伙伴商量，他们在教室里比较空的地方，用各种防撞物包住物品，将物品举过头顶，齐声数“1——2——3”，松手。结果是被充气袋包裹紧的物品一点儿都没有损坏；而没有被保护的物品变形了……

通过实验，孩子们了解到这些材料都是保护物品的防撞物，是物品的“保护服”。气泡膜、气泡袋、气泡柱、充气气囊内有空气充入，有缓冲作用，可以防震防撞，充的空气越多，保护效果越好。快递工作人员会针对被寄物品的特性，选择对应防撞材料包装，以确保物品能够完整无损地送到收件人的手中。

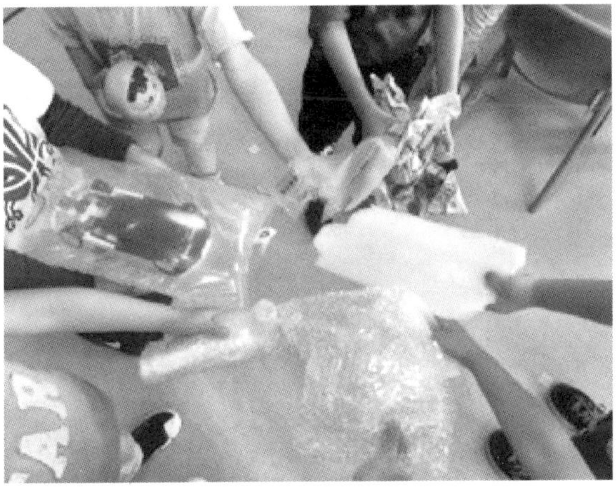

发现秘密

实验验证

(5) 乱七八糟的快递

拆下的快递盒和快递袋在教室里乱七八糟地摆放着。青蔓跑到老师面前说：“老师，你快看，他们把拆下的快递盒和袋子都扔在了地上，太乱了，我们都不好走路了。”小景跑来拉拉青蔓的手说：“那我们来把快递盒摆摆好吧！”青蔓笑着点了点。

几个小伙伴一起动手把盒子摆放到了班级建构区的一角，堆在了一起。青蔓说：“这样不行，还是不好看，太乱。”小景说：“那我们把它们堆起来，堆高一点不就行了吗？”说着两人就开始把快递盒任意往上堆。当小景堆到五六层的时候，盒子摇晃着倒下了。青蔓仔细看了看说：“我们要想个办法，把它们放得牢固一点，不能倒。”子言边说边演示：“我有好办法，告诉你们哦，要把一样大的放在一起；还要把大的放在下面，小的放上面，这样就能牢固了。”大家按照子言的方法，先把快递盒按照大小分类，再按照下大上小的顺序堆高。青蔓开心地拉着我说：“老师，你快看，我们把快递盒堆放得又牢固又整齐。”我对他们竖起了大拇指，请他们向大家介绍好办法。

孩子们在观察物品的基础上探索研究快递盒，按照合适的顺序将其摆放整齐，通过互动，提出问题、解决问题，提高了整理物品的能力，有了初步的责任感。

整理快递盒

（6）快递盒大变身

拆开的快递盒还可以做什么呢？悦儿说：“我之前的快递盒会发出声音，能不能变成我的玩具呢？”浩浩说：“我们可以用它来搭高楼。”团团说：“我们还能用它做机器人、火箭、飞机、大炮。”“我觉得在上面画画也是很好看的呀。”青蔓提出了不同的想法……

美丽的画框

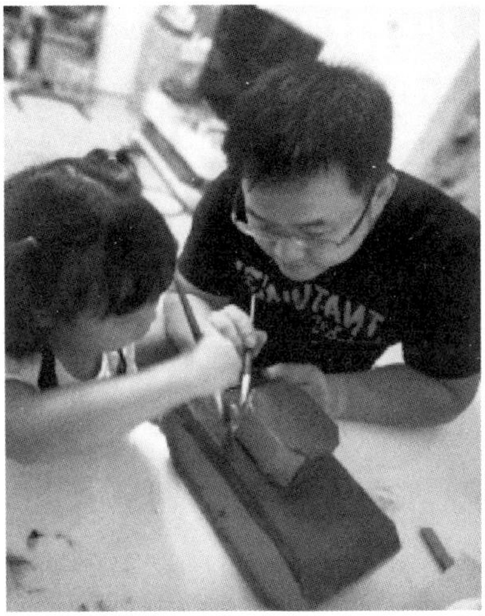

迷彩坦克

帅气的卡车

高高的紫峰大厦

“盒子大变身”活动就这样开始了。在家长们的支持、参与下，原本一个个普通的快递盒变成了照相机、军舰、机器人、飞机、小汽车、风景画……孩子们还用多余的盒子搭建出了南京的标志建筑——紫峰大厦。他们在美工区中设置了一个小展台，将自己的作品放置其中，主动向同伴和家长们介绍。

2. 参观快递网点

收到了这么多的快递，孩子们对“快递是怎么送到收货人手中的”这个问题很感兴趣。悦儿家的小区里有一个快递点，叫“菜鸟驿站”。悦儿妈妈带着悦儿去拍了照片分享给大家看。悦儿向大家介绍：“在快递网点里可以寄快递也可以收快递，把要寄的东西拿到这里，工作人员就会指导我填写快递单，还会帮我包装好快递，把快递的信息输到电脑里。”

参观快递网点

听了悦儿的介绍，大家都想自己到快递公司去看看，我把孩子们的想法告诉家长后，家长们都很支持，他们利用周末和孩子们一起去快递公司参观。通过参观、了解，孩子们大开眼界：原来快递网点里除了送货的业务员，还有仓库保管员、分拣员、包装加工员、货物录入统计员、客服，他们都有自己负责的工作。每天早上快递业务员先到公司分货，拿自己区域的快件，进行派件扫描，再按远近路途安排好路线，外出派件送货，同时也可以到客户处收件，进行包装和指导客户填单再装车回公司。没想到小小的快递需要经过这么多的环节才能到收件人的手里，快递员每一天的工作都是非常辛苦的。

孩子们把参观过程中的发现和想法记录下来，用自己的符号绘制出了《关于快递我知道》调查表。来到班级，他们拿出自己的调查表相互交流起来，恩旭小朋友的表上记录的一辆大卡车很快引起了孩子们的共鸣，大家都说快递公司的门口经常停着很多大卡车，这些大卡车是快递的运输工具之一，用来把快递送到全国各地的快递网点，最后再由快递员把网点中的快递按照门牌号送到收件人的手中。

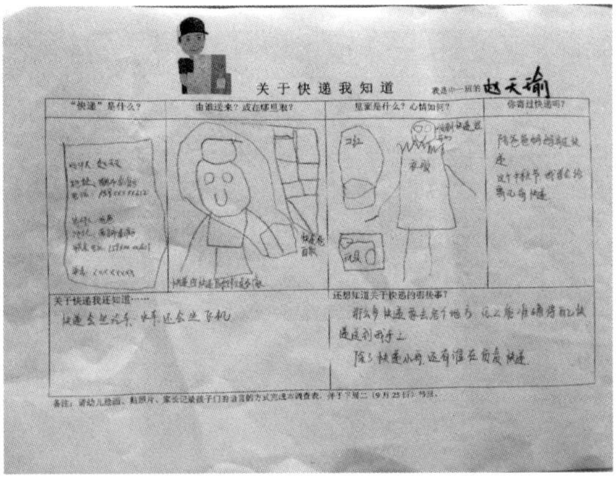

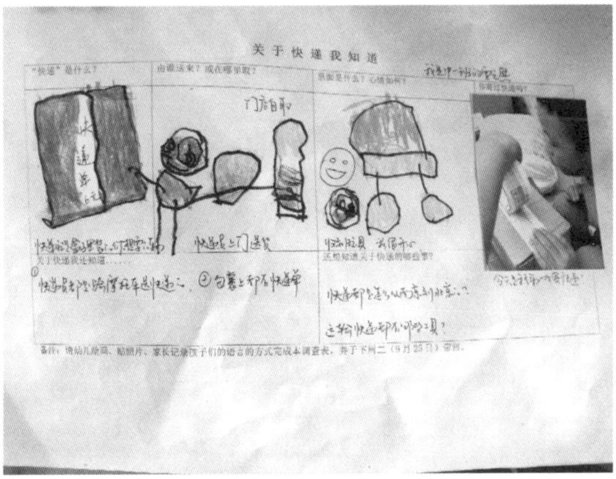

《关于快递我知道》调查表

欣妍提出不同的意见："我们小区的快递不是送到我们手中的，而是放在小区的一个大大的柜子里。""柜子？""什么柜子啊？"这引起了孩子们的好奇。看小朋友们似乎有点不相信，欣妍答应回家让妈妈拍个照片给大家看看。第二天，欣妍妈妈把照片发给了我，原来这个大大的柜子就是"丰巢柜"。欣妍指着大屏上的照片介绍说："这也叫丰巢快递柜，它可以用手机进行寄件和收件，使用起来很方便。"

分享调查表

探秘丰巢柜

教师的思考

生活是教育的前提与基础，教育是生活的扩展与延伸。中班幼儿开始关注生活中与自己有关的人和事，在他们讨论的话题中，我们发现幼儿对快递的外形、快递单、包装、大小等充满了好奇。于是，我们尊重他们的兴趣，充分结合日常的生活经验，从生活中寻找教育契机，鼓励他们自己去探索、发现其中的“秘密”。幼儿通过查找资料、询问家长等方式了解快递单的用途，在自己动手拆快递、测试了解防撞物的过程中解开了心中的小疑问。

教育只有真正融入生活之中，才能达到教育目的。利用真实生活环境亲身经历和体验，这是我们活动的最大特色。幼儿到快递公司了解公司运作的流程，熟悉快递的分工，看一看，问一问，听一听，用各种感官去观察、学习，获得关于快递的直接经验。参观过后，幼儿在交流分享快递的填单、包装、下单方式、付钱方式等有趣的事情中，对快递了解更多了。

在对快递的探究和初体验的过程中，教师从幼儿的实际生活经验出发，引导他们发现快递与我们生活的紧密联系，在这个过程中家长也参与到我们的课程中，使“快递”主题活动更加生活化。

3. 快递叔叔来了

一天，家瑞爸爸请来了他的好朋友——快递公司的工作人员张叔叔。张叔叔介绍了快递的由来、发展、寄件范围、寄件流程，还特意说了他们快递公司特有的业务：包机任务、参与解救、运送危重病人等等。大家对张叔叔带来的图片、影像、模型、包装盒、工作服都产生了浓厚的兴趣，积极地与张叔叔互动。

4. 寄给自己的快递

参观了快递公司网点，又听了快递叔叔的介绍，孩子们大致了解了快递公司的工作以及寄快递的方法和流程。团团说：“好想给自己寄个快递呀，不知道要几天才能收到呢？”浩浩忙不急地点点头：“我也想试一试，我知道寄快递需要做什么。”凡凡说：“对对对，我还有自己的好方法保护快递，不让它破了、碎了，我的快递一定会很牢固。”

快递叔叔来讲课

“大家都把快递寄到幼儿园来吧，这样在幼儿园里就能收到自己的快递了。”我的话音刚落，孩子们都抑制不住内心的激动，开心地拍起了手……

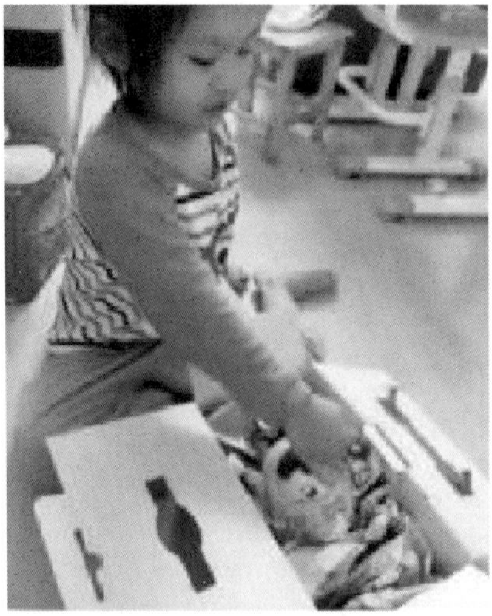

防撞包装

外包装装饰

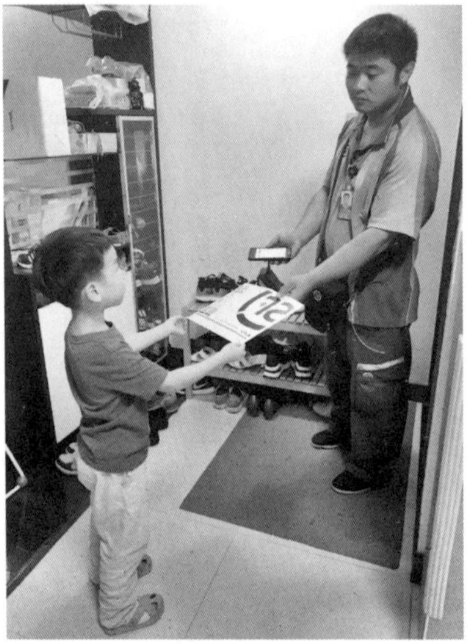

上门收件

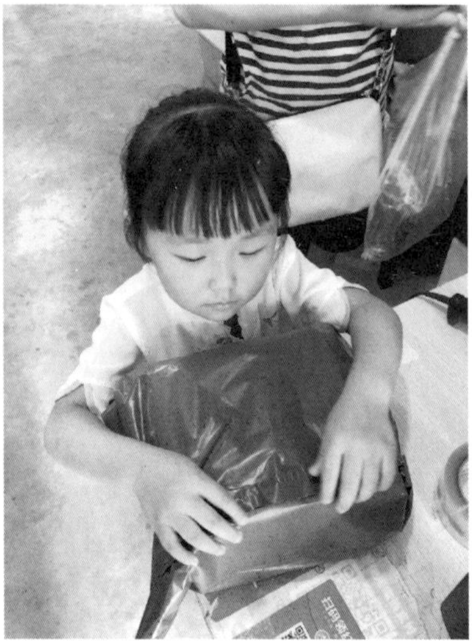

送到快递点

孩子们的小愿望在爸爸妈妈的帮助下实现了，每个人都给自己寄了一个快递。他们用常规材料和自己认为能保护好物品的创新材料把要寄的快递包裹并包装好，运用自己学习到的快递单填写知识，请爸爸妈妈帮助准备相关信息，通过请快递人员上门收件或自己去快递网点寄送的方式成功寄出了快递。孩子们还记录下了自己寄快递的过程。

假期结束后，大多数快递陆续送达幼儿园。收到快递的孩子们嘴角的笑意藏也藏不住，团团激动地说："我收到快递了，真好玩！"的确，能在幼儿园收到属于自己的快递，是一件让人兴奋的事情。孩子们在众多的快递中寻找着自己的快递，他们仔细观察快递单上的文字信息，有的主动询问班级里认字的孩子或老师来帮助自己查找。拿到快递后的孩子们凑在一起说个不停，和同伴分享着快递盒上的信息，他们用自己掌握的方法打开了快递盒，与同伴分享交流自己保护包裹的小窍门，互相展示自己收到的快递。

第一次课程审议

这个主题来源于孩子的生活，教师充分考虑到了中班幼儿的年龄特点，通过自己动手拆一拆、看一看、比一比、试一试的操作，在真实的体验中学习。教师尊重幼儿的兴趣和意愿，支持他们走进快递公司，在生活中学习和感受。充分利用家长、快递员、幼儿园工作人员等资源，坚持"让幼儿行动"，将幼儿的需要、兴趣与课程资源及相应的活动关联起来，深化幼儿的学习，丰富经验，支持幼儿进行自主探索。

在"给自己寄快递"过程中，幼儿对寄快递的方法、快递单的重要性、快递的包装方式、常见快递公司以及它们不同的标志等信息有了更多的了解，对快递有了更加全面的认识。经过一次次的经验积累，幼儿对快递的认知更加丰富了，他们不仅限于"知道什么"，更想把自己的"知道什么"表现出来。下一步教师可以和幼儿一起创设真实的"快递"游戏场景，将已获得的经验运用提升，在"快递员"的"工作"中体验快递工作的内容，感受快递员的辛苦。

（二）"顺丰小天鹅快递"诞生记

在收快递、拆快递、参观快递公司、给自己寄快递的实践活动中，孩子们了解了许多关于快递的知识，积累了较丰富的相关经验，因此自然而然地萌发了开快递公司的想法。

浩浩:“我们能不能在班上也开个快递公司?”

团团:“好呀,我们也可以像快递员那样工作了。”

子岩:“我可以打包快递。”

浩浩:“我可以送快递。”

教师:“在班上开快递公司,我们可以具体准备哪些事情呢?”

1. 起个名字

有了参观快递公司的经验,孩子们认为公司首先需要有个名字,于是他们决定从给快递公司起名字开始。

天天:“我们的快递公司肯定要有自己的名字。”

团团:“对,要起一个响亮的名字。”

苗苗:“就叫快递公司。”

团团摇摆着手:“不好,这个太普通了。快递公司很多,别人怎么知道是我们的呢?”

书翔:“我们在小天鹅幼儿园上学,就叫小天鹅快递吧!”

家瑞:“顺丰快递的速度最快,可以叫中一顺风快递。”

…………

积极投票

孩子们各自表达了自己的想法,谁也不甘示弱,都觉得自己最有道理。

子岩:“你们都别争了,我们的快递公司只能有一个名字!一个响亮的名字!”

团团:“这么多的名字,我们可以投票表决,看谁的票多?”孩子们对这个方法表示赞同。

教师把孩子们想出的快递名全部记录下来,大家对喜欢的名字进行投票。经过一番紧张激烈的投票,最终的结果出来了。在大家的共同见证下,快递公司的名字定为:

顺丰小天鹅快递。

统计数据

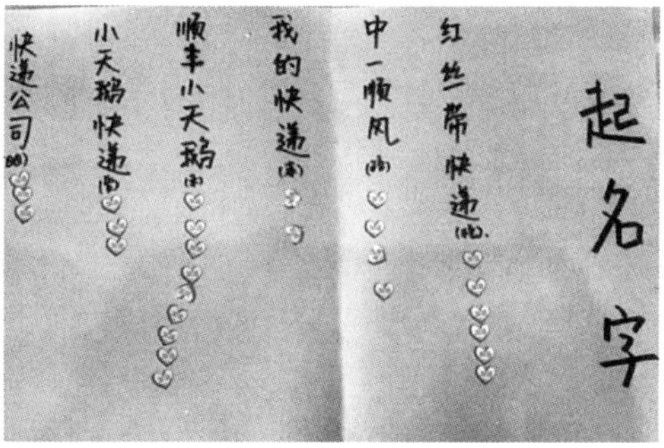

公布结果

2. 独一无二的 LOGO

悦儿说:“我们还要设计一个快递公司的标志吧?”“对,要设计一个独一无二的标志。”浩浩非常赞同。“什么是独一无二的标志?”贝贝问。“就像顺丰快递一样啊,它的标志就是它的读音字母,一看就知道是‘顺丰’的意思。”大家纷纷表示同意,决定为咱们的快递公司设计一个独一无二的标志。

天天说:“那我们的标志肯定要跟‘顺丰小天鹅快递’这个名字有关。”小序说:“要有特色的,要与众不同。”欣妍说:“可以有表示小天鹅的图案。”……有了想法,孩子们迫不及待地想把想法画出来,他们大胆想象,绘制出了各式各样的标志。

书翔设计的 LOGO 上画着一只正在飞翔的鸟;天天在字母 AC 的上方画了一位站着的小朋友,下面有汉字“中一”;欣妍设计的是一间大大的房子;悦悦画了一位手上拿着字母的小朋友……孩子们拿着自己设计的作品兴致勃勃地向同伴们介绍着。

设计快递公司标志

我们设计的 LOGO

可是最终只能确定其中一个作为我们的 LOGO 呀！家瑞提出沿用之前投票的方法，得到了大家的同意。在 LOGO 竞选大会上，书翔小朋友设计的标志以高票入选，成为我们快递公司的 LOGO。书翔介绍了他的设计理念，原来书翔画的这只鸟是一只天鹅，它代表了我们的小天鹅幼儿园，也表示我们的快递像飞翔的天鹅一样。天鹅身上的几道闪电，也暗含了速度快的意思。“你们看！天鹅的两只脚，怎么不一样啊？”书翔神秘地问小朋友。小朋友睁大了眼睛仔细看，书翔得意地说：“告诉你们哦，它是我们中一班读音的第一个字母‘Z’和‘Y’哦。”“哦，原来是这样！”大家恍然大悟。

听完了他的分享，小朋友们更加觉得他的设计很有创意，不由自主地为他鼓掌。这个 LOGO 真是独一无二呀！

LOGO 竞选大会

确认投票数量

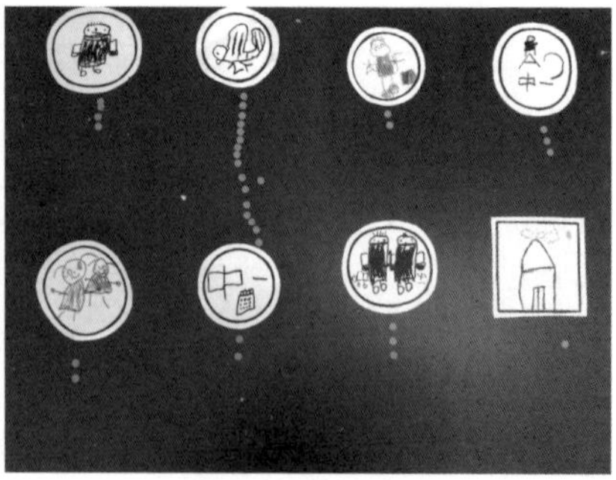

公布结果

3. 入职“培训”

快递公司有了自己的名字和 LOGO，那是不是就可以送快递了呢？“那怎么行呢？我们的快递公司还没有工作人员呢！”佳佳着急地说。“我们的公司里需要哪些工作人员呢？”若涵说：“要有接待员，因为要帮助寄快递的顾客填写快递单。”一凡说：“需要有给快递称重、包装、登记信息的人。”团团说：“要有仓库保管员，登记每天快递的数量。”天天说：“还要有快递小哥送货。”……经过一番讨论，大家一致觉得接待员、打包员、送货员是快递公司不可缺少的工作人员。为了更好地完成工作任务，每一个工作人员都要进行“专业”的“入职培训”呢！

（1）小小接待员

游戏开始了，生活区的一凡拿着自己制作好的蝴蝶结来到快递公司，原来他要给建构区的小序寄礼物。接待员天天热情地接待了他，并拿出了一张快递单给他，还向他详细地讲解怎么填。在填写“收件人”一栏时，一凡觉得有点困难，于是他就画了一个小朋友的头像，并把这个小朋友的名字告诉了接待员天天，还向天天再次强调，画的几块积木表示是在建构区，快递的收件人是建构区的小序。接待员天天负责地问一凡：“请问你还有什么特殊的需要吗？”一凡对天天说：“我的快递里面是我自己的作品，需要轻轻地拿、轻轻地放。”于是天天就在这个物品上画了一个红圈作为标记，表示这是要轻拿轻放的。

填快递单

接待员天天完成了接待和指导填写快递单的工作后，将一凡的快递放在了公司的快递打包区。

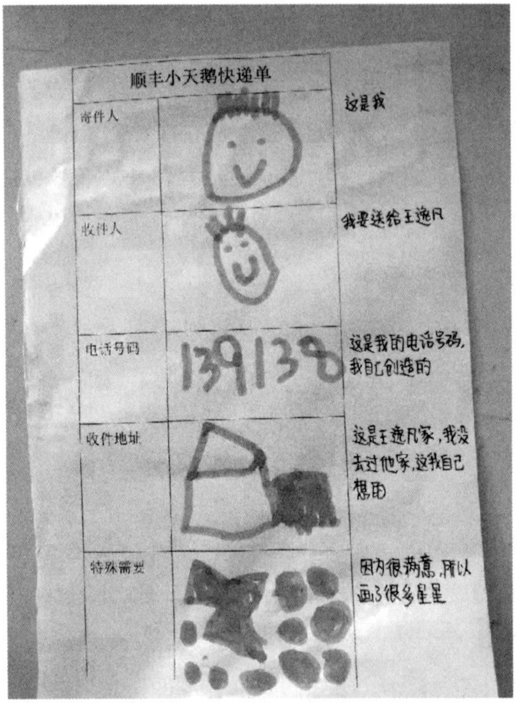

展示快递单(1)

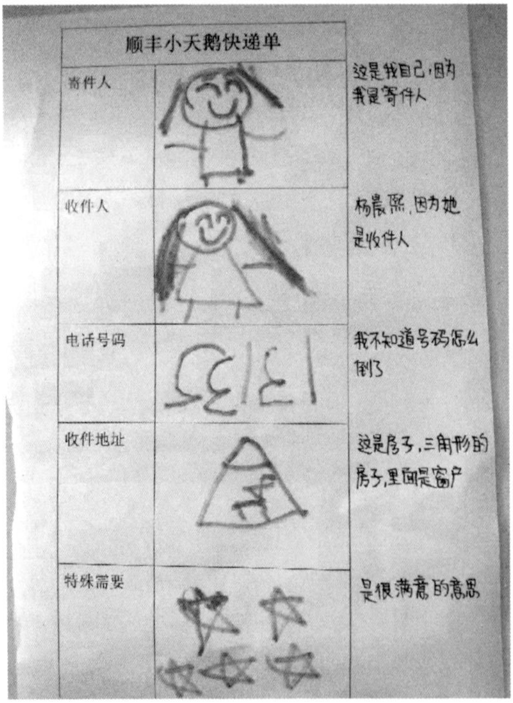

展示快递单(2)

(2) 小小包装员

小小包装员们开始对一凡的快递进行包装了,根据接待员在物品外部标注的红圈,他们知道,这个快递需要轻拿轻放。

包装快递也不是一件容易的事哦,只见包装员若涵把物品小心翼翼地放进了一个盒子内,还来回地晃动盒子,看看物品摆放得牢不牢,又拿起一些碎泡沫塞进盒子的缝隙里。子岩用胶带封纸盒时问:"老师,我的剪刀怎么剪不动胶带呢?"子岩手忙脚乱地摆弄着盒子上的胶带。"我来帮你。"若汐走过去拿起子岩的剪刀细心地剪着盒子上的胶带,还耐心地对子岩说:"你把剪刀立起来,慢慢剪就行了。"

包装员们不断练习包装的技能,他们从不会使用胶带和剪刀到胶带总是粘到手,盒子包不严,一直到最后能独立地把快递包装好。在这个过程中,他们还发现了一些使用胶带把盒子口封住的好方法呢!

包装好的快递放在了公司待送区,等待着与快递员进行交接。

学习包装

合作包装

(3) 小小快递员

小小快递员,送货忙又忙。骑着小单车,穿街又过巷……瞧!我们的快递小哥取到了一凡的快递,仔细地观察核对了快递单上的信息和“轻拿轻放”的标志,来到了当天游戏的分布图表前,大致确定收件人的位置,准备出发送货了。快递员子岩说:“我已经知道了小序大致的活动位置,我要把快递安全、快速地送给他,让他快一点收到自己的礼物!”

练习运送货物

在游戏分享的时候,大家议论纷纷,一凡说:“今天我给建构区的小序寄了一个快递。”小序很开心地说:“是的,我已经收到了。”

快递公司的游戏成了孩子们最喜欢玩的游戏,他们不断地丰富着游戏的内容。悦悦说:“快递公司的工作人员都会穿统一的工作服。”抒妍说:“就像我们的班服一样整齐漂亮吧!”……在悦儿妈妈的帮助下,我们选择了方便穿着的蓝色马甲作为“顺丰小天鹅快递”的工作服,孩子们提议把我们的快递 LOGO 画在服装上。瞧!这就是帅气的快递工作服。

绘制工作服 LOGO

装饰工作服

展示工作服

教师的思考

在了解了快递公司环境和快递工作流程的基础上，我们并没有迅速地让幼儿掌握其中的技能，而是通过创设“快递公司”的情境，让幼儿尝试扮演其中的角色，体验职责和分工，更加深入了解快递的职业，丰富经验。这也为下一步能真实开展快递的工作打下基础、做好铺垫。

当幼儿有了想开快递公司的想法时，教师留给他们自己思考的空间，不把他们的思路限制在设计好的模式中，而是提供让他们自主探究、自主学习的机会；学会等待，不把现成答案抛给幼儿，而是让他们尽情地探索、体验，在自主状态下主动积累知识与经验。

4. 快递公司开业了

(1) 混乱的快递公司

快递公司第一天开业就聚集了极高的人气。有的排队等待寄发，有的正在填写快递单，还有的在关注快递的包装。最忙碌的是几个送货员，他们在教室里不停地穿梭着，热闹非凡。5分钟后，接待处传来了争执声，恩如指着俊俊说：“你是排在我后面的，怎么抢在我前面填单呢？你没好好排队。”说着还试图把俊俊从凳子上拉起来。俊俊不服气，叉着腰生气地说：“谁叫你刚刚不往前走的。”月月拿着一个小袋子着急地四处张望，大声喊道：“送货员不见了！”快递的包装窗口也聚集了几个顾客，正在挤着观看包装员包装快递……快递公司开始混乱起来了。

游戏分享时，大家对今天快递公司的工作非常不满意，顾客月月抱怨地说：“今天的工作人员太多了，他们有时不在自己工作的地方，我们找不到。”快递员凡凡说：“顾客也没有排队，大家都挤在一起。”

虽然开业前我们有过培训，可是公司正式开业时，孩子们兴奋得都想参与游戏，造成了公司混乱的局面。这又该如何解决？

公司试运营

恩如：“我觉得今天来寄快递的顾客有点多，排队的时间长，可以限制人数。”

天天：“工作人员要负责自己的内容，不能乱跑。”

月月：“自己做自己的事情，给他们定规则。”

针对开业中出现的问题，幼儿商量必须给快递公司制订规则。

在大家的讨论下，我们制订了快递公司的规则：公司需要三名员工，一人负责接待、填单，一人负责称重和包装，另一人负责送货；顾客需要排队寄快递；寄快递的顺序是先填单，接着包装、称重，最后运送给收件人。

接待

填单

称重

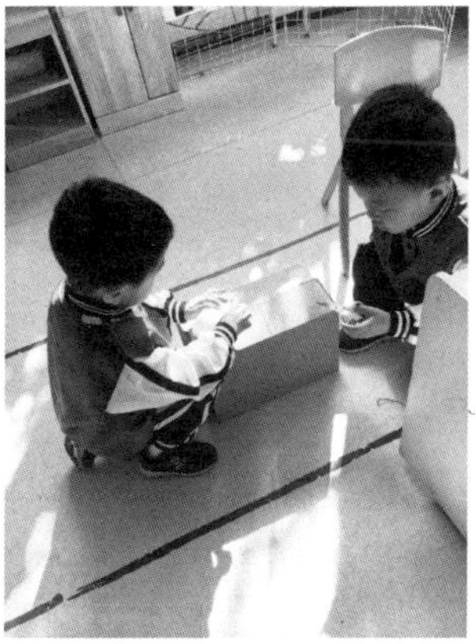

包装

孩子们达成共识之后，大家还把这些内容记录下来，做成了一张大大的“快递公司约定”海报，张贴在快递公司门口。

讨论责任分工

绘制活动约定

阅读约定内容

(2) 多功能丰巢柜

游戏时,快递员团团拿着一个快递在教室门口四处张望,因为找不到收货的小熙,急得团团转,最后把快递送回了公司。游戏分享的时候,一鸣告诉小熙今天寄了一个快递给他,可小熙皱着眉头说:“我没有收到呀。”这时,快递员团团连忙解释说:“我找了很多次,都没有找到小熙,他不在班上,去博物馆玩了,可我不知道他在几楼,后来我就把快递还回了快递公司。”

遇到这种情况,应该怎么办呢?欣妍说:“我们在班级里也建一个丰巢柜吧,就像我家小区那样,在没有找到收件人的时候,就可以把快递放在丰巢柜里。”这个方法不错,有了丰巢柜,今天的事情就不会发生了。

孩子们找来了大小相近的纸盒,把它们整齐摆放,垒高并固定起来。在欣妍的建议下,每一个小柜面上都设有不同的数字作为密码,外出活动的收件人回班时,可以关注到班级门口的“快递信息”窗口,凭密码到快递柜处核对,找到对应的柜子取出自己的快递。

快递员投递物品

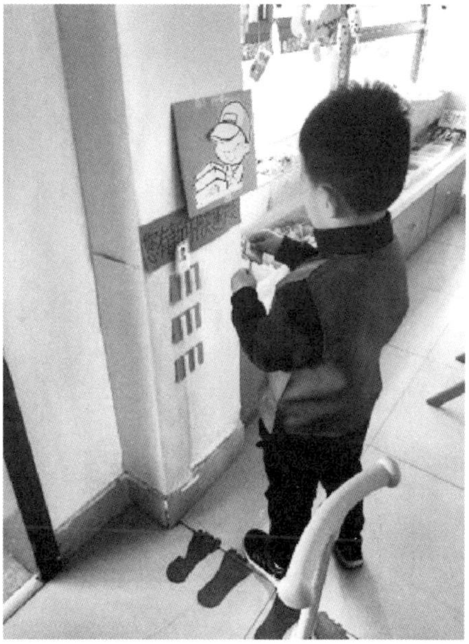

设置密码牌

按密码牌对应取货

顺利取到物品

(3) 骑车送货的快递小哥

快递员凡凡边说话边喘着粗气说:“今天真累啊!我送了好多快递,跑了很多路。”

若汐:“是的,我的腿都要跑断了,要是有一辆车就好了。”

月儿:“我看到快递小哥送货时,他们有的骑着电动自行车,有的骑电动三轮车。”

书翔:“我们也可以骑车送货呀,这样我们送货时就会轻松一些。”

俊俊:“我家有自行车,可以帮助快递员送货。”

凡凡:“我家有滑板车,可以借给快递员,这样他们就不用跑那么多路了。”

第二天,孩子们从家中带来了自行车和滑板车,并在教室找到一块地方,把各自的小车整齐排放好,取名“快递车停车场”。

快递员骑车运货

投入快递柜

有一天在游戏时,俊俊找来一个饼干包装盒,用绳子固定在小车的后部说:“瞧,这样就可以放稍微大一点的货物了。”书翔也在滑板车的前边装了一个大的盒子,又在车龙头两边分别挂上了两个购物袋,开心地对凡凡说:

“瞧，我的车上能放好几个快递，不用老是跑回公司拿货了。”凡凡边点头边竖起了大拇指。

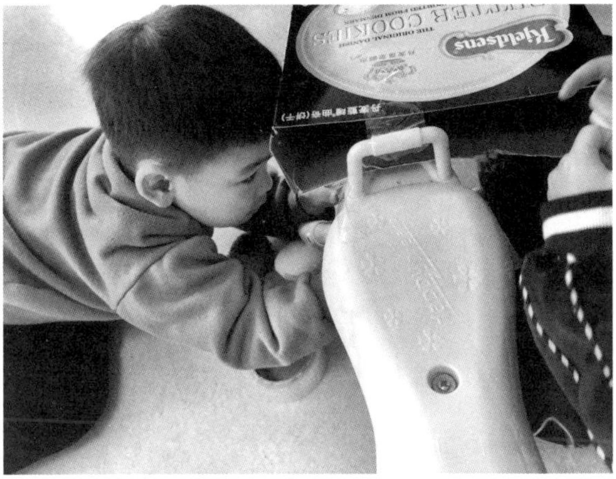

增加后载平台

增加购物袋

有了快递小车，快递员们确实轻松了许多，但是在运送过程中，发生了“交通事故”。快递员家瑞在送货途中，撞到了正在建构区玩的晨晨，打翻了晨晨手中的积木，车上的快递也洒落一地。交通工具方便了我们送货，但是也造成了一定的交通隐患，于是我们就“如何安全驾驶小车送货”展开了一系列的讨论，给骑小车的快递员制订了交通方案：遇到行人要慢行或者停车让行；在班级地面画了专门的送货路线……

游戏中，因为分工不明确和人员数量不确定，一度出现了场面混乱。幼儿自己寻找问题的原因，总结之前的学习经验，积极寻找解决问题的办法。他们调整了工作人员的数量，制定了公司的规章制度，充分体会到分工合作的重要性。孩子们把“需要一辆小车”的想法变成了现实，并动脑筋想办法改造成快递小车，为自己的工作提供了方便。在使用过程中，“交通事故”的发生，也使得他们意识到遵守交通规则和安全送货的重要性。

第二次课程审议

著名教育专家陈鹤琴说:“小孩子是生来好动的,是以游戏为生命的。对孩子来说,游戏就是工作,工作就是游戏。”游戏是最能发挥幼儿主动性的活动。游戏是幼儿喜欢的形式,也是重要的学习途径,对幼儿的情感、认知、社会性发展具有积极的促进作用。游戏的独特价值在这一阶段的主题活动中尤为突显,教师为幼儿创设了小小接待员、小小包装员、小小快递员的游戏角色,在这些游戏中幼儿真正做到“快乐玩,有效学”。

“快递公司”游戏中对接待员、包装员、快递员职责的认定和学习,让幼儿体验了快递工作的辛苦,知道对待工作要认真,要有责任心;在游戏中,幼儿学会协商、轮换、排队等交往方式,从而获得更多适应社会及处理人际关系的技能。

针对快递公司开业不顺利的问题,教师引导幼儿利用已经获取的知识和生活的经验,学会发现新问题。同时,教师利用出现的问题,帮助幼儿梳理、解决问题,验证答案,制订出“快递公司约定”的方案,保证了“快递公司”的有序运营。

游戏中出现的问题是产生新思路、新方法、新知识的种子。针对“收件人不在班级”的现象,教师鼓励幼儿多角度、全方位地思考,于是有了“多功能丰巢柜”“骑车送货的快递小哥”等新场景和新游戏……

《3—6岁儿童学习与发展指南》(以下简称《指南》)中提出“幼儿的学习是在游戏和日常生活中进行的,要珍视游戏和生活的独特价值”。下一阶段教师需要关注如何将已有经验延续到真实的生活中去,将快递与实际生活紧密联系,在生活中不断学习、提升。

(三)快递专车开起来

快递小哥们每天都忙得不亦乐乎,随着送货量的增长,小车已经不能满足快递公司送货的需求了。欣妍提议改进快递小车,让它有更大的空间,这样就能放更多的快递了。

苗苗:“我看过有专门运输顺丰快递的货车,它有长长的车身,还有几个大大的车轮,可以放很多货物。”

凡凡:“我们班上不就有又大又长的纸箱子嘛,可以做车身,里面应该能装好多的快递。”

设计专车

专车设计图

制作快递专车前孩子们画了设计图，并按图制作了快递专车。快递专车的车身很快就完成了，怎么让它“跑起来”呢？“给它装上轮子。”“用什么材料做轮子呢？”于是我们来到了幼儿园的资源室，寻找可以做轮子的材料。

寻找材料

1. 转不动的轮子

孩子们从资源室找到了纸杯和奶粉罐，他们信心满满：“我们找到的都是圆形的材料，一定能做快递车的轮子。”说着，就开始忙碌起来了。他们用双面胶将纸杯粘在“车身”底部，不一会儿纸杯就被压扁了。“纸杯太软了，不适合做轮子。”一鸣有些无奈。团团说：“我拿的奶粉罐又大又硬，一定能行。”孩子们用了同样的方法将奶粉罐粘到“车身”下方，在测试时发现“车轮”不会滚，而是跟着“车身”一同移动。团团抓了抓头感到很奇怪：“车轮怎么不转呢？”俊俊发现了问题所在：“车轮跟车身粘在一起

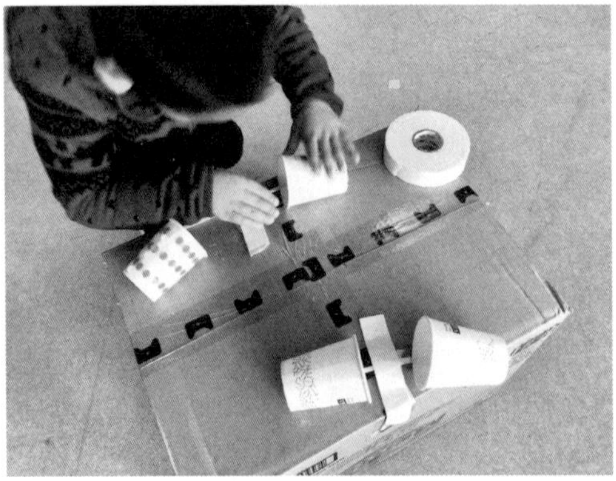

尝试制作

了，当然转不起来呀。”大家都觉得很沮丧。曾曾走过来安慰大家：“别着急，我在一本书上看到过，车轮中间应该有一个轴，它把两边连起来，车轮才能滚。”“轴？”“什么是轴？”小伙伴们不解地问。当天回家，孩子们带着这个疑惑自己查找书籍或请爸爸妈妈帮忙上网寻找资料。第二天就有小朋友说明了车轮滚动的原理。奶粉罐只符合圆形，要做成滚动的车轮，还必须加上“轴”。

活动记录

2. 摇摇晃晃的轮子

了解了“轴”在车轮转动中的重要性后，孩子们尝试着用剪刀在奶粉罐上钻洞加“轴”。奶粉罐太硬，钻洞难度大，还有一定的危险性。这时，佳佳从美工区拿来一张光盘开心地说：“你们看，光盘中间正好有个圆形的洞，又坚硬，我们可以用它做车轮。”

佳佳的话好像很有道理，圆形、坚硬、中间有孔，完全符合轮子的条件。于是，我们邀请到经验丰富的管理员叔叔一同参与，他带来了一根有点粗的铁丝，一边演示一边说：“轴可以让车轮滚动起来，今天我们就用这根铁丝当轴，把光盘固定在车身两边。”涵涵问道：“轴需要在什么位置呢？”叔叔继续解释说：“在车底部需要有一个让铁丝转动的空间。”在叔叔的建议下，我们找来了又硬又细长的 PVC 管子，在叔叔的指导下，用尺子和锯子截下了同样长度的两段，并粘在车身底部，用铁丝做轴，将光盘固定在车身的两边。

我们的专属快递车终于可以滚动起来啦！孩子们在高兴之余，发现车轮虽然可以滚动，但是光盘太薄，没有宽度，车身不停地左右摇摆。原来，符合制作车轮的材料标准除了圆形、坚硬，还需要一定的宽度，这样才能使车身平衡和稳定。

尝试制作

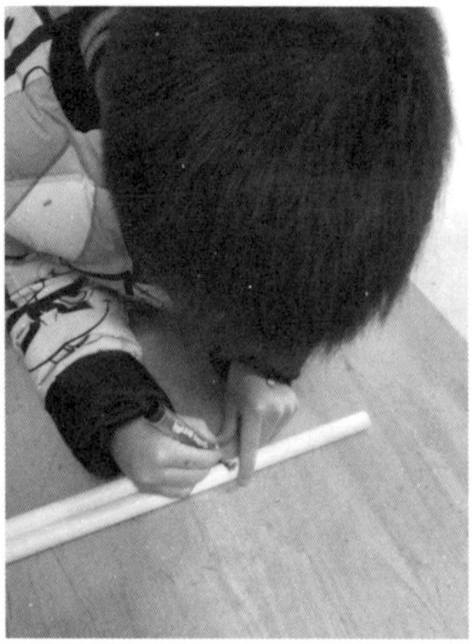

咨询求助

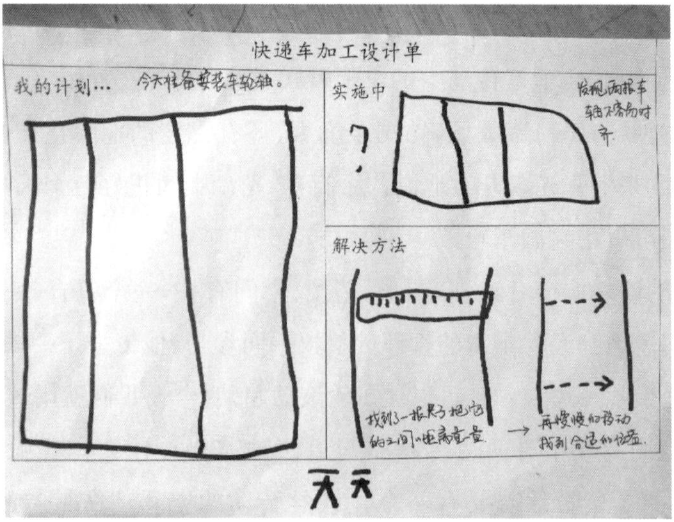

活动记录

3. 方便灵巧的快递车

虽然失败了两次，大家却没有气馁，而是积极寻找新的材料。悦儿说："木工坊有很多很厚的木块，我们可以用工具切成圆形做车轮。"大家觉得这主意不错，于是来到木工坊，找到了合适厚度的木块。切割木块并不是一件简单的事情，需要精准地测量切割位置，于是孩子们做了一份有关制作车轮的数量、大小、厚度以及需要中间位置钻孔的计划书。孩子们根据计划书，在木板上画出轮子的样子，确定了大小以及钻孔的准确位置，一切准备就绪后，在教师的帮助下用专用工具切割下四块圆形木块，然后用钻孔机器在每个木块中心钻孔。

轮子的材料准备好了，孩子们迁移了之前的经验，用铁丝做轴，将圆木块与车身穿在一起。在大家的建议下，孩子们在车身的前端加了一根方便拖拉的绳，当拉着"专车"向前跑时，车轮终于灵活地滚动了，太好了，这下可就更方便了。

计划步骤

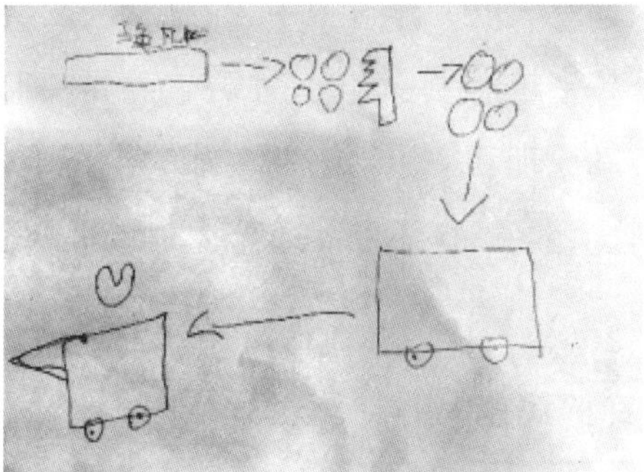

步骤图

尝试制作快递车

成品

专车使用中

有了“快递专车”，快递员们大大增加了每天的送货数量，提高了工作效率，工作也很有成就感。

在快递专车的制作过程中，通过一次次实验，孩子们对“轮子”的认识和制作要求越来越清晰，不仅关注到它需要圆形的外观和坚硬的材质，还了解了它的转动原理和实用性。在教师的支持下，他们通过分工合作，主动积极探索材料、实践验证，不断积累经验，提高了发现问题、分析问题和解决问题的能力。

教师的思考

活动中，幼儿对“可以转的轮子”充满好奇，他们通过触摸、摆弄、操作进行感知探索，沟通生活与科学的联系，发现科学就在身边。幼儿用纸杯、奶粉罐尝试做车轮时，我们尽量不干扰，让他们尽情探索，耐心地等待他们描述操作中发现的问题、提出的困惑和需求，用多种方式鼓励他们多角度思考问题，不断发现和提出新问题。当幼儿提出“光盘中间正好有个圆形的洞，又坚硬”时，我们并不急于解答，让他们感受到老师对他们自主解答的一份期待，鼓励和引导他们把好奇心转化为进一步探索的动力，通过自己的操作去寻找答案。

在制作轮子的过程中，发生了轮子不转、轮子不停摇晃的现象，我们允许孩子们在探究中出现失败，而且相信他们有认识和纠正失败的能力，激励他们运用已有经验，寻找解决问题的方法。通过再次的探索，幼儿从只关注轮子的外观到发现轮子需要有一定的稳定性，再到发现了轮子转动的科学道理——陀螺仪原理。在探究的过程中不断出现新的挑战，幼儿通过自主学习，获得新经验。成功的喜悦激发幼儿产生了更为强烈的探索热情，而我们这种积极的等待，将给幼儿带来更多快乐、更多自信。

第三次课程审议

生活中对各种资源的兴趣、好奇和探究是课程内容不断充实的关键。幼儿也是资源的收集者和利用者，他们喜欢什么，适合什么，愿意干什么，应由幼儿自己去操作、去运用。当幼儿产生在班级建个快递公司、制造快递密码柜、制作快递车的想法时，教师依据幼儿观察的兴趣点进行主题线索的规划，引导他们积极讨论商量，鼓励他们大胆地表达自己的想法，将已有经验融入创建中，共同筹备。在实施中，充分利用了资源室、木工坊、小农场等幼儿园场馆资源及场馆教师、体育老师、管理员等人力资源，给幼儿充分动手操作、自由发挥的空间，创造出多种可能性，让他们享受多样的活动过程，丰富多方面的经验。

可以看到，活动前期工作都是以幼儿亲身体验和动手操作为立足点的，幼儿已经具备了相关经验，下面可将已有经验与实际生活相联系，让他们在真实的场景中运用所学的操作自主学习，发现科学现象，领悟科学道理，在新的挑战中获得新经验。

幼儿园的活动都是具有综合性的，教师要有整体意识，从儿童多方面的发展中，鼓励和指导儿童的活动。教师还要注重活动的有效性、生活化，要通过规则、材料、伙伴等的变化，让儿童不断获得新的挑战，获得新的经验。

(四)快递公司对外服务

1. 第一张订单

有了快递专车,孩子们已经不满足玩送快递的游戏了。幼儿园小农场每周二、周四是“爱心菜场服务日”,当天会对小朋友、家长和老师出售自种的蔬菜,其中有一部分蔬菜是老师订的。于是,我们主动接下了小农场的订单,为老师们提供送货服务。

这是我们对外服务的第一张订单,能用自己在游戏中学习到的本领为老师们服务,孩子们真是太开心啦!

与小农场合作

按照订单取菜

送菜上门服务

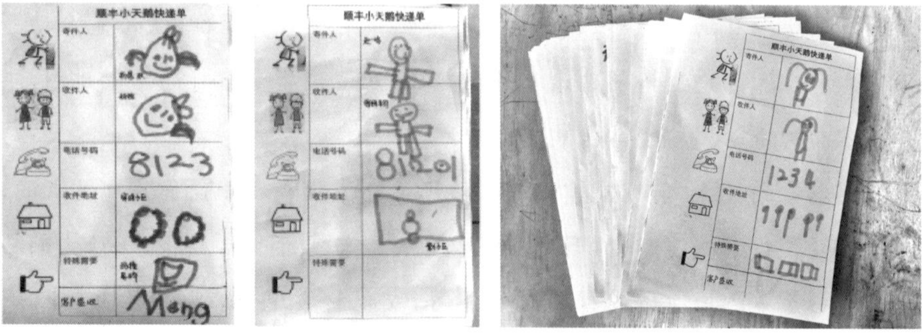

服务签收单

2. 方便的送货地图

有了送菜服务的经验和体会,孩子们还想为大家提供更多的服务,这不,门卫处每天都会有很多的快递……

苗苗:“那我们能不能把这些快递按照快递单上的名字送给老师呢?”

小序:“我们有这么多班,怎么知道是送给哪位老师?”

若涵:“老师在哪个班级,哪层楼,我们怎么知道呢?”

…………

把快递送到班级老师手上,真不是简单的事情,需要做好哪些准备、知道哪些信息呢?经过讨论,孩子们决定要了解以下信息:幼儿园各个班级分布的大致位置、各个班级的老师等。为了让这项服务顺利开展,孩子们三五结队分布在幼儿园,实地调查并做记录。

在集中反馈环节,孩子们带回了记录单向大家介绍。晨晨说:“我们幼儿园一共有四层楼,从我每天进幼儿园的门来数是:小一班、中五班……还有主任办公室。”然然说:“二楼是我们三个中班和四个小班,还有一个美术馆。”俊俊说:“三楼有三个大班,还有我们喜欢的科技馆。”一鸣说:“四楼有生活馆、大礼堂,还有木工坊……”

观察楼层

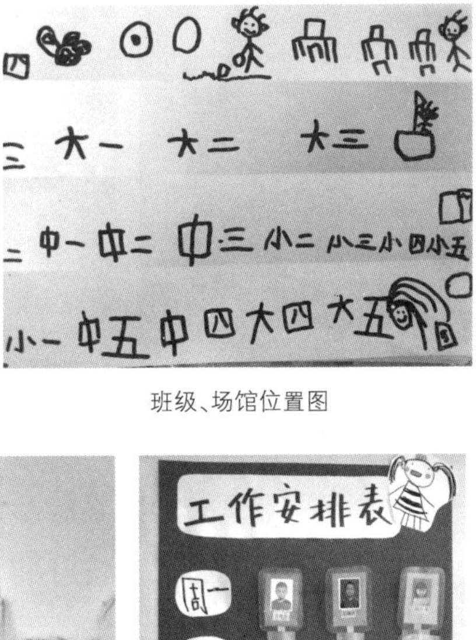

班级、场馆位置图

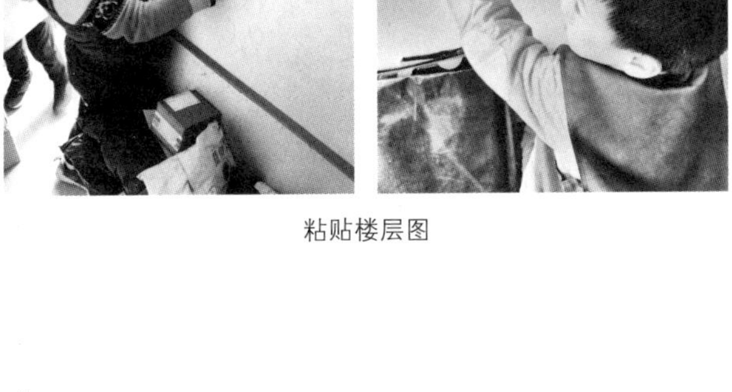

粘贴楼层图

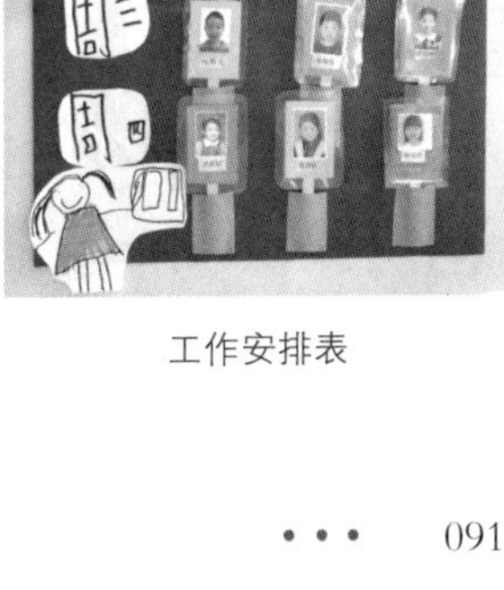

工作安排表

根据孩子们的调查结果，我们用文字加图案的方式绘制了幼儿园的班级、场馆位置地图，并按楼层分成了四个分布图，贴在了门卫处，这样在取快递的时候就知道收货的老师在哪层楼哪间教室，送货效率就高了。

有了送货地图，快递员就可以开始工作了，孩子们还制作了每周工作安排表。每周孩子们分组轮流把自己的牌子插到表中，承担当天的服务工作。

3. 迷路的快递员

新的一周开始了，快递员们到幼儿园门卫处取快递，仔细观察快递单上面的信息。由于孩子们不认识字，他们还主动请教门卫保安或保洁爷爷、班级老师，用自己的方式在快递外包装盒上做有关收件班级及老师的记号。

咨询门卫

咨询保洁爷爷

咨询班级老师

快递员一菲拿着快递在楼梯口突然停下了脚步，皱起眉头自言自语："小二班到底在哪层呢？我记不得了。"一菲在大厅里着急地张望。这时，家瑞跑进了大厅，一菲急忙问道："你知道小二班在哪里吗？"家瑞摇了摇头："我只知道我送的班级。你到门卫处再去看看送货地图吧！"于是，一菲又跑回了门卫看了送货地图后继续送货。

活动后交流中，快递员们说出了自己的感受。家瑞说："我在向门卫叔叔打听收件人的信息后，又去门卫看了看楼层图，一边念着一边走的。"一菲说："我跑得太快了，跑一半就忘记了，我是到幼儿园的门卫处又重新看的。”

在送货的过程中，有的快递员跑错楼层、跑错班级，有时还需要重新到门卫处看地图。一菲说：“我们有送货地图呀，但是想看的时候没有，有点不方便。”

怎么才能更加方便，更好地发挥送货地图的作用呢？经过讨论，孩子们把原有的送货地图打印、放大，按楼层分割，变成了“送货楼层示意图”，还把这些楼层图分别张贴在送货必经处——每层楼梯的入口处。这样一来，解决了快递员忘记或记不清收件人位置的问题，节省了不必要的往返时间，真正方便了快递员的工作。

贴分布图

4. 快递签收了

快递员们每天都在辛勤地工作，经常会在一起聊聊工作中开心的事情，也会讲讲遇到和解决的困难。

一凡说：“今天我送了 8 单。”浩浩瞪大了眼睛说：“这么多？我才不信。我跑得很快，才送了 6 单呢。”“真的，你可以看看我的签收单。”一凡着急地拿出签收单。

瑾瑜：“我今天送货到会计老师办公室，会计老师问我怎么知道是她的快递的，我告诉她我认识她的名字，会计老师给了我一个五星好评呢。”

俊佳：“今天我和苗苗给大三班的李老师送快递，李老师不在教室，我们问了另一个老师才知道李老师在舞蹈房，我们又到了舞蹈房。李老师接到快递也签收了，还谢谢我们，夸奖我们真能干呢！”

商量分工

送货咨询

送货签收

成功签单

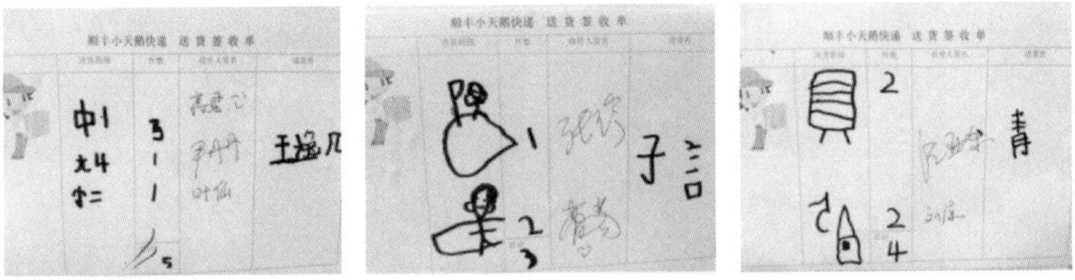

签收单

一份份用自己辛苦劳动换来的签收单上有快递员们努力的付出，看着孩子们将一份份快递顺利地送到老师们的手里，我们看到了他们的成长与成功。有一天，俊佳说：“我好想寄个快递给我的妈妈。”团团说：“我也想给妈妈寄一张我画的画。”既然我们是快递公司，能不能真的寄快递呢？

5. 一笔代寄业务

悦儿把大二班程程老师的快递送到了她的手上，程程老师对悦儿说她有一个快递想寄出去，想请她帮忙。悦儿回班后把这件事情告诉了其他的快递员，小小快递员们相互看了看，觉得有些为难，毕竟我们现在还没开始“园外”寄件的业务，但是经过大家的讨论，决定还是帮助程程老师把快递寄出去。

悦儿：“怎么把这个快递寄出去呢？”

凡凡：“我们可以打电话请快递员上门来收，也可以直接送到快递点的吧？”

孩子们觉得把快递送到快递公司是不现实的事情，最好是上门收件。于是，快递员们到大二班把程程老师需要寄的快递取回来，还请程程老师提供了相关的信息。回班后，孩子们请我帮忙打电话给顺丰快递公司，请他们上门来取件。第一笔代寄快递的业务成功地完成了，孩子们还不忘还把寄出的快递单凭证送给了程程老师。

打电话给快递公司

与快递员交接

通过这次事件，孩子们觉得这个代寄快递的服务内容特别好，今后也可以成为我们快递公司的服务项目。于是孩子们决定出一个海报，告诉大家新的服务项目，让大家感受我们坚持为大家提供方便服务的宗旨，相信我们的快递公司会越来越红火！

制作宣传海报

伙伴阅读海报

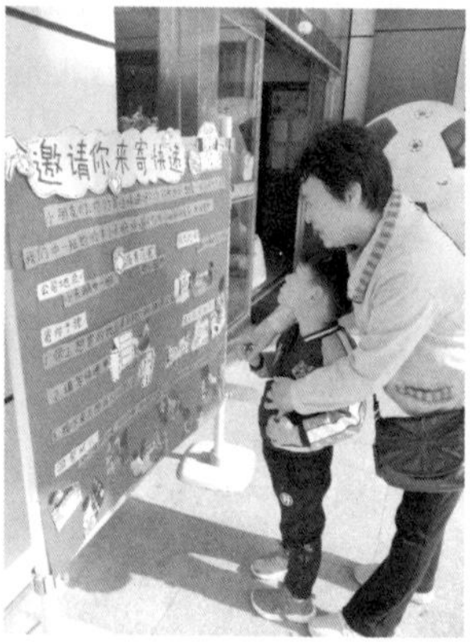

亲子阅读海报

“小天鹅顺丰快递公司”的服务将持续进行……

教师的思考

主题活动的开展虽然有预设的活动，但是我们会跟随着幼儿的偶发事件不断地改变和生成。

在感受到不方便的过程中，幼儿主动想到设计班级、场馆地图的方法，并在自己的实际操作中不断地修改丰富着地图内容，将其一步步升级为楼层班级和场馆的位置图及每一楼层标志图。这是一个非常实用的好方法。其间，教师鼓励他们大胆想象，支持他们把想法转变成实际，引导他们用简单易懂的符号绘制记录。在继续游戏的过程中，幼儿再次提高了自己的工作效率，提出快递员们分工按楼层取货分货，并积极尝试，结合实用的图标，使得自己对“服务工作”更加得心应手，自信心得到了再次的提升。幼儿在一次次困难和不方便中努力想办法解决问题，学习自主性、探究能力和自信心都在不断增强。更可贵的是，他们还萌发了统筹合理安排事情的逻辑思维，这将对今后的学习生活有着极大的意义。

“代寄业务”的出现，起初让幼儿有些措手不及，但是他们努力克服困难，在讨论交流后生成了我们的下一个活动——“联系快递公司上门取件”。在这个过程当中，教师和幼儿一起面对问题，一同去解决问题。上门收件的方式、打电话与快递公司沟通、与快递员面对面的交流对幼儿来说都是很好的学习锻炼机会，同伴交往、情感体验、自我价值、自我管理、行为规则、责任感等社会性也都得到了不断的提升。在面对主题中的偶发事件“代寄业务”时，教师引导幼儿去解决突如其来的问题，给他们适当的支持。教师看似没有直接参与其中，其实是在做隐性的支持者和引导者，这样才使得幼儿有信心处理这笔“突如其来”的业务，同时也让他们感受到了帮助别人解决困难的快乐。

第四次课程审议

有了自己的快递专车，幼儿已经不满足在班里送快递了，他们想到了幼儿园的小农场，主动承包农场每周蔬菜的送货服务。有了成功有趣的体验，他们产生了想为更多人服务的愿望，分别开设了服务小站1、服务小站2，尝试着实际收、送、寄快递的工作。从情境游戏到真实生活，产生的一系列新问题，他们都勇敢面对，积极解决，体验到了“工作”的不易，也品尝了成功完成任务和受人尊敬的喜悦。

主题活动的拓展由幼儿的兴趣和需要决定，让幼儿在真实的生活世界中学习、实践，在交往互动中相互激励、相互竞争、相互学习、相互比较，这样的学习更直观、更有效，也更有利于幼儿实现自主学习。

下面的活动可以考虑给孩子一些空间，帮助他们梳理、表达已有的经验，鼓励他们用自己的方式记录，并与同伴交流、丰富自己的经验。

(五) 飞鸟快递公司

1. 有趣的儿童剧创意

幼儿园一年一度的儿童剧节就快到了，每年的儿童剧要表演什么，是孩子们特别关注的问题。今年演什么呢？大家你一言我一语地讨论起来。

天天：“这次我们能不能增加一个快递员的角色呢？”

子岩：“那我们还不如编一个跟快递有关的故事呢。”

凡凡：“我们可以把给自己寄快递的事情编进故事里。”

菲菲：“上次我在送快递时，因为记不得收件人的位置送错了还特别着急呢，也可以把这件事编到剧本里呀。”

瑾瑜：“还有快递公司开专机救人的事情，这么厉害的事情演出来一定很棒。”

…………

大家的想法都特别有趣，一个有创意的儿童剧创意就这样就产生了，接下来我们和孩子们一起创作了剧本《飞鸟快递公司》。

创作剧本

有趣的故事

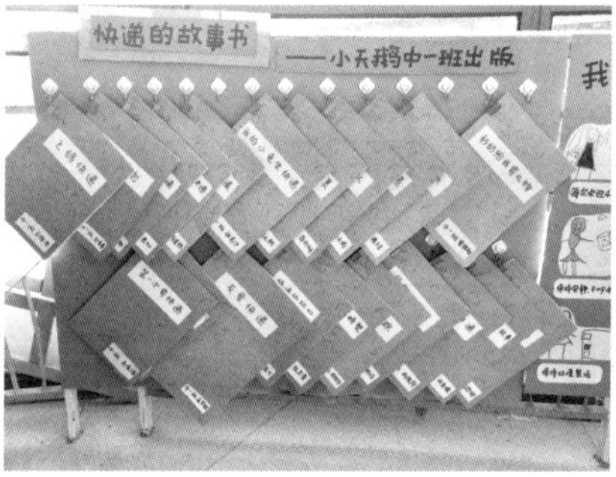

故事墙

剧本分享

2. 一起做道具

根据我们创作的剧本，需要哪些道具呢？

若涵提议把我们之前装饰的许多漂亮快递盒拿到儿童剧里做道具。

一凡："我用快递盒做的飞机和带翅膀螺旋桨也可以作为救人的专机道具。"

浩浩："我们上次制作的白云、花草的头饰也可以拿来当道具。"

团团："我觉得他们不是太美观，我们是不是还需要把他们加工一下呢？"

佳佳："还有，我们自己制作的快递专车。"

小序："我们游戏中的快递公司、丰巢柜、紫峰大厦，就可以当我们表演的场景和背景。"

在孩子们的提议下，儿童剧《飞鸟快递公司》的道具正在积极准备中。

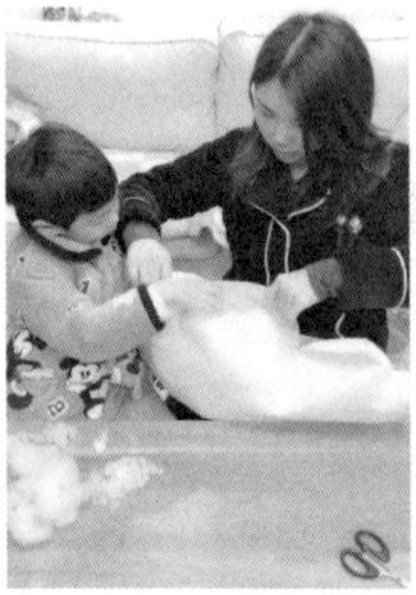

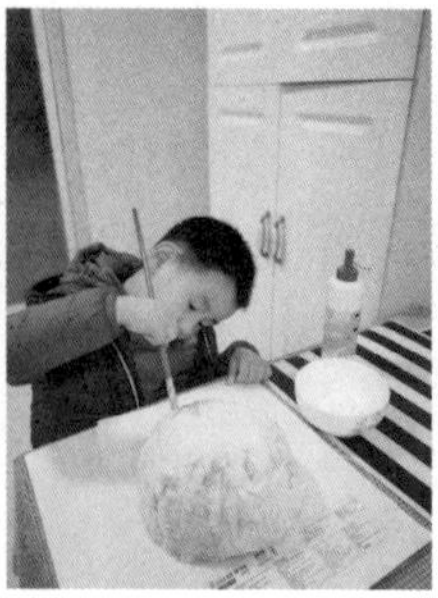

制作道具

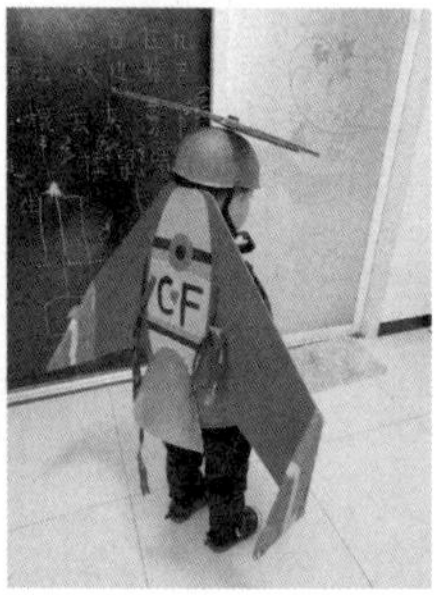

试穿道具

使用道具

3. 小剧场开幕

剧本产生了，道具也准备好了，小剧场就要开幕啦！

第一幕：快递公司开业了。在小伙伴们的共同努力下，森林里的快递公司马上就要开业了！

第二幕：忙碌的快递公司。我们的快递公司帮助小动物们解决了许多困难：帮乌龟夫妇送书、帮青蛙宝宝送文具、帮羊先生送爱心早餐、帮蜘蛛爸爸送孩子等等。

第三幕：忙中出错，热情感人。快递员们每天都在工作，有时也会出错，但是快递员们热情的服务赢得了大家的赞扬。

第四幕：快递升级，共创美好家园。我们的快递工作服务不断地提升，有了自己的送货专车、救人专机，让我们的生活更加美好。

一部由孩子们自编、自导、自演的儿童剧中有他们最真实的体验和情感，每个孩子都是创作者、表演者，他们乐在其中！

第五次课程审议

我们一直认为，儿童剧就是一个有趣的儿童故事，或者是美美的舞蹈剧、舞台剧，适合在舞台上表演和演出，而送快递是一个工作的过程，把工作的整个过程搬上舞台，似乎不太可能实现。教师大胆尝试，在创设的过程中引导幼儿积极开动脑筋，大胆创新，新颖创意也随之不断涌现：在森林里也开了一家快递公司，由幼儿自己扮演小动物，在生活中遇到了困难，找到了快递公司……

儿童剧通过一个个小故事把整个过程贯穿起来，将主题活动中的经验融入故事中，通过故事的表现告诉大家快递员工作的忙碌和辛苦……一种展现真实生活状态的儿童剧就这样以舞台表演的形式呈现出来了，这说明艺术表现是建立在实际生活基础上的，不能脱离生活，它源于生活又高于生活。

活动中，幼儿的经验受到了真正的重视。幼儿通过自身体验获得的知识和经验，是最真实的；同时，通过交往互动、相互激励，幼儿也获得自主学习的能力。

（六）后记

1. 我的快递故事书

孩子们根据参与和体会制作了快递故事书，书中记录下了自己的感受。

诸诸："快递小哥每天工作还是挺累的，特别是送货的时候还要爬好几层楼，走好几个班级，不过送完了很开心。"

子言："在我不认识标记信息，不知道往哪个班送的时候，我可以找门卫叔叔问，还可以问幼儿园其他的老师。"

晨曦："我可以把我自己做的礼物让快递公司送给我的好朋友，我很开心。"

团团:“我们一起制作的快递车也能帮助送货,我觉得不那么累了。”

元喜:“我喜欢教小朋友填快递单,还有包装快递,特别好玩。”

增增:“在送快递的时候一定要看好楼层分布图,知道在哪个楼层,不然会送错的。”

2. 家长的感触

在这个活动中,家长的支持也给了我们许多的动力,他们也有话想说。

吉祥妈妈:“孩子了解了快递包装的专业知识,学习了快递运输的注意事项,掌握了作为快递员的基本素养,明白了现代物流带给人们生活的便利,懂得了新科技在生活中的应用。在家里,孩子也愿意跟我们交流这些方面的知识,并享受这个过程,乐在其中。听着稚嫩的言语,感受着孩子对世界认识的不断深入,在欣慰高兴的同时,也深深地感受到了带班园丁的不易和辛勤付出。”

佳佳妈妈:“通过班本活动,我发现孩子不再像之前那么胆怯了,胆子更大,更愿意表达自己的想法和观点,还愿意参与家务劳动,并且体会到劳动是辛苦的,也是快乐的。我们要分工合作,这样事情才能做得更快、更好!从孩子的只字片语中,看到了教师的教育对他们的影响,这些好品质会伴随着孩子健康成长。”

子涵妈妈:“现代社会已经是多元化分工的社会,每一个人都承担着不同的社会工作职责。孩子虽然年龄还小,但是对不同职业的工作充满了好奇,也在平时游戏时扮演和表现心目中不同的职业角色。咱们的班级活动,从孩子生活经验入手,让他们更深入地了解了不同工作者们对社会的贡献,知道了要尊重劳动者,同时也培养了他们热爱劳动的品质。”

悦儿妈妈:“利用真实生活环境对孩子进行教育,让孩子获得感性经验。通过参观快递公司,培养了孩子大胆与成人交往的能力;通过班级游戏和服务小站活动,提高了孩子与同伴交往的能力,拉近了孩子与社会的距离。在整个学习中,孩子一直是学习的小主人,在老师的鼓励下努力去解决一个又一个困难和问题,最终取得了成功。这个过程将给幼儿留下深刻、美好的回忆。”

梓瑄妈妈:“我们非常喜欢这个班本活动,丰富多彩的活动既应和了主题,也让小朋友们学习了多种多样的知识。我们家梓瑄一开始对快递懵懂无知,现在经常谈起班里的快递站、快递车,还眉飞色舞地对我提起送快递的无人机,随时随地会哼起儿童剧的主题歌……孩子们围绕着快递主题,唱歌跳舞做手工,表演沉稳、有声有色,虽然有些深奥的知识他们还是一知半解,但是这次活动使孩子充分感受到了集体分工、协作的重要性,同时也在他们心中撒下了小小的科学种子,对孩子们的将来裨益良多。”

三、主题总结

（一）活动脉络图对比

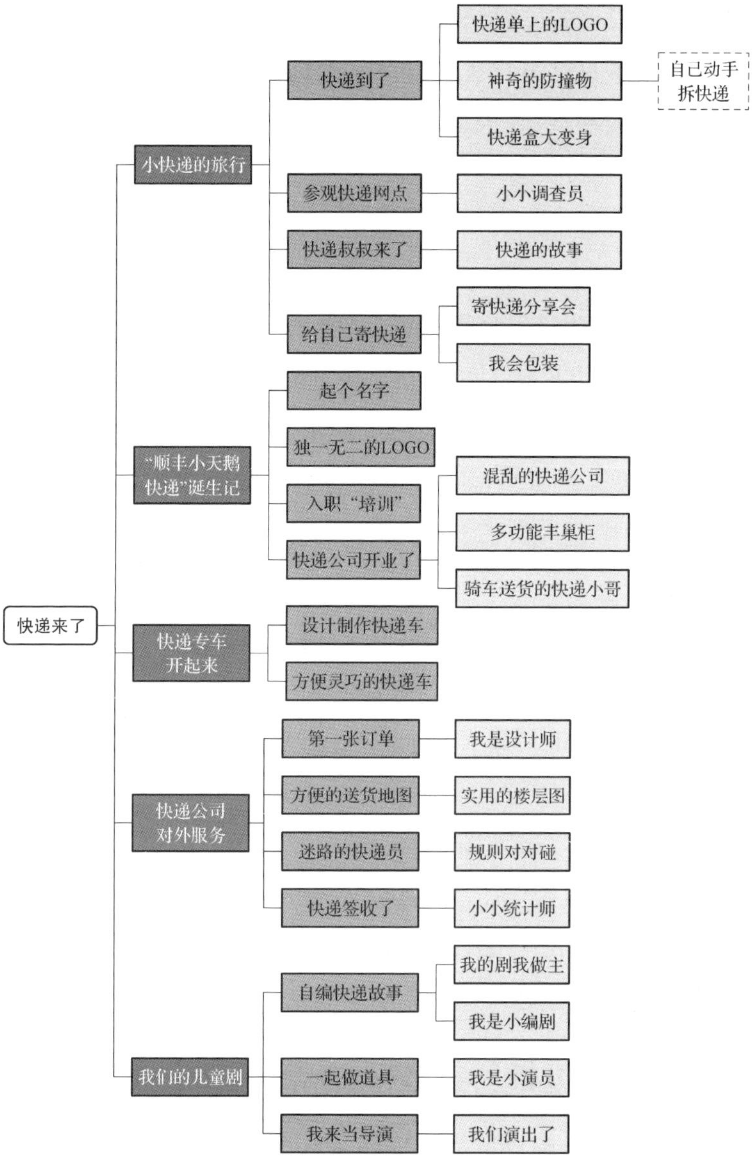

活动脉络分析

《快递来了》主题活动从探索快递有趣的外包装、它的来源和旅行途径开始，在预研究活动脉络图中展开，在实施过程中实际的脉络发生了较大的变化，幼儿表现出强烈的参与和操作的欲望，更加体现了幼儿的自主性、活动的趣味性。

在主题活动开展的过程中，幼儿通过对快递的观察探索，发现了快递单的秘密，生成了“给自己寄快递”的想法，于是他们在爸爸妈妈陪同下，参观身边的快递场所，参与包装快递、寄快递的行动。在收到快递的一刻，在专业人员的讲解中，通过快递单上的信息，了解到快递的旅行。

如此神奇而有趣的旅行又一次吸引了幼儿，他们又萌发出“开快递公司”“当小小快递员”的想法。运用已有参观快递场所、获取快递信息、收取快递等经验，在班级创设了快递公司，筹建选址、准备材料、给公司起名字、设计快递单等都是幼儿自主的行动。面对快递公司试营业出现的混乱场景，幼儿商量讨论并制订出了快递寄送规则。面对寄件忙不过来的情况，幼儿又提出“需要快递专属车”的想法，并努力寻找合适的材料进行尝试、制作。在这一过程中，幼儿有了丰富的感知与体验的机会，提高了解决问题的能力。

随着班级快递公司的成立，幼儿有了“为全园服务”的念头，教师尊重并鼓励他们善良又富有爱心的想法，在幼儿园内开办了“快递服务小站”。能够把自己的服务本领带到真实的生活中，幼儿是非常兴奋的。然而在这些生成活动中，他们面临了更大的挑战，但这些挑战并没有难倒他们。在和小伙伴的商量中，出现了“分区图”“楼层图”“签收单”等活动，这些活动有趣、鲜活，充满生命力和可操作性，幼儿沉浸在其中，忙得不亦乐乎。

主题活动中，幼儿还自编自导自演了儿童剧《飞鸟快递公司》，将自己在活动中的探索、合作、感受一一展现，将主题活动推向高潮。

（二）幼儿经验分析

在预设经验中，教师尽可能捕捉幼儿对快递感兴趣的点、物、事。幼儿通过探究、操作、体验、交往、表达去感受和表现世界及自己的内心，从而获得新的经验。

随着活动的开展，课程的走向、幼儿的兴趣和发展也随时调整着。活动中，幼儿有了“用自己的知识、技能为更多人服务”的想法。教师挖掘了更多的教育资源，关注到运用真实的生活环境，多角度多方位予以支持，生成了科学探索环节——设计对比制作会转的车轮；生成了幼儿生活体验环节——为教师提供送快递业务、帮助教师寄快递。在这些过程中，幼儿需要面对真实的场景和真实的问题，比如：用什么材料、用什么方法让车轮滚动起来，快递主人（教师）是谁，快递主人（教师）具体班级位置在哪儿，怎么知道快递员每天的送件量，等等，这些才是有意义有价值的。在解决一个个问题时，他们的交往能力、动手操作能力、合作能力、探索能力、生活能力等都在不断地提升，经验在不断丰富，为幼儿更好适应社会生活环境打下良好的基础。

（三）教师的感悟

陶行知的生活教育理论，是以“生活”为逻辑起点与归宿，以“生活”为中心、为基础的。“生活教育是给生活以教育，用生活来教育，是生活决定教育。”本次主题活动的开展也正是践行了他的理论。

1. “生活即教育”告诉我们，要在生活中寻找教育契机，让幼儿在生活中学习

“快递来了”主题内容的生活化是本次主题活动的特色之一。它来源于幼儿关注到身边的日常生活现象——快递，对它之所以熟悉，是因为在幼儿园和家中幼儿都接触过快递物品；对它之所以好奇，想进一步探究，是因为想不通它们是怎么经过“长途跋涉”按照需要送到我们手中的。身边这个熟悉又神秘的现象到底蕴含哪些秘密呢？我们及时捕捉到幼儿的兴趣点，追随他们的意愿，展开了一系列探究活动。

在实施过程中，我们把快递融入班级的各个角落：创设快递公司，帮助孩子熟悉收快件的流程；在美工区绘制 LOGO、自制“智能柜”、装饰快递盒，

以丰富游戏内容；在科学区"探秘防撞物"；在生活区设立了"快递车保养维护站"；在语言区创设"我们的快递故事——自编故事书"等等。幼儿可以在晨间、游戏时等多个时间段选择参与其中，感受过程、寻找答案。整个主题以个别、小组、区域相结合的形式，注重操作与交流的动静交替，通过寻找不同的快递盒、开快递公司、小小快递员、快递员服务等贴近生活的情节，把教育寓于生活中、游戏中，使幼儿学得开心、学得快乐。

2. "社会即学校"指导我们的教育需要贴近幼儿的生活

班级、幼儿园、社会间存在着一种"互济"作用，班级是一个单一的小集体，资源是有限的，但是幼儿园、社会的资源是无限的，这些与我们的生活紧密联系。知识的学习不能只靠图片来解决问题，只有带幼儿深入进去，自己亲身实践，那才是教育的根本。

随着社会的发展进步，出现了快递行业。快递的存在就是一个社会资源，它与社会新生活息息相关。作为社会资源，幼儿敏锐地感知到了它，它也走入了幼儿的生活。在开展课程的过程中，这个社会资源就自然而然进入了幼儿的视野，成了课程的主要内容，成了幼儿的学习资源。这是一个从大社会走进小课堂，然后从小课堂走到了幼儿园，走向了各个家庭，并再次走入大社会，惠及全园、惠及社区、惠及大家的活动。

3. "教学做合一"突出幼儿的自主学习

课程开展中，教师追随幼儿的意愿，帮幼儿把一个个想法付诸行动，如探秘快递公司、给自己寄快递、神奇的包装物、快递盒大变身等等；还满足他们的愿望，建立班级快递公司、创建快递驿站为全园服务。自主性游戏应运而生，让幼儿模拟生活，练习生活中的情景。在面对困难和问题时，幼儿最初无能为力、求助成人，随着活动的进展，自己的经验越来越丰富，他们敢大胆尝试、与同伴友好探讨、主动操作解决，尽自己所能解决问题。例如：在快递小车的加工和改造中，他们遇到不同的问题，并在不断的尝试中获得了成功。在快递小站的行动中，幼儿在运送过程中遇到的困难激发了他们要绘制楼层图，在多次的绘制和实际运用中，他们找到了最方便最实用的方法并显示出来。

我们还冲破班级的环境，将“业务”拓展到了幼儿园的各个角落，创立“快递服务站”：为农场的蔬菜设置了订送业务，为园内班级的教师取送快递，还尝试真正的寄送快递业务。在这个过程中，幼儿自己设计快递订单、签收单、快递服务宣传海报、绘制送货地图等等。通过自己的辛勤劳动，幼儿也真正体会到了快递工作的辛苦，知道了要尊重别人辛苦的劳动。

生活给予我们各种各样的教育契机，也赋予幼儿许许多多的学习机遇，他们和快递的故事还在继续，也许在接下来的日子里他们还能用无限的探索热情和创意灵感创造出更多有趣的活动。

共享雨伞

朱小平　谢倩倩

一、主题畅想

（一）活动缘起

5月，南京的天气变化多端，时而晴，时而雨。一天放学时，一场阵雨突如其来，孩子们和家长只得停留在幼儿园门厅等待雨停。这时，传来一个孩子清脆的声音："妈妈，这里有共享雨伞吗？""好像没有呢！"另一个孩子嚷嚷道："幼儿园怎么会有共享雨伞呢？只有酒店才有的。"旁边孩子也参与了话题："超市门口也有，上次我和奶奶去超市，出来下雨了，门口就有共享雨伞，我奶奶借了一把。"

此后几日，"共享雨伞"一直是孩子们热议的话题，为了抓住"共享雨伞"这个热点，追随孩子们的兴趣与需求，班本课程"共享雨伞"一触即发。

（二）活动可能的发展脉络图

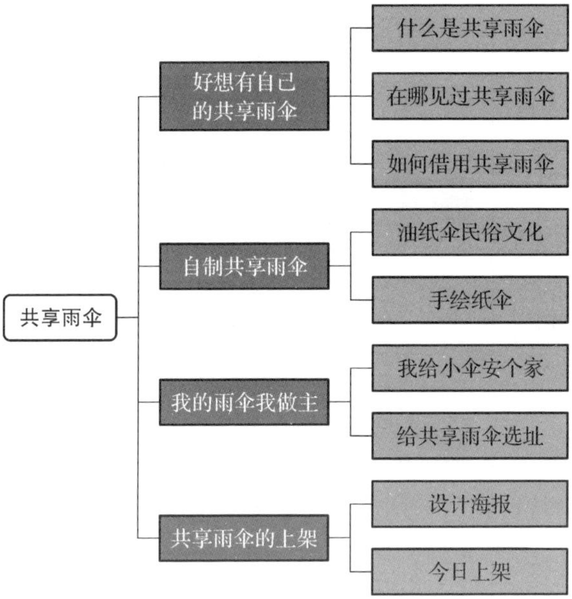

（三）幼儿可能获得的经验图

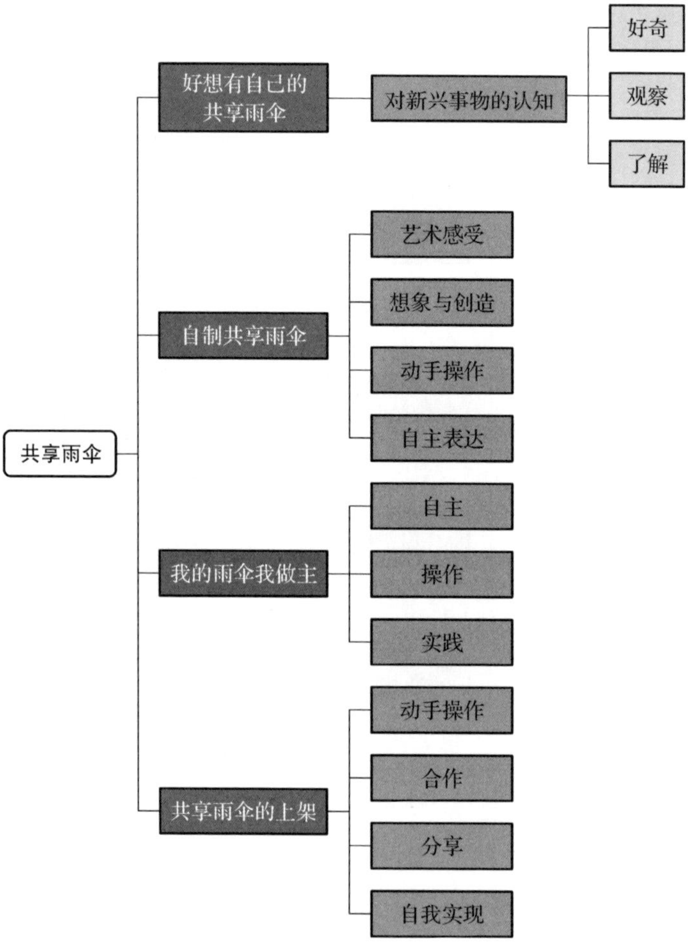

（四）主题可能涉及的资源图

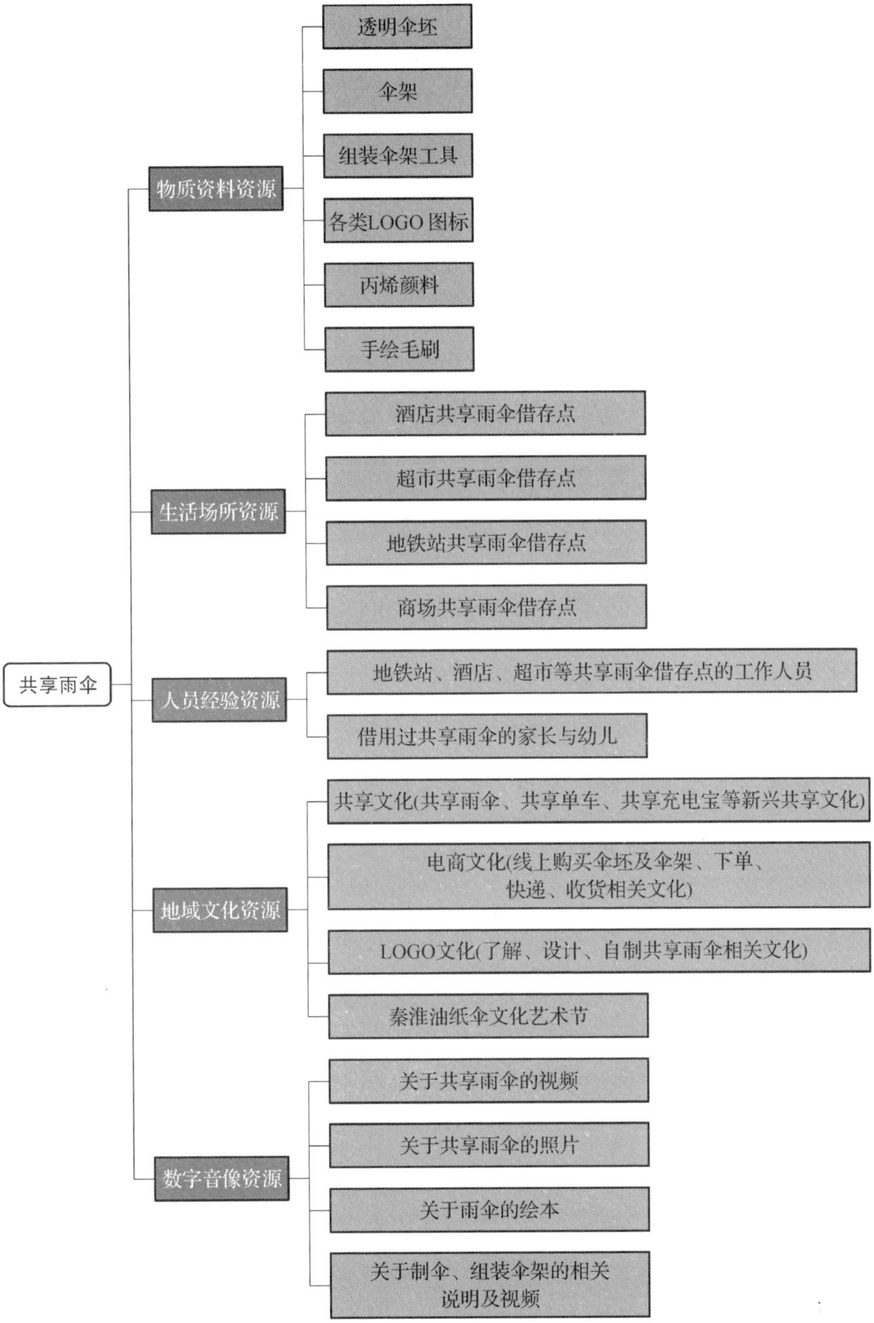

专家点评

“共享”是一种生活方式，也是一种思维方式，更是一种精神品质。共享精神就是把好东西与其他人一起使用或分享的精神。主题活动“共享雨伞”中关注的共享精神，是在资源整合、资源节约的理念下幼儿在幼儿园内选择适宜的公共环境，共享他们自制的雨伞，其中蕴含着共创、共用、共护的精神素养。该素养对儿童社会性的发展有着显著的推动作用，进而通过该课程促进幼儿的全面发展。

从课程价值上来说，班本课程“共享雨伞”来源于幼儿的生活经验，主题中这些经验得到了支持与发展，形成更有意义的发展性的新经验，从而使得幼儿在知识、习惯、兴趣以及态度各方面得到发展。

“共享雨伞”班本课程不仅仅是买几把伞投放在幼儿园，更是预设了一系列活动：给共享雨伞选址、共享雨伞LOGO设计、组装共享雨伞伞架、共享雨伞借用规则海报、共享雨伞借用登记册设计、共享雨伞借后服务等。这些预设活动目的在于促进幼儿全方位的发展，可见班本课程“共享雨伞”是有价值的生活教育课程。

从学习内容的迁移上来说，儿童在活动中获得的经验，有利于其将来参与社会生活。班本课程“共享雨伞”不仅关注的是个人的兴趣所在，同时也是在做一个社会性的活动。“共享雨伞”更多地着眼在“共享”上，是为全幼儿园小朋友及家长提供的服务。在这个活动中，幼儿懂得了为他人服务、与他人共享的社会精神。可见班本课程“共享雨伞”必然有利于幼儿将活动中获得的经验运用于未来的日常生活。

二、主题开展

(一) 好想有自己的共享雨伞

1. 关于共享雨伞的那点事

共享雨伞一时间成为我们班级里热议的话题,孩子们对共享雨伞都有怎样的了解呢?我们一起来听听吧!

(1) 什么是共享雨伞

享受完美味的午餐,孩子们三三两两坐在一起聊天。我悄悄靠近孩子们,只听他们正在聊着“共享雨伞”。佳佳轻轻地问道:“什么是共享雨伞呢?”大宝说:“我知道,共享雨伞就是每个人都能用的雨伞。”贝贝立刻附和道:“对,共享雨伞就是要给大家共享的雨伞。”涵涵站起来伸出两个手指说:“共享雨伞就是可以借走,但是第二天要还的雨伞。”成成一下跳起来嚷嚷:“共享雨伞和共享单车一样,是要还的。”雅雅接着说道:“是的,共享雨伞是用完不能乱放的雨伞,要还的。”孩子们你一言我一语,讨论不断。

人人都能借

有借有还

最好第二天还

第二天还伞要放好

（2）在哪见过共享雨伞

散步的时候，涵涵指着幼儿园对面的紫金楼说：“你们知道吗，那个酒店门口就有共享雨伞。”旁边的雅雅说：“超市门口、地铁站、机场，还有我跳舞的舞蹈中心也有共享雨伞。”小俊说：“这有什么稀奇的，我在电影院、商场的门口都见过共享雨伞。”孩子们争先恐后地表达着自己的所见所闻。

酒店门口的共享雨伞

超市门口的共享雨伞

地铁站门口的共享雨伞

机场门口的共享雨伞

(3) 如何借用共享雨伞

知道了什么是共享雨伞，哪里有共享雨伞，接下来借用共享雨伞的经验分享成了孩子们交流的中心话题。

丹丹：“有一次在超市门口突然下雨了，妈妈用手机在红色的二维码上扫了一下码，然后‘啪’的一声，共享雨伞的扣子就打开了。”

希希：“有一次我在医院看病，下雨了，我们没带伞，爸爸从口袋里掏出一个硬币，往共享雨伞架子里的一个小缝里一投，‘咯噔’一声伞就解锁了，我们就打着伞回家了。”

小成：“有一次我和姐姐还有妈妈一起去电影院，出来的时候下雨了，妈妈用支付宝扫二维码，然后那个伞的锁就打开了，妈妈的支付宝就划掉了一块钱。”

仔仔：“地铁站那边有个阿姨在管共享雨伞，有一天下雨，妈妈说借一把伞，然后给了她押金，就借到伞了。”

小恩：“有一次我在艺术中心借了一把共享雨伞，那里没有管理员，我大伯用手机扫了一个二维码就借到了，第二天再扫一下二维码就还回去了。”

睿睿：“我见过有人刷脸支付借伞的，用一个拍照的拍一下脸就可以了。”衡衡立刻跳出来：“我知道，这就是人脸识别哎！”

听了孩子们的交流，我也觉得特别有趣，没想到他们知道的还挺多。

人脸识别借伞

手机支付借伞

投币借伞

密码借伞

（4）共享雨伞小趣事

这天，欣欣在美工区画了一幅画，他跟希希说："希希，我跟你说一个借共享雨伞好玩的事情噢……"原来欣欣画的就是这个有趣的故事。欣欣的故事引得孩子们哈哈大笑，大家都想画一画，说一说，一个个有趣而又丰富的绘画故事开始了……

小硕："有一天下雨，我想借共享雨伞，可是爷爷不给我借，就是让我赶快跑，因为爷爷年纪大了不会借，只能拽着我赶紧往家跑。"

爷爷拽我跑回家

好想看看怎么借伞

欣欣：“有一次下雨，我想借共享雨伞，阿婆说我们有伞，叫我不要借，可是我心里特别想借，其实我就是想看看共享雨伞是什么样的。”

小丽：“那天下大雨，旁边有共享雨伞，但是我妈妈没带钱，就没借到伞，我急得直跺脚，我们只好淋雨回家了。”

淋雨跑回家

大宝：“有一天下大雨，很多人没带伞，然后大家一起跑到共享雨伞那边去借。一瞬间，共享雨伞就全部借完了，只有空荡荡的雨伞架子。”

大家一起抢着借

伞全部被借完了

丹丹：“有一天我去跳舞，出来下雨了。我哥哥用二维码刷了一下，一把带花纹的共享雨伞跳出来了，我打着这把小花伞在雨里散步，可美了！”

孩子们画着、说着、笑着、乐着……一场多么快乐而又有趣的“视听盛宴”啊！

2. 纸伞漂亮不挡雨

（1）油纸伞民俗文化节

周五的共享雨伞对话活动结束了，

雨中漫步

过了一个周末，孩子回到幼儿园。佳佳、倩倩、小雨和欣欣高兴地拿出周末结伴出游的照片，原来他们几家一起去参观了“秦淮油纸伞民俗文化节”。他们告诉小伙伴们秦淮老门东那里有好多漂亮的纸伞，有彩虹伞、青花瓷伞、梅花伞、雪花伞、树叶伞，好多好多……

(2) 手绘纸伞

孩子们分享的“秦淮油纸伞民俗文化节”引起了大家的关注，各色漂亮的纸伞也激起了孩子们自己创作的愿望，他们想要手绘属于自己的共享雨伞。

航航想做一名共享雨伞小小设计师，要自己画漂亮的雨伞；大宝想到美术馆有好多白色的纸伞，都是 DIY 用的。于是大家决定去跟美术老师借纸伞，开始了自己的共享雨伞创作之旅。

准备伞坯、颜料、画笔……孩子们有的分小组，有的两两合作，有的独自创作，手绘共享雨伞活动热热闹闹地开工啦！

开始创作

仔仔：“硕硕，我们俩一起画一把红白相间的伞好吧？”

硕硕：“好呀，再点上黄色的点点肯定好看，像彩虹伞。”

萱萱：“我们小组好多人一起合作，先大家一起涂底色，等颜色干了，再画上漂亮的小鱼。”

成成：“绿色是我最喜欢的颜色，伞顶上开出一朵小花，伞上好多的红色和黄色圆点，就像风里的花瓣，是漂亮的鲜花伞。”

倩倩：“我们小组一起画的是青花瓷伞，先用青蓝色沿着伞骨画一条一条的伞筋，然后画上波浪花纹。”

涵涵：“我画的是太阳笑脸伞，在蓝色的天空，金黄的太阳在微笑。”

…………

红白相间的彩虹伞

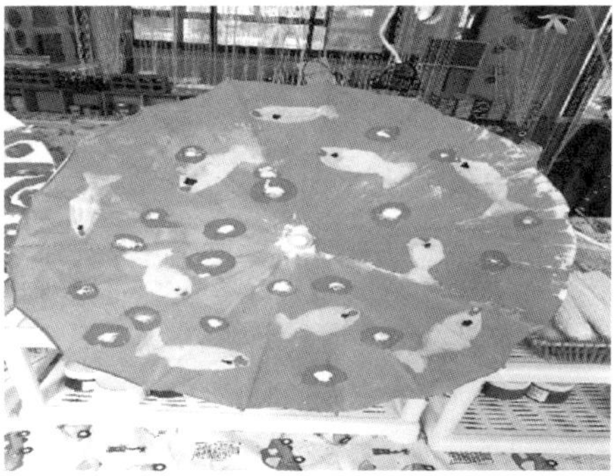

小鱼伞

鲜花伞

青花瓷伞

(3) 漂亮的纸伞能挡雨吗

各种漂亮的纸伞画好了,同时,新的问题出现了:漂亮的纸伞能挡雨吗?

小伟:“不能不能,一下雨,纸伞就会化掉,然后烂掉。”

小博:“纸伞只能挡太阳,不能挡雨。”

蓉蓉:“我们画的雨伞特别好看,但是只能展览,下雨的时候不能用,因为颜料会流下来。”

夏天:“如果下雨的时候打着纸伞,我们肯定就变成落汤鸡了。”

小恒:“最可能的就是伞破成一个一个洞,雨水就从洞里漏下来了。”

瑾瑾:“这么好看的雨伞,我可不舍得下雨的时候用,伞坏了我会哭的。”

小雨:“纸伞不能挡雨,布伞才能挡雨。”

圆圆:“不对不对,布伞也不行。”

…………

3. 渗水实验

纸伞不能挡雨,布伞也不行,到底什么样的材料才可以挡雨呢?我们一起动手做个实验吧!做好调查表、准备好各种材料后,孩子们开始了探索实验之旅。

我把水倒在雨伞上,请孩子们看看发生了什么。大家都发现水顺着雨伞一直淌下去了。接着我出示了纸巾、棉布、塑料袋、布等材料请小朋友猜测一下,当水遇到这几种材料,分别会出现什么情况。孩子们三三两两讨论起来,接下来的动手实验孩子们格外专注。

实验中成成惊呼道:“看,果然纸巾湿了,水漏下去了。”大宝盯紧棉布漏斗说道:“棉布一开始没有漏水,过了一会也漏水了。”睿睿说:“塑料袋不漏水,不过太硬了。”贝贝说:“这种滑滑的布不漏水,而且软软的,挺舒服的。”欣欣说:“老师,看我的记录:纸巾、棉布都渗水,不能做雨伞。塑料袋可以做雨伞,还有这种滑滑的布也不渗水,也可以做雨伞。”“谁知道这种滑滑的布叫什么名字?”我的问题刚一提出,涵涵马上就说:“我知道,我知道,它叫防雨布。”雅雅说:“老师,我们就用这种防雨布做共享雨伞吧,我们在这上边画漂亮的图案。”小俊说:“不行,颜料画的画被雨水一冲就花了。”欣欣着急地嚷嚷道:“那怎么办呢?”……

各种材质渗水实验

雨伞渗水实验

观察分享实验结果

记录实验的发现

4. 手绘雨伞的来历

孩子们自主发现,通过实验否定了纸伞做共享雨伞的可能性,并找到了合适的雨伞材料。可是手绘的设计图案要怎么办呢?

(1) 我想定制共享雨伞

一天早上,瑞瑞一把抱住我:"朱老师,我们定制的足球嘉年华的T恤上面印上了我们班足球俱乐部的LOGO,我们把画的雨伞图案发给淘宝定制不就大功告成了吗?"瑞瑞的这个办法挺好的,于是我马上回应他:"这是个好办法,我们上网看看。"大有说:"老师,你快把我们画的雨伞发给淘宝客服,问他行不行。"艾艾说:"对,我们画了好多图案呢,每把伞上都要有不同的图案。"在跟淘宝客服联系过后,我们得知每种图案最少要50把才能定制,而且我们提供的照片像素不够,不能定制。"那怎么办呢?"孩子们都很着急……

(2) 来自水母道具的启发

淘宝定制失败了,孩子们特别着急。一放学,很多孩子看见爸爸妈妈第一句话就是:"我们班共享雨伞做不成了,淘宝上定不了。"第二天一早,小武急匆匆跑进教室,兴奋地大声喊道:"我有办法了!上次儿童剧表演,中三班有个水母道具是透明的雨伞做的。我们也可以在这种伞里面画画，既能挡雨又能看见我们自己画的图案，不就有我们自己的共享雨伞了嘛！”一旁的小伟、小恒和欣欣一起嚷嚷起来：“对呀，这个办法最好！”

来自水母道具的启发

(3) 透明雨伞手绘馆

家委会的大宝妈妈迅速给孩子们定了一批透明雨伞，两天之后雨伞到了。接下来的日子，美工区每天都能看见孩子们在透明雨伞上作画，他们开心地说：“这里是我们的共享雨伞手绘馆。看！我们手绘的雨伞各式各样，有的是棒棒糖雨伞，有的是爱心雨伞，有的是花朵雨伞，有的是树叶雨伞，有的是机器猫雨伞，有的是星星雨伞……”共享雨伞有了40多把，终于够数了，孩子们欢呼雀跃，期盼着共享雨伞上架。

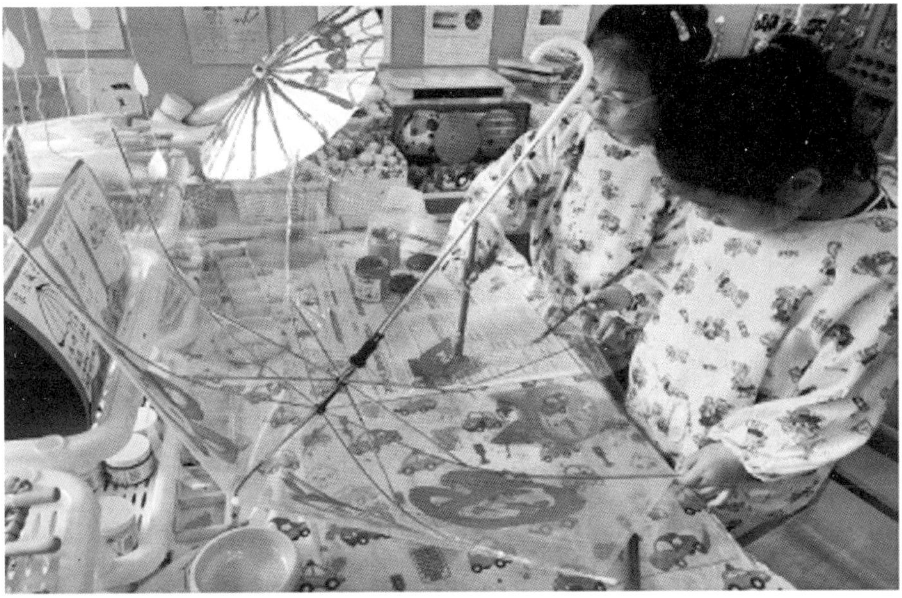

手绘透明雨伞(一)

手绘透明雨伞(二)

自己设计的雨伞防雨又好看

教师的思考

“教学做合一”，要以“做”为中心，让幼儿在“做”中感受真实、获得经验。

“共享雨伞”课程开始之后，教师始终鼓励幼儿自己“做”。开始讨论共享雨伞时，教师采用旁观者和记录者的姿态来关注和对待幼儿，倾听他们的探讨，记录他们的话语，分析他们的兴趣，与他们一同展开班本课程活动。在幼儿发现纸质伞不能挡雨时，教师不急于给予答案和指导，而是建议他们通过一个渗水实验来自己探索、感知和发现。

接下来当幼儿发现问题之后，教师通过无痕的支持，使幼儿自然而然地发现了网上定制图案和儿童剧中的透明伞水母道具，然后自主发现问题，寻找解决方法，最终实现自己的愿望。在整个过程中，幼儿获得的新认知全部来源于自己、来源于“做”、来源于自己的“行为”。这些真实的劳作场景和获得的知识将使幼儿终生难忘。

第一次课程审议

班本课程前期的内容首先围绕着“共享雨伞”开展了一系列活动，当幼儿产生手绘共享雨伞的念头时，他们开始了大胆的创作，雨伞设计师系列活动应运而生。当漂亮的手绘伞出现之后，幼儿又发现手绘纸伞存在无法挡雨的新问题，于是教师和幼儿一起通过渗水实验来探索雨伞的材质。为了帮幼儿做出既要是自己手绘的又要能挡雨的伞，教师允许幼儿畅所欲言，调动起他们参与活动的积极性，让他们结合生活经验来实现。当“手绘雨伞定制失败”这一难题出现时，为了解决问题，幼儿又开始了头脑风暴，随之手绘透明雨伞成了他们新的选择。

在活动中，无论是资源的利用还是活动内容的制订，教师都给予了充分的支持，给予幼儿自由自主的空间，但也存在困惑：有雨伞就行了吗？难道活动已近尾声？共享的理念如何在孩子心中生根发芽？所以接下来的活动要抓住“共享文化”的理念，深度挖掘课程中的新兴社会热点，捕捉其中的教育契机，推动幼儿深入到“共享雨伞”课程中去。

（二）我的雨伞我做主

给共享雨伞选址

1. 给共享雨伞选址

这天艾艾说：“老师，我们的共享雨伞有了，可是放在幼儿园哪里呢？”我没有立刻给予正面的回应，笑了笑对艾艾说：“是呀，这个问题很好，让我们自己做个调查吧。”

调查选址（一）

孩子们的调查结果丰富而又有理有据。有的孩子说：“我觉得大门口最合适了，小朋友进进出出一下子就能看见共享雨伞了。”

调查选址(二)

有的孩子说:“传达室最合适了,共享雨伞放在这,方便小朋友借用,他们下雨时也不会淋湿。”

调查选址(三)

有的孩子说:“幼儿园楼梯口的大厅最合适,每个小朋友都从这里进出,如果下雨,一出来就能借到共享雨伞,一点儿都不会淋雨。”

调查选址(四)

有的孩子说:“小花园也要有,小朋友看小鸭子的时候要是下雨了,就可以打共享雨伞了。”

调查选址(五)

有的孩子说:“操场的滑滑梯好像也不错,小朋友玩滑滑梯下雨了,马上就可以打共享雨伞。”

调查选址(六)

分享调查表

调查结束后，孩子们回班阐明自己的选址理由，向小伙伴分享和展示自己的调查表。最后通过集体分享和讨论，孩子们统一了意见，决定将幼儿园的共享雨伞放在门厅，一方面大家入园都从这里走过，借、还方便；另一方面，出了幼儿园门厅就是室外了，在这里借用正好出门，不会淋湿。

2. 共享雨伞 LOGO 诞生记

(1) 共享雨伞 LOGO 设计

共享雨伞 LOGO 诞生记

地址选好了，可是怎么知道是小天鹅幼儿园的共享雨伞呢？

孩子们再一次进行了热烈的讨论。对啦，我们来设计属于我们自己的 LOGO 吧！

设计 LOGO

我们的 LOGO 蕴含着丰富的含义哦，看看我们的设计吧！

辰辰："共享雨伞 LOGO 上要有天鹅，这样一看就知道是我们小天鹅幼儿园的共享雨伞啦。"

萱萱："我设计的 LOGO 中间是一只很美的红色天鹅，她是女生；五颗星星代表星期一到星期五，这样无论哪天下雨都会有共享雨伞。中五代表着是我们中五班设计的。"

槿槿："我设计的 LOGO 中间是一只天鹅在喝水，周围好多粉色的花朵代表着小天鹅的共享雨伞打在头上就像花朵一样美！"

大宝："我设计的 LOGO 中间是一张笑脸，旁边射出无数道太阳光芒，每道光芒上都站着一只彩色鸟，意思就是下雨天有了我们的共享雨伞，连小鸟都美美地在阳光下唱歌。"

星星："我设计的 LOGO 中间是一只胖胖的天鹅，下边是一片绿油油的草地，下雨的时候我们可以打着自己的共享雨伞在草地上奔跑。"

…………

幼儿设计的共享雨伞 LOGO

(2) 共享雨伞 LOGO 投票大会

我们的班本课程中还有民主氛围浓郁的“共享雨伞 LOGO 投票大会”,瞧,大伙儿铆足了劲儿在全体小伙伴面前介绍自己的设计,使出浑身本领为自己拉票。

怎么投票呢? 每人三根小吸管,找到自己喜欢的 LOGO,把吸管投进 LOGO 下的小瓶子里,最后看看谁设计的 LOGO 得到的吸管最多。

投票选 LOGO

投票结果出来啦! 槿槿设计的 LOGO 得到 27 根吸管,得票数最高。看! 槿槿设计的 LOGO 中间的天鹅正看倒看都是 5,不愧是小天鹅幼儿园中五班的 LOGO 啊! 我们自己的共享雨伞 LOGO 终于诞生啦!

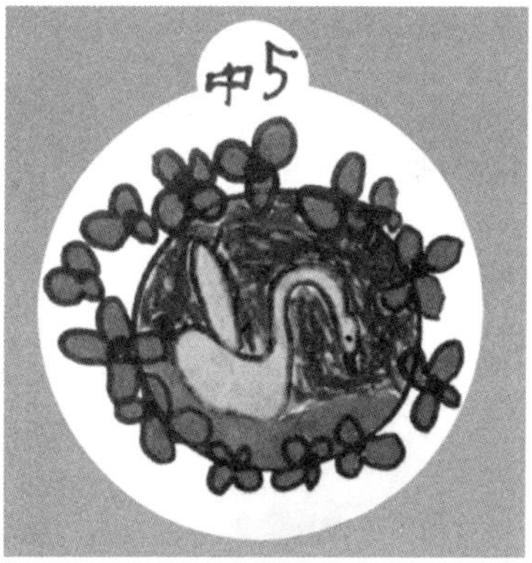

LOGO 诞生

教师的思考

“教学做合一”,要以“做”为中心,让幼儿在“做”中获得能力、感知民主。

在活动中可以看见幼儿自己“做”得非常起劲! 一切活动都出自幼儿自己的需求与想法。共享雨伞的设计创作已经全部实现,班级里拥有了完全出自幼儿之手,同时又可以真正投入使用的共享雨伞。“给共享雨伞选址”

充分体现了幼儿的主体性，幼儿在“做”中的观察能力、分析能力、表达能力、绘画能力以及调查能力都得到了发展与提高。

在满足了幼儿个体发展需求的同时，教师还关注到幼儿的社会发展。人人参与的“共享雨伞 LOGO 设计”体现了幼儿的个人价值与自主表达；“共享雨伞 LOGO 投票大会”更是反映了社会对人才培养的要求。遇到问题时采用交流、分享、投票的方式来解决问题，更好地体现了课程中孩子不仅仅是一个自然人，更是一个符合社会需求发展的社会人。

（三）我给小伞安个家

1. 我是小小快递员

伞架到了，是像往常一样由老师搬进教室，还是让孩子们自己来取呢？征询了孩子意见后，他们一致表示可以自己取。

大家一起帮忙打开朱老师的汽车后备厢，齐心协力抬出伞架。伞架怎么放在小货车上呢？横着放，竖着放，还是斜着呢？一番尝试后，大家一致认为立着放最好。

收快递

小货车起步啦！晓骏蹬车，旁边的小伙伴都是护卫队。

运快递

马上进幼儿园大门啦，这里有个小坡，加把劲啊！

哎呀，幼儿园大厅前好多台阶啊，小货车上不去，怎么办呢？还是提前卸货吧！大家再次齐心协力，把伞架抬起来，终于把货搬到了教室。

搬快递

教师的思考

“教学做合一”，要以“做”为中心，让幼儿在“做”中“劳力亦劳心”。

“共享雨伞”活动让幼儿在劳动中亦须劳心。整个活动中，幼儿不仅在体能上团结协作，而且乐意开动脑筋解决问题。遇到不同路况如何面对？货物如何摆放在小车上才稳妥安全？这些看似不可能是幼儿做的事情，通过集体劳动，都愉快而又圆满地完成了。教师是暗中的设计者与支持者，遇到情况和问题，不包办、不代替，将球抛给幼儿，相信他们的能力。当我们放手时，可以看见幼儿的积极性被极大地调动起来，他们渴望成为大人，做大人能做的事情，同时他们也的确具有无限的可能。在问题面前，他们积极思考、齐心协力；我们在一旁默默关注、悄悄保护，就是最好的成就孩子、成就课程的方式。

2. 零件大猜测

在大家的齐心协力下，孩子们终于把伞架安全地运到了教室。“箱子里到底有什么呢？”孩子们充满好奇。

小俊：“肯定有很多架子，我看到工人叔叔建房子都要用架子。”

翰文：“里面肯定也有工具，没有工具怎么安装呀？”

轩轩：“我爷爷给我装滑板车的时候是用扳手的，我会用扳手拧螺丝。”

小潘：“我猜里面也会有很多螺母，我们在木工坊的时候，刘老师告诉我们要把螺母拧紧，才能保持东西稳固。”

快递里的气泡膜

孩子们根据生活中的经验展开了箱子里零件的大猜测活动。小嫒听到了大家不同的说法，更加迫不及待了：“里面到底装的什么呀，我好好奇。”“我们打开看看就知道啦！我拆快递最厉害了，妈妈每次有快递都是让我来拆的。”兴如说完，就赶紧跑到了美工区，拿来小剪刀，小心翼翼地打开了箱子。“啊，怎么还有一层泡泡纸啊？”天成吃惊地问。“这不是泡泡纸，是气泡膜，是保护东西不被摔坏的。”兴如边解释边拿掉了气泡膜。

孩子们再一次像运送伞架那样一起合作把材料从箱子里拿了出来，堆放在地上。小锦说：“哇，真的有很多材料呀，赶快给小伞建房子吧！”“我也想给小伞建房子，我们快点开始吧。”天天说。

看到孩子们充满好奇又迫不及待的样子，我便答应并引导他们：“现在你们就来当一个小小安装师，帮小伞建个家。现在材料有了，你们打算先怎么做呢？”孩子们想了想，决定先搭出伞架最底下的部分，像在建构区搭建房子一样。可是，伞架是什么样的呢？孩子们决定放学后到地铁站、商场里实地观察或者请爸爸妈妈上网收集资料寻找答案。

孩子们搜集的地铁站、商场里的共享伞架的照片

3. 寻找安装说明书

准备安装时孩子们又展开了新的讨论。他们根据生活经验，猜测伞架应该是长方形的，并且里面有让伞可以竖立起来的格子；有的小朋友认为伞架应该像挂衣服的架子一样，上面有钩子；也有的小朋友说伞架底下应该有一个底座，用来接伞上滴下来的水……

“我们买的伞架是什么样子的呢？”孩子们开动脑筋，纷纷出主意。

小潘：“伞架应该是长方形的吧，地铁站里的都是长方形的。”

翰文：“我感觉应该是一个格子一个格子的，伞放在格子里面。”

萱萱:“那看看我们的零件里有没有格子呀?”说完她在零件里找了找,终于看到了一个带格子的零件。

“我们应该先装什么?这个零件应该装在哪里呢?”我提出了疑问。

天天:“我爸爸很擅长装东西,我回家问问我爸爸吧。”

芯芯:“我们到地铁站拍个照片,看着照片装就好了。”

小潘:“我有个好主意,我们可以看说明书,上面肯定有安装的步骤。”

天天:“对了,就是这样,我爸爸装东西也看说明书的。”

我不禁为孩子们的思考竖起了大拇指,他们能提到照着照片或者说明书进行安装是我没有想到的。“要不我找找箱子里有没有说明书?”星如仔细看了一遍快递箱,没找到说明书,孩子们有点失望,怎么办呢?兰兰提议再问问卖家,让卖家把说明书发给我们。孩子们同意兰兰的办法,于是我们再一次打开购买网页,发现链接上面有一个安装好的伞架图片。

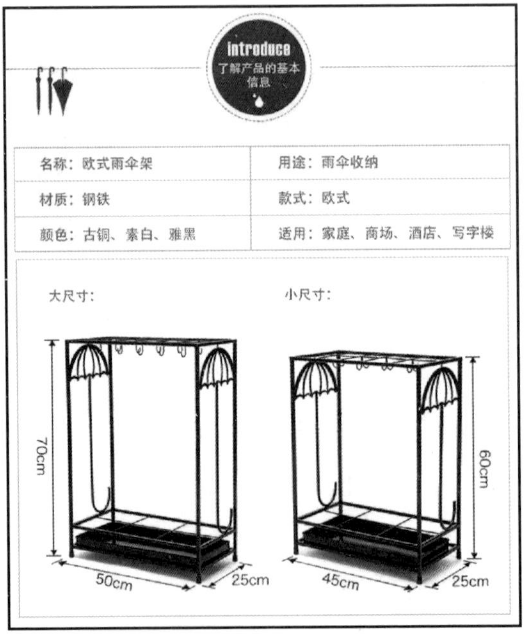

网上安装好的伞架图片

大宝:“这个就是说明书吧,你看,我们的伞架和地铁站里的差不多,都是长方形的。”

研究说明书

欣欣：“说明书好像都是纸的，这样拿着看比较方便。”

天天：“我好想像爸爸那样，一边看说明书一边装东西呀。”

可乐：“我也想要一份说明书。”

于是，为了满足孩子们的需要，我们把说明书打印出来，给每个幼儿都准备了一份。

小俊：“我们就按照这张图来装吧。”说完，小俊就过去拿零件，可是找了好久他也没找到自己需要的零件。

4. 我给零件分分类

零件有了，图纸也有了，孩子们发现零件太多，想要快速找到自己需要的零件很不容易。“那怎样才能快速找到我们需要的零件呢？”针对零件拿取的问题，孩子们展开了讨论。

零件分开摆放

大宝：“我发现有些零件一样，有些零件不一样。”

天天：“我还发现有的零件大，有的零件小。”

嘉荣：“不能把零件堆在一起，要分开摆放。”

萱萱：“可是零件太多了，都分开摆放的话，我们的地方也不够摆呀。”

兴如：“我发现了这两个零件一样，把它们放在一起不就好了。”说着兴奋地拿出两个一样的零件给小朋友看。

“是呀，我们建构区的积木都是分类摆放的，要不我们也给零件分分类吧。”小潘兴奋地动手干了起来。

兴如：“我把一样的零件都找出来放在一起。”

小嫒：“我来找大的零件，大的零件放在中间空地上。”

天天：“我负责小的零件，你们把小零件都给我。”

…………

说干就干，孩子们确定了目标之后马上行动起来了，大的放一起，小的放一起，相同的放一起……在分类的过程中，孩子们还意外地发现了螺丝、螺母、扳手等工具，也决定也给它们分分类。人多力量大，分类工作很快就完成啦，大家准备马上投入安装工作。

零件分类

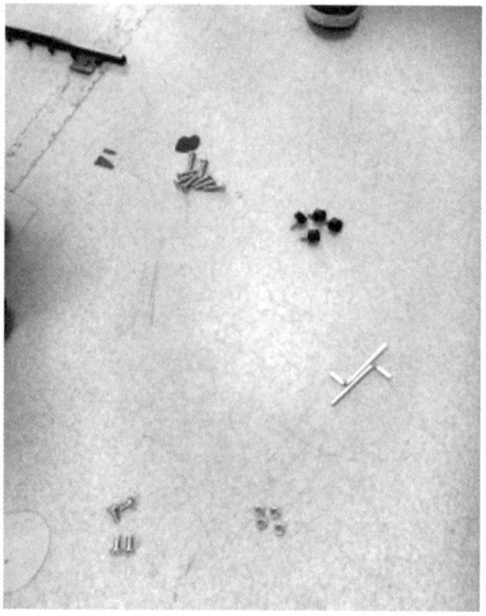

工具分类

5. 我给零件做标号

很多小朋友不知道零件的名称，也不能从说明书上快速直观地看出来，这该怎么办呢？针对这些问题，孩子们又展开了思考。

天天：“我擅长组装，我来装。”

嘉荣：“我来协助天天一起装。”

小俊：“我知道好多零件，我来拿。”

芷槿：“我和小俊是好朋友，我们一起拿。”

孩子们自动分好了小组，准备开始安装工作。

天天："我需要一个大的零件。"

"好，我来拿。"文文很配合地拿了过来。

小俊也主动参与其中，说："我拿另外一个大的给你准备着。"

…………

孩子们干劲十足。

文文来到分好类的大零件处，拿了一个大零件给天天，天天看了看说明书摇摇头："不是这个，是有一个钩子的大零件。""好，我再去换一个。"文文有点失落。小俊也拿了一个："你看我这个对不对，也是大的。"天天比较了一下，说也不是。

芷槿在拿取零件的时候，也遇到很多次同样的问题，芷槿有点不耐烦："这样还是有点乱，我们跑得太累了，得想个办法才行。"这时，小潘提议给零件做个标记，像阅读区的标记一样。萱萱一个劲地点头："阅读区里有不同的形状，我们也在零件上画上不同的形状吧，有的画圆，有的画三角形，有的画方形等等。""可是我们的零件太多了，这些形状也不够啊！"轩轩着急地说。文文想了想说："我们可以写数字1,2,3,4,5，这样就不一样了。"文文的想法得到了大家的支持，为了方便知道每个零件的位置，大家给每个零件的旁边都贴上了编号。

天天又开始组装了，他看了看说明书，疑惑地问："哎，这个是几号零件？"大家齐刷刷地看了看自己的说明书，有的说3号，有的说4号，孩子们开始有分歧了。"说明书上只有图纸，零件不好区分怎么办呢？"这时我及时参与了进去。

为零件编号

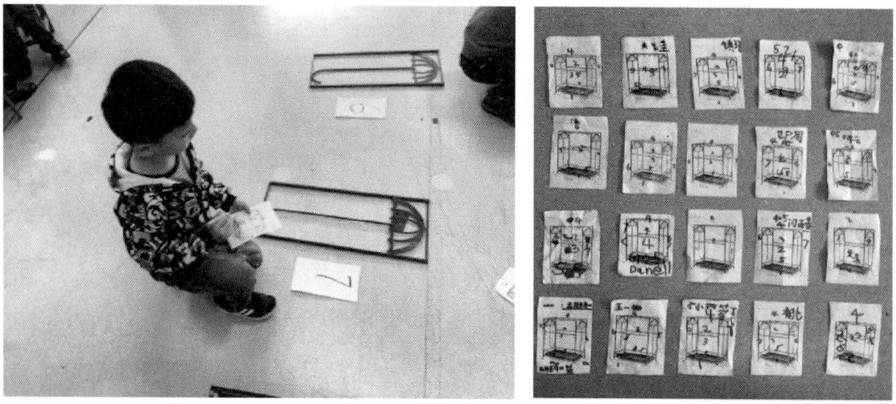

在说明书上标出编号

和老师一起检查编号

小爱："说明书上也写上编号吧，我们一眼就能看出来了。"

小俊："我们对照写好标记的零件，在说明书上也标出来吧。"

最后，孩子们还请老师帮助他们一个一个进行检查，生怕有一点不对。

6. 我是小小安装师

所有准备工作都做完了，孩子们信心满满地准备开始安装了。先安装伞架的什么部位呢？小伙伴们怎么分工呢？孩子们开始思索。

镇媛："我感觉我们需要合作安装这个伞架，因为它有点大。"

小潘："我有个主意，我们可以有一组负责安装，有一组负责拿零件。"

萱萱："我感觉应该先用大的零件，因为大零件能支撑小的零件。"

天天："这和搭房子应该差不多吧，要从下往上盖。"

文文："我看到图纸上 5 号大的零件是在下面的，可以先装 5 号零件。"

星如："对呀，你看，下面的都是大的零件，可能比较稳固。"

经过讨论，孩子们决定要像建房子一样先从最下面开始装起。小潘看看说明书说："需要 5 号和 1 号零件，1 号套进 5 号里面，底座就搭好了。"边说边做，不一会儿，伞架底座就搭好了。

安装底座

接下来要安装两边的支架了。

嘉荣："我来扶着支架。"

涵涵："我来上螺丝。"

虽然这个工作有点难，但孩子们互相帮忙，分工合作，很快就完成了。

女孩子们也毫不逊色哦，上面的支架由她们来完成，只见她们小手拿着工具，把螺丝一个一个都拧得紧紧的。

还差最后一步了。小潘仔细阅读说明书后说："要用 4 号零件，而且钩子是朝下的。"轩轩和蓉蓉小心地对齐两边的支架，上好螺母，伞架终于组装完成啦。小伞有了自己的家，孩子们好开心！

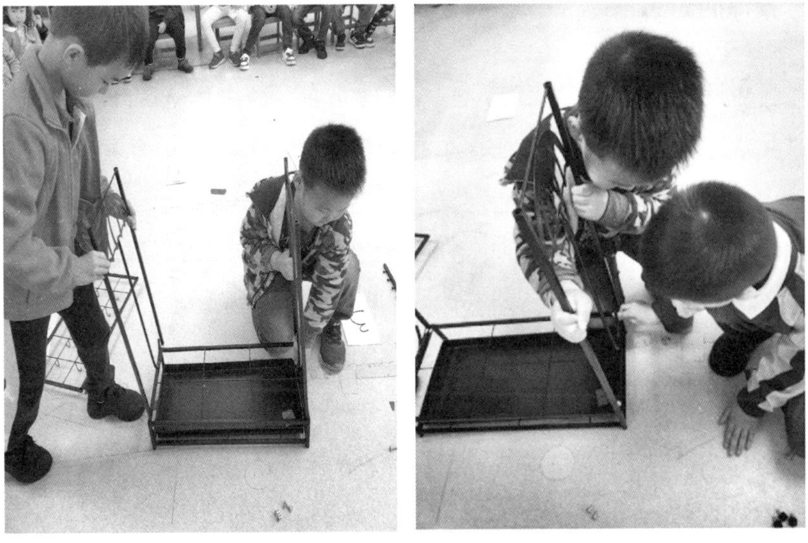

安装两侧支架

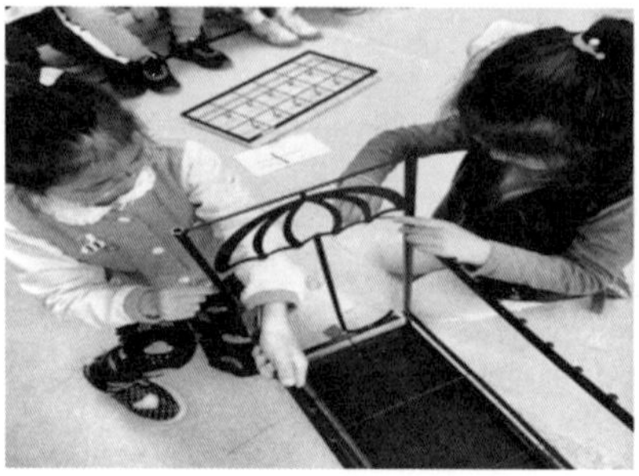

安装上面支架

装上网格零件

伞架安装完成

教师的思考

“教学做合一”，要以“做”为中心，让幼儿在“做”中体验 STEM 的魅力。

“共享雨伞”看似是一个社会工作，但它其实就在幼儿的身边。整个活动中幼儿不仅兴趣浓厚，而且事事自己动手，所有任务都自主完成。组装共享雨伞伞架，这件平时是由成人完成的工作，通过科学的分解，分步完成，幼儿也能做大人做的事情了。他们在活动中不仅顺利地完成了任务，更重要的是看到了自己的工作成果，获得了极大的成就感。在安装过程中，教师改变了原有教学活动内容单一的特点，与幼儿一起进行了 STEM 活动——自主分类、认识说明书、学习使用组装工具、与同伴协商合作等，充分发挥了幼儿的自主性、积极性和创造性。我们把这次活动完全交给了幼儿，学会了给自己“减压”。幼儿富有创意的点子、关心的焦点及深入的研究都让我们印象深刻，他们相互切磋、分享研究与解决问题对我们也是一种很大的鼓舞。身为教师，我们也深刻领悟到根据幼儿的兴趣与需求，由他们自主决定课程的走向是很重要的。

第二次课程审议

在以上的系列活动中，教师更多的是与幼儿一起进行了文化的探知。幼儿希望给雨伞设计 LOGO 时，浓浓的文化气息就进入了自主课程；LOGO 投票大会使每一个幼儿都体会到了自我表达对选票是多么重要；小小快递员让幼儿体会到了劳动的快乐、团结的力量；伞架零件的分类、阅读说明书和安装让幼儿真正感受到劳动也是有方法的，所有教师都是幼儿背后的支持者。当共享雨伞有了自己的 LOGO，有了装伞的伞架，一切似乎都有了。

但俗话说得好："万事俱备，只欠东风。"共享雨伞是社会的产物，不是放在角落就可以了，如果放在幼儿园没人知道怎么办？知道了随便拿怎么办？借了不爱护甚至不还怎么办？这一系列的问题就是接下来课程的走向。中班幼儿对于规则已经有了自己的理解，具备了制订规则的意识，但他们还缺乏相关的能力，教师此时的引导就是架起幼儿从想法到事实的一个催化剂。教师可以通过组织幼儿讨论规则、商议规则到最后制订规则，从而使共享雨伞能在幼儿园里上架，并且帮助幼儿建立起从"共享"到"共护"的社会精神。

（四）共享雨伞的上架

共享雨伞上架

1. 今日上架

在大家的共同努力下，小伞终于有了自己的家，孩子们兴奋不已，小心翼翼地把伞送进伞架里。在孩子们眼里，小伞在伞架里就受到了保护，伞架就是小伞的家。但是共享雨伞是让大家一起享用的，所以孩子们决定把伞架抬到孩子们投票选址选出的大厅里。

天天:“这个伞架有点重,我们要一起把它抬过去吧。”

“我来。”“我也要来。”孩子们都争先恐后地来到伞架边,把伞架围得水泄不通。

兴如有点不开心:“这么多人,怎么抬呀?”

欣欣:“我发现这个伞架有四条边,我们选四个小朋友各扶着一条边吧。”欣欣的提议得到了大家的认可。可是谁来抬呢?小朋友们你一言我一语开始讨论起来了。小潘说:“伞架有点重,小伞放进去之后就更重了,我感觉需要力气大的人来抬。”孩子们纷纷点头。“那你们觉得我们班上谁适合抬伞架呢?”我问。“嘉荣可以,他力气大。”大宝说道。“轩轩个子最高,轩轩也可以。”几个小朋友一起喊道。小俊张开他的一双小肉手说:“看,我手上有很多肉,肯定能抬动伞架。”最后芷槿通过毛遂自荐加上她的“实力”也获得了抬伞架的机会。

准备出发了,嘉荣、小俊、轩轩、芷槿各站一角,很轻松地就把伞架抬起来了,其他小朋友充当小卫士一直跟在后面保护着小伞。到了楼梯口,孩子们突然停住了,由于步调不一致,走得快的小朋友一边的伞架特别矮,走得慢的小朋友的一边很高,伞架差点倒下来,看来他们四个一起下楼有点困难。站在最前面的轩轩说:“我转过身来正着走,我下一个台阶,你们也跟着下一个台阶。”其他三个小朋友很认真地照着做,天天则当起了小指挥:“大家小心,左转,轩轩这边高一点,嘉荣慢一点……”

齐心协力抬伞架

果然，在孩子们的共同努力下伞架变得平稳了，到达了目的地后，大家一起开心地欢呼："中五班共享雨伞上架成功！"孩子们小心地整理着伞架里的共享雨伞，希望快点有人来借共享雨伞。

把共享雨伞插入伞架

向弟弟妹妹介绍共享雨伞

2. 设计海报

上架成功后，孩子们时刻关注着天气及小伞的借用情况，可是等了好久，也没看见有人来询问，孩子们心里便犯了嘀咕。

小媛："他们是不是不知道我们这是干吗用的呀？"

蓉蓉："是不是下雨了就有人借了呢？"

天天："万一人家以为这个不可以拿呢？"

小博："要不我们写个名字吧，告诉大家这是可以借用的。"

文文："对，就写上可以借用。"

硕硕："这感觉不像名字，我们要起个好听的名字，吸引大家。"

"什么是共享雨伞呀？"我有意提醒孩子们。"是大家都可以借用的伞。"孩子们异口同声地回答。"那我们是不是得把共享雨伞明确地写在上面呢？""是的。"大宝说，"还要写中五班，代表是我们班的。"小潘说："我听说过失物招领处，我们的就叫'中五班共享雨伞借用处'吧。"孩子们一听都说好，于是大家找来了卡纸，准备设计漂亮海报。

设计的海报

3. 添加借用规则

盼望着，盼望着，空中终于飘起了小雨，孩子们欢呼雀跃。“哈哈哈，终于下雨了，会不会有人借我们的小伞呢？”孩子们充满希望又有点担心，趴在窗户上往外看。

轩轩：“老师，小朋友们会借我们的伞吗？”

蓉蓉：“我感觉他们会借，我们的小伞多漂亮啊。”

孩子们还是有些担心：“万一我们的小伞被弄坏了怎么办？”有的小朋友也害怕借伞的人会忘记归还。这时我们关注到了孩子们的小心思，便对孩子们说：“如果我们给别人介绍一下我们的小伞，他们会不会更有兴趣借用我们的小伞呢？”

孩子们纷纷举起了小手：“我要去……”

小嫒：“我要告诉家长和小朋友们，这是共享雨伞，欢迎大家借用。”

雨萱：“我要告诉他们用完雨伞后，要把伞用布擦干再归还。”

星如：“我要告诉他们借了第二天要归还。”

最后孩子们决定先让小潘和萱萱到楼下大厅进行介绍，其他小朋友把我们海报上的借用规则再明确一下。

共享雨伞借用规则

终于等到放学时间了，家长、小朋友围满了大厅，不时传来“哇，好漂亮！”“这个主意真好！”等赞美声。看到那么多家长、小朋友打着我们的共享雨伞出来，孩子们特别开心。

共享雨伞美美哒

4. 地铁丢伞

下班后，我收到同事发来的一条消息，说有人把我们的共享雨伞忘在地铁站了。商议后，我们决定先不把这个消息告诉孩子们，看大家能否发现问题。

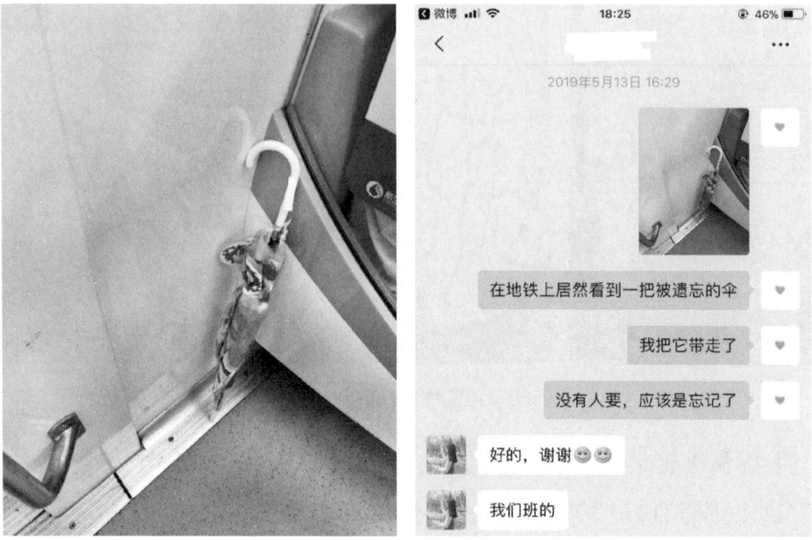

被遗忘在地铁上的共享雨伞

第二天一大早，孩子们早早地来到了幼儿园，等待着家长、小朋友们把小伞还回来。可是数来数去，小伞少了一把。

天天："这怎么办呢？到底是谁没有还回来呢？"

成成："少的小伞到底是哪一把小伞呢？"

看到孩子们发现了问题，我们特别欣慰，便把事情的来龙去脉告诉给孩子们，原来是大一班小朋友的奶奶带着小朋友急着出地铁才把小伞忘在了地铁里，幸亏伞上有我们的 LOGO，幼儿园的吴老师一下子认出了，小伞才不至于丢失。孩子们听后一方面为小伞的失而复得感到开心，另一方面也陷入了深深的思考。

5. 雨伞编号

"地铁丢伞"事件带给了孩子们很大的启发，仅有 LOGO、借用规则等还不够。为了防止以后再出现雨伞丢失这样的问题，我们应该怎么办呢？

文文："我们给小伞做好标记，这样就可以很快知道少了哪一把伞了。"

小锦很赞成:“我们赶紧把现在的小伞都做好标记吧!”

可是,做什么标记好呢?

小潘:“我们都有名字,我们给每把小伞也起个名字吧!”

天天:“我们不会写名字呀。”

欣欣:“要不我们做图形标记,像阅读区一样用各种图形吧!”

萱萱:“也没有那么多形状可以画呀,只有圆形、三角形、方形。”

小嫒:“我们都会写数字,数字编号简单,还都不重复呢。”

“哈哈哈,这个办法好。”文文开心地说。

说干就干,孩子们找来了纸和笔,1,2,3,4……数字标号都写好了,贴在哪里呢?孩子们看了看小伞的伞面,上面已经有了LOGO,想想还是贴在小伞的伞把处吧,这样大家一眼也能看出借用的是几号伞。很快给小伞编写号码的工作就完成了,相信我们的小伞再也不会弄丢啦!

6. 借伞登记

像往常一样,孩子们又开始盼望着下雨,盼望着看到小朋友们打着雨伞开心的场景。一个阴天的下午,爱思考的小潘又提出了一个好想法:“我们的LOGO有了,编号也有了,如果知道是哪个班级的小朋友借用了我们的小伞,这样我们就会更容易找到小伞啦!”其他小朋友也非常认同小潘的想法,纷纷提出了很多建议。

轩轩:“如果借伞人都写上名字,我们就知道是谁借的伞了。”

荣荣:“还得写上借伞的时间,我们看时间就知道他们有没有还伞了。”

芯芯:“我们要检查有没有保护好我们的小伞,如果有不好的我们得及时修补。”

于是,孩子们根据自己的想法开始行动起来,他们自己设计了登记表的封面,上面画上了伞架,把借伞规则也画在了上面,我们根据孩子们的想法设计了登记表格,不仅有借用者姓名、电话、借用日期、归还日期,小伞是否完好也都有备注,一目了然。

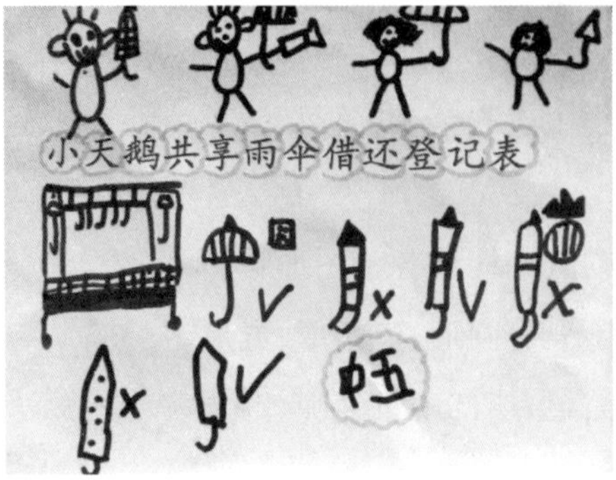

共享雨伞借还登记表

借伞登记中

7. 共享雨伞维护员

果然，有了登记表后，共享雨伞的借还更顺利了，每天孩子们都要到大厅根据登记表看小伞有没有归还或者破损，如果发现没擦干的、没折叠好的小伞，孩子们会第一时间将它们修补整理好，以便下次正常使用。

又一个雨后，孩子们照常检查雨伞，轩轩发现伞上有些图案已经掉了，孩子们意识到共享雨伞是手绘的，在投放一段时间后颜色有可能脱落，检查时还需要注意修复雨伞的手绘部分，于是大家把小伞拿回班级，重新绘画上漂亮的图案。

检查手绘图案是否完整

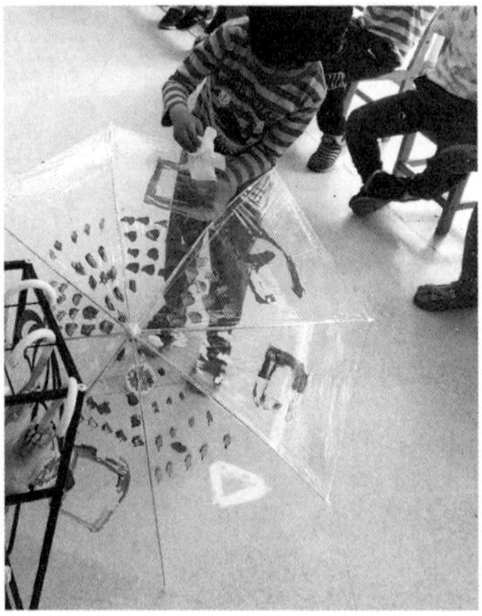

擦干小伞

每次检查总会发现小伞有雨水擦不干净、叠放不整齐、图案破损或者没有及时归还等问题。这么多的维护工作怎么完成呢？经过讨论，孩子们决定成立维修小组，识字多的小朋友负责检查登记表；做事比较细致的小朋友负责将没擦干的小伞擦干，没放整齐的小伞放整齐；绘画比较好的小朋友负责缺失图案的绘制……同伴合作可以提高维护工作的效率，也将维护变成了一件长期的、有意义的事情。

检查雨伞借还情况

教师的思考

“教学做合一”，要以“做”为中心，让幼儿在“做”中学会“共享”与“共护”。

共享雨伞上架后，幼儿最盼望的就是别人来借用，他们设计海报宣传我们的小伞，“共享”理念自然而然也融入其中。中班的孩子喜欢表达自己的主张，希望成为规则的制订者，而不仅仅是一个遵守者，于是，我们就让他们充分参与各种规则制订，比如“共享雨伞借用规则”完全来源于孩子，“共享雨伞维护员”工作也完全由他们自己完成。我们鼓励幼儿在活动中各自分工，根据自己当前面对的问题开动脑筋，设计制订出“小天鹅共享雨伞借还登记表”和“共享雨伞维护表”，定期整理并维护共享雨伞。在活动中幼儿也会遇到问题和困难，我们不会直接帮助解决，而是鼓励他们尝试、总结经验，从失败中找到解决问题的方法。在活动中我们十分关注幼儿对“共享”理念的全面认知，引导幼儿通过大胆实践、自主讨论、自由表达等方式知道“共享”不仅是大家“共用”，还要做到一起“共护”。

第三次课程审议

在近一个多月的共享雨伞系列活动中，可以看到幼儿的积极参与和教师的深度思考。整个活动中，教师能充分挖掘每一个活动所蕴含的教育价值，追随幼儿的兴趣，尊重他们的意愿，给予他们最大的支持……现在共享雨伞终于完美上架了，幼儿每天都要到大厅去看看自己的共享雨伞："看看放得整齐吗？"下雨天更是牵肠挂肚："借用登记表登记了吗？""第二天还回来的伞有破损吗？""雨水擦干了吗？"……可是这些似乎已经满足不了幼儿的活动欲望了。他们每天还在手绘各种雨伞，雨伞在班级中越来越多，已经快放不下了。是分发给他们带回家，还是简单地处理掉呢？幼儿好像都很舍不得、不情愿。如何让共享雨伞活动进一步深入展开，让孩子在活动中深刻体会主动学习与自主成长？如何让幼儿在共享活动中获得情感体验的同时建构共享理念使活动变得更有意义和价值？……这都需要教师与幼儿来共同思考。

教师在共享活动的过程中尽可能地倾听幼儿的想法，鼓励他们表达自己的愿望。于是教师组织幼儿再一次进行了讨论。通过小组讨论、代表发言、意见统一整理…… 接下来会发生怎样有趣的故事呢？幼儿提议将雨伞进行义卖，教师此时最要做的就是支持幼儿的想法，鼓励幼儿开展义卖活动的设计和筹备工作。让我们满怀期待，翘首以盼吧！相信接下来幼儿在筹划爱心义卖共享雨伞的活动过程中，定能学习到如何独立地思考与规划，体验协作带来的成功与乐趣，进一步树立共享的意识，懂得爱的意义，为今后的社会性发展奠定更为坚实的基础。

（五）小伞爱心义卖

通过一个学期的不断努力，孩子们制作了很多漂亮的小伞。有用水粉颜料装饰的纸伞，也有和爸爸妈妈一起完成的亲子伞……

转眼间暑假就要到了，我们的小伞怎么办呢？一个假期过后会不会脏？孩子们提出，可以把小伞进行义卖，义卖收到的钱全部捐献给那些需要帮助的福利院的小朋友。

1. 义卖前的准备

（1）我设计的价格表

义卖行动开始啦，虽然对自己的作品很不舍，但一想到能帮助其他人，孩子们也欣然拿出自己的作品，并为自己的作品设计价格表。因为我们开展的是伞的义卖活动，孩子们提出，我们的价格表上应该有小伞，这样别人一看就知道义卖的是什么。文文还提出：“我们在上面加上自己的名字吧，还有价格、姓名，这样买的人就知道买的是谁的小伞啦。”星儒说：“我还有一个好办法，不是小朋友都喜欢糖吗？谁来买我们的小伞我们就送一个糖，怎么样？”“太好啦，这样的话肯定有很多小朋友都会来买我们的伞的。”天天开心地说。于是义卖表格就商议好了，作者、义卖价格，还有激励小朋友购买欲望的糖……

义卖价格表

中午散步时，大宝略有心事地走到我跟前说：“老师，我感觉我画得不够好，万一小朋友看不懂怎么办？”一旁的小博听了也紧接着说：“我也怕画得不好，到时候小朋友都不来买我的伞。”接下来又有几个小朋友说出了自己的忧虑，有的把糖画歪了，有的觉得价格表涂得太黑了等等。我一边给孩子们信心的同时，一边让他们再想一个两全其美的办法。

小潘：“老师，我们也想留个纪念，我们画的就自己留着做纪念吧，你就再帮我们做一个好看的价格表吧，像幼儿园六一活动单一样。”

“好，这个办法好。”孩子们兴奋地欢呼起来，忧虑也消失了。我和孩子们一起从网上寻找适合的图案制作出了他们自己设计好的价格表，当成品打印出来的那一刻，孩子们满意地笑了。

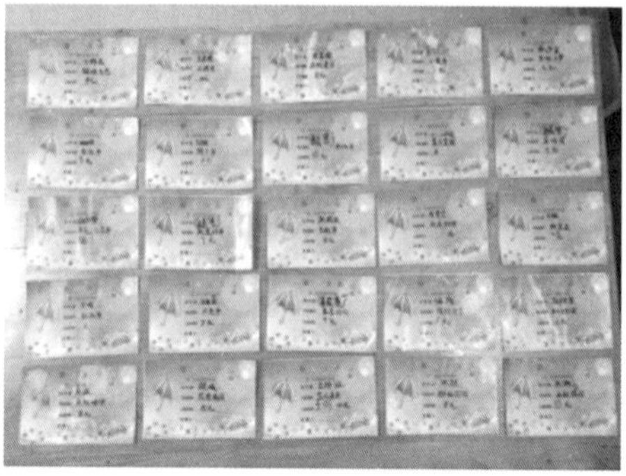

孩子们自己设计的义卖价格表

（2）支付策略多又多

第二天区域活动的时候，文文拿着价格表思考了半天，对旁边的蓉蓉说：“我们还少东西吧，义卖的钱放哪呢？”“对了，我们还得准备一个箱子，用来装义卖的钱。”蓉蓉说。“我家里有好多快递盒子，我和妈妈一起贴上红纸，就可以当义卖箱了。”在一旁玩积木的小俊自告奋勇地说。“可是，现在好多人都用手机付钱怎么办？我看妈妈买菜时都是扫二维码付钱的。”睿睿说。

这可怎么办呢？有的小朋友说：“那我们提前告诉小朋友们要带好零钱。”有的小朋友说：“义卖开始之前换好零钱。”有的小朋友说：“现在很多人出门都不带钱的，带手机就可以了。”

支付策略确定好了，大家提出请爸爸妈妈来帮忙，一名家长负责收现金，另外一名家长把二维码打印出来贴在义卖箱上，负责手机收款。大家期待着义卖活动赶快到来……

（3）场地选址我做主

设计好了义卖价格表，也确定好了支付策略，可是在哪里进行义卖活动呢？小媛说：“在操场上吧，那里空间比较大。”有部分孩子认同，空间大可以容纳的人也多，刚好我们的小伞也比较多，需要大的空间。有的小朋友认为，如果下雨的话，操场上也卖不起来。于是，孩子们再次来到幼儿园的各个地方，开始了义卖场地的选址。最终通过实地观察，孩子们决定选择幼儿园的大厅，因为每个人进园都必须经过那里，而且下雨的话也不会淋雨。放学后孩子们兴奋地把这件事告诉了家长，爸爸妈妈们都觉得这件事情很有意义，纷纷报名当志愿者。

选定义卖场地

(4) 我是小小宣传员

第二天来到班上，孩子们聊起了义卖宣传的事情。

晨晨："我昨天把我们小伞义卖的消息告诉中四班的好朋友了，她说她要来我们班买小伞。"

小嫒："我告诉了大一班的姐姐，她也说会来。"

"我也想把这个消息告诉我的好朋友，可是昨天我没有看见她。"旁边的小锦听到了说。

孩子们都想把义卖的好消息告诉幼儿园里的好朋友，怎么办呢？这时文文提议："要不我们到每个班级里都说一下，这样全园的小朋友都可以清楚地知道我们的活动啦！""你们应该怎么样进行义卖宣传呢？"看着大家积极踊跃的态度，我也加入了孩子们的讨论。

小潘："告诉小朋友们我们的义卖地点在幼儿园大厅里。"

"还有，我们是在这个礼拜五放学后开始义卖活动，可以微信扫码付钱哦。"文文补充说。

"义卖的钱我们都会捐给福利院的小朋友，而且会有糖送给大家哦。"天天接着说。

掌握了这些信息，孩子们决定分成三组到全园宣传，拿着小花伞、义卖箱、价格表、棒棒糖就出发了，一个小组负责一个楼层的班级，我们三位老师则充当了摄影师的角色，记录下孩子们认真、努力宣传的时刻，孩子们开心，我们也很欣慰。

2. 义卖中的眼泪

孩子们期盼的义卖活动终于来临了，下午刚起床，孩子们就忙着帮助我们布置义卖场地，搬桌子、拿小伞、填写价格表、张贴签名栏等，忙得不亦乐乎。终于到三点了，孩子们看到家长们一个个进来，立刻开启了导游介绍模式：

“我们的小伞很漂亮，买一个吧，我们会把钱都捐给福利院的小朋友。”“看，我们这里有二维码可以扫码付钱哦。”“这些小伞都是我们自己手工画的，还有棒棒糖哦！”很快，我们的小伞便销售一空……

忽然大厅里一个小朋友哇哇大哭起来，原来是大三班的月月因为没有买到小伞而伤心。“我也想要小伞，也想帮助福利院小朋友。”月月一边哭一边说。月月的奶奶告诉我：“月月前两天就把这个消息告诉我了，让我准备好零钱去买伞，可是我年龄大了，把准备好的钱忘车上了，等我取回来小伞就卖完了。”看着伤心的月月，轩轩看了看手中的小伞，果断地把小伞放到月月手里：“这是我自己用了很长时间画的，准备留下来当作纪念的，我把它送给你，你要保护好它哦。”这时一直在旁边的航航弟弟也把手里的糖递给了月月：“姐姐别哭了，吃糖。”看到这一场景，大家都觉得很感动，也为孩子们的行为感到开心！

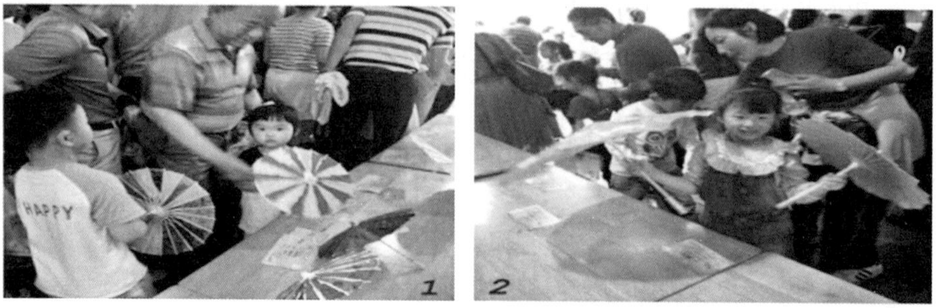

义卖现场(一)

义卖现场(二)

教师的思考

“教学做合一”,要以“做”为中心,让幼儿在“做”中亲历“公益”,成为有“爱”的人。

幼儿制作的小伞越来越多,班上已经快放不下了,这个问题引发了他们的思考。简单随意地处理掉,从情感和态度上幼儿无法接受。这时,我们引导他们结合已有的生活经验,回忆幼儿园“六一”义卖活动,将已有经验与现在的问题相结合,从而生成了“爱的义卖”系列活动。在整个活动中幼儿设计价格表、思考支付策略、制作义卖箱、准备义卖材料,动脑又动手;在选择义卖场地时由各抒己见到意见统一,由自主表达到合作完成,有争论有认同。“爱的义卖”活动让幼儿逐渐成为一个会合作、会倾听、会商量、会决策、具有社会属性的个体。

义卖活动中,幼儿在认识和使用钱币的同时,知道钱不仅可以购买商品,还可以用于公益,有更大的价值。为了义卖、为了公益,他们勇于尝试、不断探索、积极商讨、不怕失败、合作互助。义卖让幼儿纯净柔软的心灵释放出对这个世界满满的爱!

三、主题总结

（一）活动脉络图对比

活动脉络分析

“共享雨伞”主题活动开展前，教师预设的脉络图围绕着幼儿可知可感的、生活中的共享雨伞元素主要分为“好想有自己的共享雨伞”“自制共享雨伞”“我的雨伞我做主”“共享雨伞的上架”四个部分。随着课程的展开，每个部分的活动都在尊重幼儿意愿和追随儿童经验的基础上增加了新活动，师幼共同构建与生成，活动有了更为丰富与清晰的课程发展脉络。

“好想有自己的共享雨伞”部分在原有活动的内容上丰富了“共享雨伞里的小趣事”，幼儿通过绘画、讨论、记录等方式，表达了自己在使用“共享雨伞”过程各种有趣、生动、令人印象深刻的经历，更好地体现了他们对此课程的兴趣所在。

课程活动中遇到的问题也成为孩子深度探知和新活动生成的催化剂。比如因为纸伞不能挡雨，新生成了活动“渗水实验”“我想定制共享雨伞”“来自水母道具的启发”“透明雨伞手绘馆”。再如“我的雨伞我做主”部分，满足了幼儿的社会性需求，他们自主生成了“共享雨伞 LOGO 诞生记”。其中包含子活动“共享雨伞 LOGO 设计”“共享雨伞 LOGO 投票大会”。最后的“小伞爱心义卖”部分，幼儿把自己的创作作品和劳动成果通过更有意义的方式实现了更大的价值，爱的元素使得整个课程又上一个台阶，活动也画上了一个完满的句号。

（二）幼儿经验分析

此课程的学习源于幼儿对生活的需求以及对新兴事物的敏感。追随幼儿的兴趣与经验，活动内容的选择、展开的形式均在不断调整与变化，主题活动在不断推进。教师的预设经验相对比较局限和传统，更多的是关注幼儿对“共享雨伞”这个新事物的兴趣和需求。在课程开展后发现，仅仅满足于幼儿愿意分享和探知新事物——共享雨伞，以及想要拥有自己的共享雨伞，给幼儿园设置共享雨伞等是不够的，这些使得幼儿的学习经验比较局限。活动中几个阶段出现的问题推进了课程的新进程，也使得幼儿的学习经验得到了丰富和完善。比如“共享雨伞 LOGO 设计”“共享雨伞 LOGO 投票大会”“我想定制共享雨伞”及“小伞爱心义卖”涉及的社会性学习经验，再如“纸伞漂亮不挡雨”“渗水实验”涉及的科学学习经验，均体现了真实的经验活动比预期要更丰富、更广泛，这一系列的经验是之前没有预设也无法预设的。在观察与反思中我们发现，没有预设到的经验正说明了幼儿拥有无限的可能，兴趣是最好的老师，问题是最好的推进器。

（三）教师的感悟

1. “共享雨伞”来源于幼儿的生活，起于幼儿的生活与需求

此课程活动从生活而来，应生活而展开，也由生活而结束，完全不限于教材，完全是幼儿在幼儿园生活的实践与体验。班本课程“共享雨伞”就是这样将生活作为课程的内容，又将生活作为课程的目的，让幼儿做自己喜欢的、能做的事情，让幼儿欢欢喜喜做自己，快快乐乐做课程。

2. “共享雨伞”以“做”为中心

“儿童从行为中所得的知识，才是真实的知识；从行动中所发生的困难，才是真实的问题；从行动中所获得的胜利，才是真实的制驭环境的能力。”“共享雨伞”让幼儿在“做”中获得真实。“共享雨伞”课程中，我们始终鼓励孩子自己“做”：自己探索、自己感知、自己行动、自己发现问题、自己解决问题、自己获得答案。

3. “共享雨伞”核心就是让幼儿做事，让幼儿获得经验

幼儿喜欢什么，我们教什么；幼儿怎么学，我们怎么教。在“共享雨伞”班本课程实施的过程中，我经常思考一个问题：在我们的课程中，幼儿最想做什么？最喜欢什么？答案是：幼儿最大的愿望就是长大，像大人一样做事。于是在整个课程活动中，教师和幼儿是平等的合作者，教师把幼儿当大人一样合作。

“生活即教育”“行为即课程”以及“儿童本位”这些教育思想引领着我们真实地探索儿童、探索课程、探索教育。

神奇的电

刘　燕　步红红

一、主题畅想

（一）活动缘起

一天，我正用电脑连接白板给孩子们上课。突然，白板和电脑都黑屏了，这是怎么回事呢？我和孩子们仔细查看，原来是电脑忘了接电源线，没电了。

聪明的孩子们也发现了这个问题，有的说：“刘老师，你电脑没有电了，要插上电源插头。”有的说：“不插插头电脑里的电用光了就没电啦！”还有的说：“赶快给电脑充电，就能打开电脑了。”我拿来电脑的电源线，一头连接电脑，一头准备插进墙上的电源插孔，孩子们提醒我：“刘老师，要小心一点，不要被电到哦。”孩子们用生活中已有的对电的了解，解决了今天的问题。

“电”在我们的生活中不可缺少，有巨大的作用，我们每时每刻都离不开它。于是，我们决定以这件意外的小事件为起点，顺着孩子们的兴趣以及已有的经验，将“电”主题探索与研究下去，旨在鼓励幼儿积极参加探索活动，大胆表达自己的观察发现，知道安全用电，了解电与人类的关系等。

（二）活动可能的发展脉络图

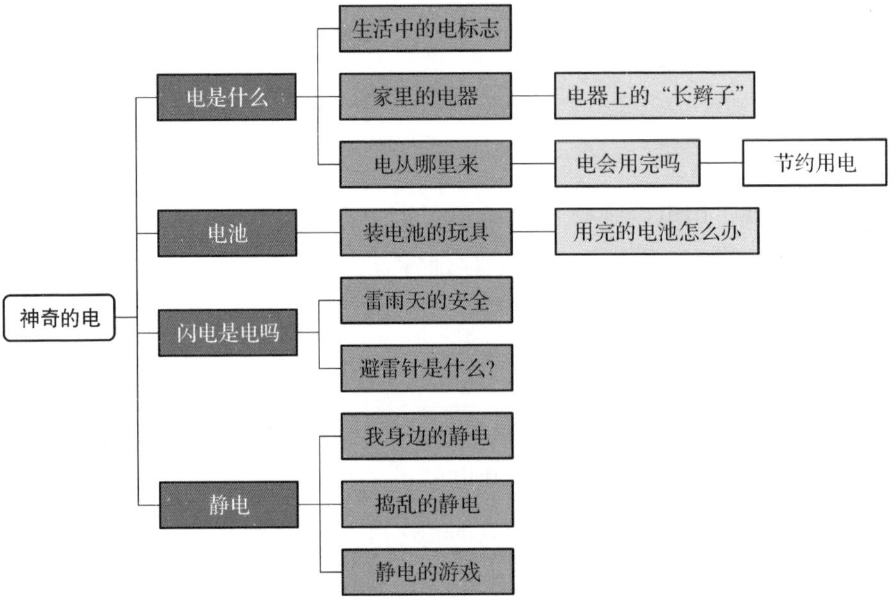

（三）幼儿可能获得的经验图

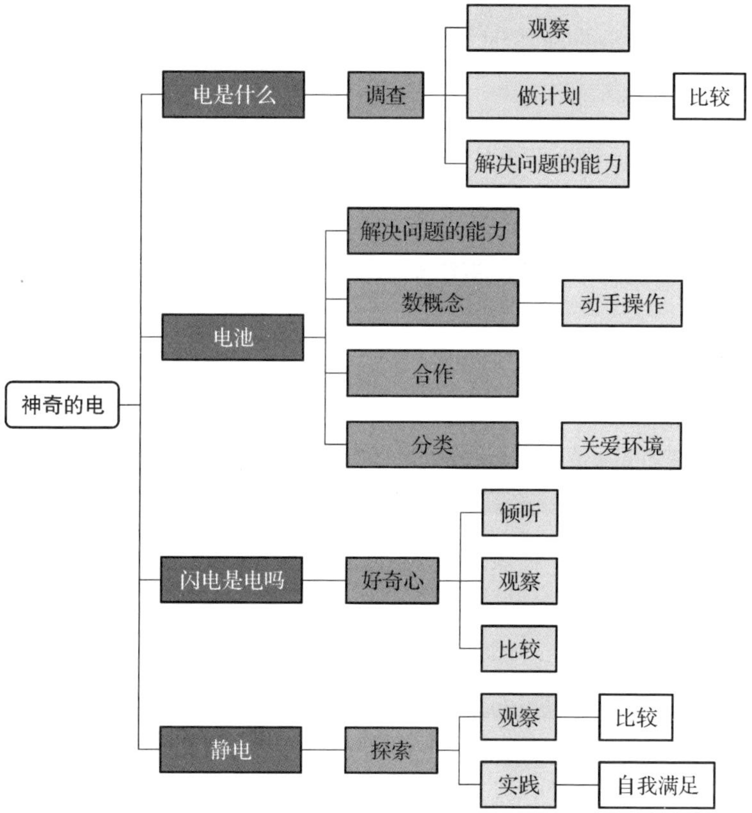

（四）主题可能涉及的资源图

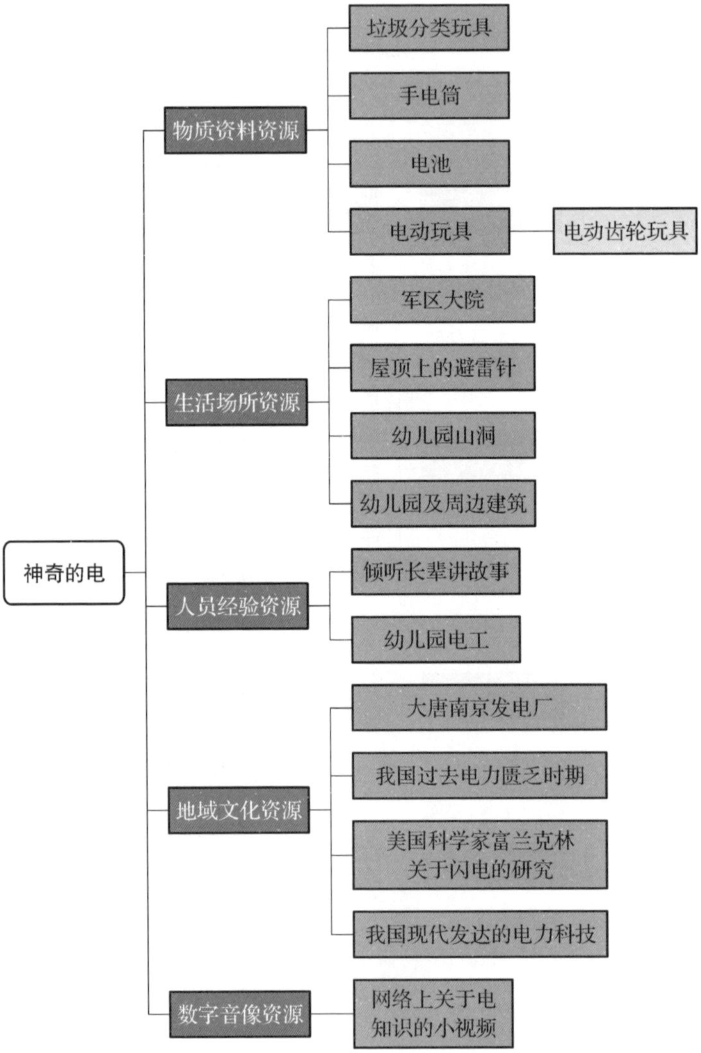

专家点评

“电”，虽看不见摸不着，但与我们的生活息息相关，是我们生活的必需品。“神奇的电”这个主题贴近幼儿生活，充分利用了生活中随处可见的资源。那么，围绕这个资源可以做什么？这个资源中有什么可以挖掘的教育价值呢？教师的预研究围绕着这两个问题选择了一些贴近幼儿生活经验的点，支持幼儿在对这些问题的探索与回答中，建构和“电”相关的经验。在班本课程的开展过程中，教师要引导幼儿充分利用这一资源学习起来，紧扣“如何用好资源”具体深入，关注过程的研究，尽量做到“能用资源组织幼儿活动”以及“借助资源有意识地促成幼儿发展”。

二、主题开展

(一) 家用电器大调查

1. 家用电器好处多

我们家里有哪些需要用电的电器呢？在“神奇的电”主题开展前期，孩子们进行了家用电器大调查。通过调查，孩子们发现原来我们的家里有很多用电的电器，比如：电饭煲、空调、电冰箱等等。插上电的电器可以自动进行工作，如煮饭、洗衣服、拖地……它们的存在让我们的生活更加幸福和方便。孩子们在调查表上用绘画的方式记录下自己家里不同功能的电器，并描述电器的作用，家长进行记录。

接下来，我们进行了分享调查表的活动，孩子们向同伴介绍、分享自己的调查结果。通过这个活动，孩子们不仅提高了合作交往能力、分析表达能力，还对家用电器更加熟悉了，也感受到了常用电器与自己生活的密切关系，知道了电器产品的用处。

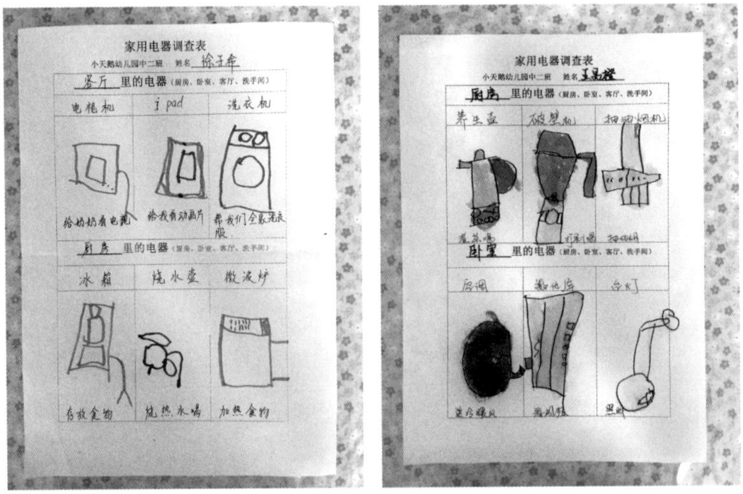

家用电器调查表

集体分享调查表

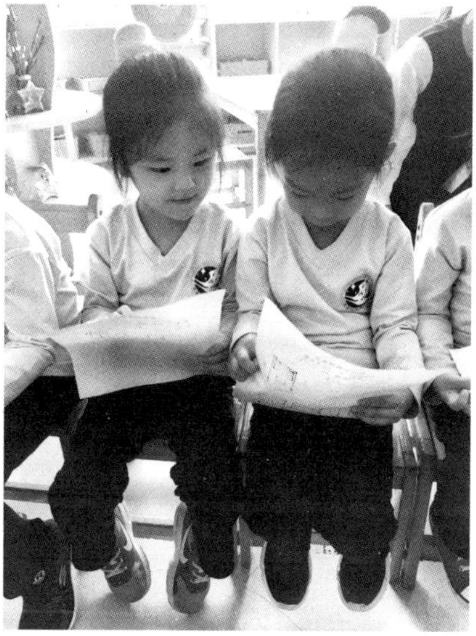

同伴分享调查表

2. 电器上的“长辫子”

孩子们在调查的过程中有了新发现。

心宝：“为什么很多电器上会拖着一根长长的线呢？”

贝可：“我发现刘老师电脑上的线是黑色的，线上有一个三角形的头，上面有三个金属片。”

天雅：“是的，我看到红红老师电脑上的线是白色的，线的一头是长方形的，上面有两个金属片。”

这些都是什么呢？孩子们开始了自己的猜测。

怡诺：“这是传送电的。”

葭兮：“传送了电，电脑就可以工作了。”

禹橙：“可以把电传到电脑里。”

孩子们由于经常看到家长和老师使用电器，所以对电器的结构有一些初步的知识和经验。通过大家一起观察讨论，他们知道这根长长的线以及线端的小装置是用来为电器传输电的电线和插头。插头也有不同的样子，有的两头，有的三头，使用电器之前要将线端的插头插在插座里。插座有两孔和三孔的，插插头时两头的和两孔对应，三头的和三孔对应，这样才能将插头插好。

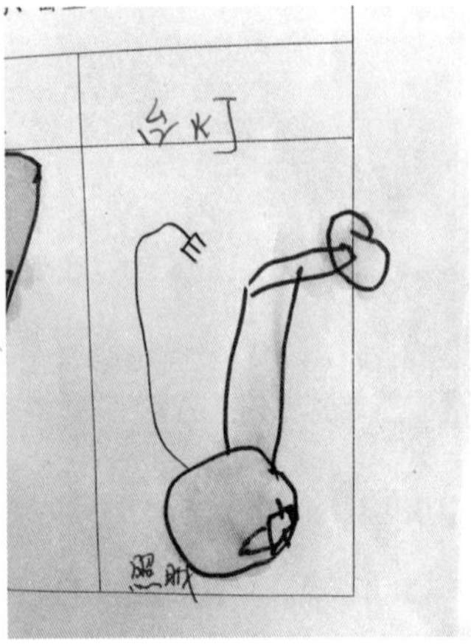

电器上的“长辫子”

不一样的插头

3. 用电安全我知道

千译：“插插头很危险，小孩子不能插。”

熙熙：“插座上的小洞洞也危险，里面有电，小朋友的手不能伸进去。”

我们在幼儿园里经常开展安全教育，家长们平时也会提醒孩子注意用电安全，所以孩子们都具有用电安全意识。我们也利用这个契机，和孩子们一起开展了安全教育活动，孩子们知道需要插插头时可以请大人帮忙，湿手不能碰插头，小手也不能伸进插座孔里。

安全教育活动后的第二天中午，希希妈妈给我发来短信。她听希希说在幼儿园里学习了电的安全知识，而家里有一本郑渊洁的关于电器安全的童话书《聪明的小猴》，想带到幼儿园分享给孩子们。

这本书主要讲了“电妖怪”与小猴之间的故事，告诉孩子们要注意用电安全，不能被“电妖怪”抓到。这本书的内容既契合我们的主题又与孩子们的日常生活息息相关，非常适合孩子们阅读。于是我们带孩子们进行了集体阅读，平时也会在餐前给孩子们读一读这本书，并将这本书放在阅读区，供孩子们自主翻阅。

(二) 小电池大能量

小电池大能量

1. 电池拆装记

正当大家对电器都有一根长长的线“深信不疑”时，心宝突然提出了一个新的问题：“我有一个电话玩具，它会发光还会唱歌，可是它没有长长的电线，它的电从哪里来的呢？”

其他孩子也纷纷表示自己家里的很多玩具都是电动的，可是都没有电线，这是怎么回事呢？大家从家里带来了这些电动玩具，打算一起探究新问题。

“玩具的电是从哪里来的呢？”孩子们发现电动玩具的背面有个盖子，有的盖子是有螺丝的，有的没有。大家想知道里面究竟有什么，可是用手肯定是拧不开螺丝的，用什么工具才能打开有螺丝的盖子呢？在尝试了多种方法后，最终，在红红老师的帮助下，盖子打开了。

小起子帮忙来开盖

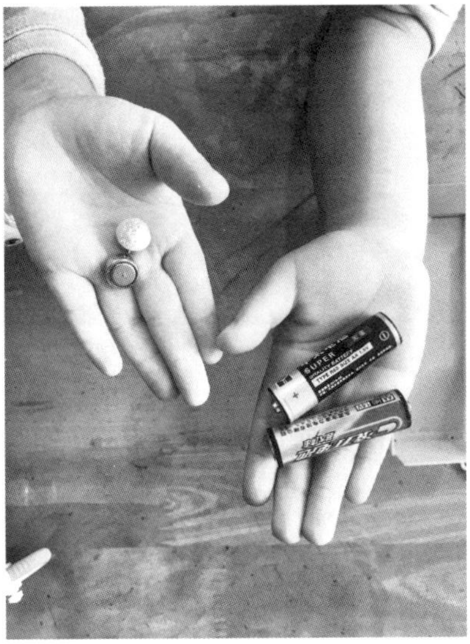

各种各样的电池

大家一起围过来好奇地看盖子里面有什么，原来，盖子里面装着电池。红红老师又帮大家打开了其他几个玩具的盖子，大家发现，不同玩具里面的电池也不一样。瞧，有长长的电池，还有纽扣一样圆圆的电池。原来除了电线，电池也可以输送电让我们的玩具动起来呢！

有的孩子尝试把电池再装回玩具里，可是装上以后玩具却一动不动。子希不太确定地说："是电池装错了吗？"孩子们反复尝试之后玩具仍然不动。到底错在哪呢？孩子们你看我我看你，谁也说不清楚。我们感觉这正是孩子们获得新经验的好机会。

第二天我们开展了"我给玩具装电池"活动。通过活动，大家认识了电池，知道了电池有不同的型号和名字；不同的玩具里需要的电池个数也不一样；认识了电池的正负极和电池盒里对应正负极的不同装置特征；学习了自己给玩具装电池。

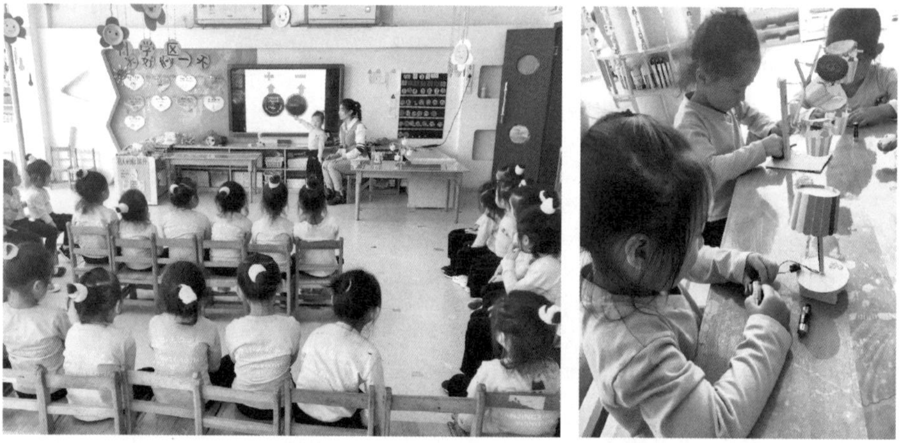

我给玩具装电池

当孩子们把电池按照正负极装进玩具后，玩具动起来了，他们特别有成就感。我们把材料提供在科学区鼓励幼儿多多尝试，有些孩子还把学到的装电池知识用图画表达出来，记录单上有观察和探究的过程与结果。这是非常有意义的。通过记录，孩子们可以丰富观察经验，建立事物之间的联系。我们将这些图贴在游戏区作为操作提示图，孩子们之间可以继续相互分享、学习。

我会装电池

记录新发现

分享记录表

小插曲：

博物馆混龄自选活动时，一位小班的小朋友拿着一本有声图书，来回地按着开关按钮，但是有声图书并没有发出声音。他抬头寻求帮助："老师，你能不能帮我给它充下电?"我刚想接过书回答，旁边的若麟就指着书说："它应该不能充电，这个是电池盒，它是需要放电池的，现在肯定是没电了。"看来经过这段时间活动经验的累积，孩子们对装电池的电子产品有了比较全面的了解，现在都能当"小老师"了，孩子们还真会活学活用啊！

书里藏着小电池

若麟将自己对电池的了解分享给了小班的弟弟，帮助他解答了关于"有声图书"的问题，也体验到了帮助他人的自豪感。

2. 电动齿轮工厂

孩子们知道玩具装了电池就可以动起来，我们在益智区里新增了电动齿轮玩具，他们先把齿轮一个挨着一个拼搭好，再按开关，电就会让齿轮全部转动起来，拼搭好的玩具就变成一个正在工作的齿轮工厂。

当齿轮拼搭游戏加上"电"这个特殊的元素，就会产生有趣的变化。孩子们在游戏时仔细观察齿轮的转动情况，他们发现：大的齿轮转得慢，小的齿轮转得快；两个齿轮之间拼搭的距离远，齿轮就无法转动；拼搭的距离近，齿轮则会相互卡住转不起来；如果控制好距离，平面的齿轮还可以带动立体的齿轮一起转动起来，等等。

动手拼齿轮

电动齿轮转动了

3. 会跳舞的电池小人

孩子们发现电池的款式各种各样，想给电池设计好看的外衣。于是我们提供了电池底卡，让大家按自己的意愿进行装饰，可以画线条、涂色或是画上自己平时喜欢的图案，每位小朋友都设计出了独一无二的漂亮电池。

我设计的漂亮电池

我们还在美术区里新增了剪好的圆形和方形小纸片，分别代表着圆形纽扣电池和圆柱形长条电池。投放这些材料的目的在于帮助孩子在物体与几何形体之间建立联系，鼓励他们用多种形状的材料进行制作活动，发挥想象自由创作。

橙橙尝试把圆形和方形小纸片拼接，她先拼出一个小人的形状，再在电池小人身上装饰好看的图案。完成之后她兴奋地说："看，我做出一个会跳舞的电池小人。"旁边的小朋友们都觉得橙橙的作品很棒，情不自禁地为橙橙鼓起掌来，也学着橙橙的样子做起了各种各样会跳舞的电池小人。

会跳舞的电池小人

教师的思考

幼儿在"电动齿轮工厂"游戏中边玩边学习，从不太会玩到玩得很"专业"，从没有经验到掌握经验。他们通过亲身体验和实际操作，验证自己的猜想，积极尝试并乐在其中。在幼儿掌握拼搭电动齿轮游戏关键经验的探索中，我们始终支持、鼓励他们的学习与探究。在多次尝试中，幼儿对如何更好地拼搭电动齿轮玩具的经验逐步建立起来了。

美工区中，当有孩子用圆形和方形小纸片创作出了"会跳舞的电池小人"时，其他孩子也会很有兴趣地模仿，这就是陈鹤琴先生说的"儿童教儿童”。正面的、积极的榜样可以把活动带向一片更新颖、更广阔的领域，其他幼儿可以在创作“会跳舞的电池小人”基础上整理概括自己获得的经验，并在活动中不断提升经验，为接下来创作新的作品做好准备。

4. 寻找电池的家

一天，有一组电动齿轮玩具突然不转了。

萱萱：“是不是坏了？”

彤彤：“我们才玩了一会儿，应该不会坏吧。”

天雅：“会不会是电池没电了？”

孩子们把玩具拿给我们检查，我们发现确实是电池没电了。有了之前拆装电池的经验，孩子们自己动手拆开了电池盒，把电池换成新的。

滴滴拿着旧电池准备扔到垃圾桶里，诺诺拦住了滴滴：“电池不能随便扔，电池里面有毒！”“有毒？”孩子们都很疑惑，小小的电池怎么会有毒呢？然然说：“我知道，妈妈告诉我电池里面有一些东西会污染土地。”玲玲说：“是的，电池如果乱扔到地上，地也会变得有毒。”没想到孩子们对废旧电池也有一些了解。

为了让孩子们对废旧电池有更多的了解，我们作为参与者也加入了孩子们的讨论，把自己知道的一些关于废旧电池的危害与孩子们进行了分享。在讨论中，大家了解到平常有用的电池其实也有坏处，它们会对我们生活的大自然产生巨大的污染，所以不乱扔电池就是保护我们自己、保护大自然的一种方式。这时，诺诺很严肃地说：“爷爷在家会把电池收集起来，送到专门的地方去，电池不可以丢在普通的垃圾桶里。”

废旧电池到底应该丢到哪里呢？

熙熙：“可以送回电池工厂。”

静怡：“可以把电池埋进土里。”

若琳：“要送进专门放电池的垃圾桶，是红色的垃圾桶。”

雨淇：“是的，爸爸带着我扔过电池，是红色的垃圾桶。”

很多孩子都没有注意过红色的垃圾桶，红色垃圾桶是什么样子的？我们身边有没有？大家决定去我们周围找一找。我们在幼儿园里找到了金属垃圾桶，在幼儿园所在的军区大院里寻找到了蓝色和橙色的垃圾桶，就是没有红色的垃圾桶。孩子们说："这些好像都不是电池的家。"

"电池的家到底在哪里？"孩子们没有放弃，他们回家后又和爸爸妈妈、爷爷奶奶一起去寻找，有些孩子在自己家小区内或者附近社区找到了红色的有害物质垃圾桶。孩子们都很高兴，他们知道红色的垃圾桶才是废旧电池的家，没有电的废旧电池一定要把它们送回家才行哦。

找到了废旧电池的家

把废旧电池送回家

"回收进垃圾桶的电池经过怎样的处理才不会破坏环境呢？"执着的孩子们打破砂锅问到底。我们鼓励他们去询问负责回收有害垃圾的叔叔阿姨们，通过孩子们的努力，我们最后得到了废旧电池处理的两种方法：① 将电池埋到很深的地下；② 通过化学方法将电池里有害的物质去掉，再将剩下的有用金属和塑料回收再利用。

除了有害物质垃圾桶，孩子们还在生活中找到了其他颜色的垃圾桶，孩子们很好奇，其他颜色的垃圾桶代表什么含义呢？他们拍下了垃圾桶上的图标，对不同颜色的垃圾桶进行了探究。

通过观察垃圾桶上的图标，大家知道了蓝色代表的是可回收垃圾，灰色代表的是其他垃圾，红色的垃圾桶不光可以装电池，还可以装其他有害垃圾。在这一阶段中，关于"垃圾分类"孩子们做了很多的调查记录，我们把调查记录单贴在墙上，孩子们既可以回顾自己的活动，又可以从同伴的记录中收获新的知识。

我们的调查

教师的思考

“小电池大能量”的活动内容并没有局限在电池这一物质上，而是根据幼儿的兴趣点，逐渐拓展和调整到了“垃圾分类”。虽然“垃圾分类”这一内容看似偏离了我们的主题“电”，但其实是我们将幼儿临时产生的有探索价值的内容调整为了阶段目标。从“小电池大能量”到“寻找电池的家”，再到“垃圾分类”，这三个看似关联不大的活动，都是我们根据幼儿探究的兴趣，并深入挖掘了其中的价值进行拓展的。我们认为，幼儿的学习活动应该是一个进行中的、可以改变的、开放性的过程，幼儿应该拥有更多的自主权。

随着活动的深入，有些幼儿对“垃圾该如何分类”又产生了新的兴趣，我们就将游戏材料提供在生活区，创设了“我给垃圾分分类”的新游戏，让他们继续进行探索，既满足了他们的兴趣，又支持了他们的学习。

第一次课程审议

班本课程前期的内容围绕着“生活中的电”开展了一系列活动，当幼儿产生新的想法时，教师能充分利用身边的资源，让幼儿的想法得以实现。比如：学习装电池、寻找电池的家等。在活动中，无论是资源的利用，还是活动内容的确定，教师都给予了充分的支持，也给予了幼儿自由自主的空间。但也存在困惑：幼儿目前的兴趣点在“垃圾分类”上，这一内容虽然由“电”而来，但与“电”不是特别密切，所以接下去的活动教师要思考课程的走向，捕捉日常生活中的教育时机，自然而然地帮助幼儿进入到“神奇的电”这一主线中来。

(三) 鞋子为什么会发光

1. 拆开鞋子探究竟

这一天，佳佳和轩仪为了一双会发光的鞋子争论了起来。原来，佳佳脚上穿了一双会闪闪发光的鞋子，只要她一走路，鞋子就会发出彩色的光亮。佳佳说：“轩仪你看，我的鞋子不需要电也可以发光哦。”轩仪却有不同的想法：“没有电，鞋子怎么会发光呢？鞋子里面一定藏着电池。”两个小朋友各有各的想法。

“到底有没有电池，在鞋子里仔细找找吧。”对于我的提议，他们都很赞同，两个孩子把鞋子前面、后面、里面、外面看了个遍，仔细寻找后，没有发现鞋子上有装电池的地方。其他孩子也感到很有意思，都想一探究竟。

田田：“电池一定藏在鞋底很深很深的下面。”

子雁：“可能电池很小，要用显微镜看，用手电筒照才能看到。”

琪琪：“应该没有电池，是鞋子周围的彩色钻石在发光吧。”

孩子们探寻鞋子发光秘密的意愿越来越强烈。到底是什么让鞋子发光的呢？

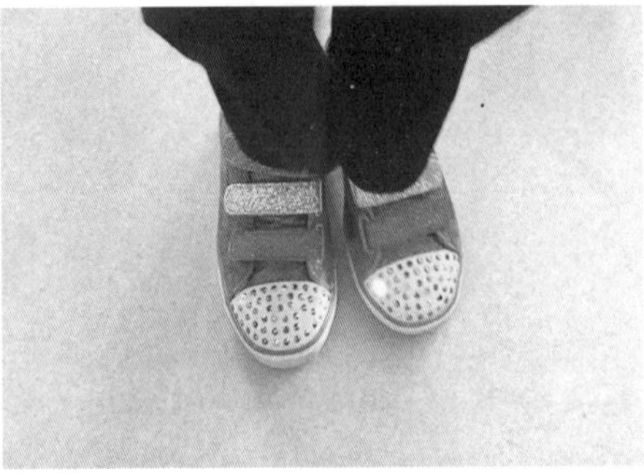

会发光的鞋子

为了寻找鞋子发光的原因，支持孩子们的探索，我买来了一双和佳佳脚上几乎一模一样会发光的鞋子，放在了科学区。果然，区域游戏时，孩子们对这双鞋子产生了浓厚的兴趣，有的孩子拿起手电筒在鞋子里照了又照，还有的孩子拿起放大镜在鞋子上看了又看，可怎么也找不到鞋子里的电池。轩仪有些着急地说："光看怎么行？我觉得要把鞋子打开才能找到电池！"孩子们对轩仪的这个具有破坏性的新想法很惊讶，他们把目光投向了我……

《指南》中说："要认真对待幼儿的问题，引导他们猜一猜、想一想，有条件时和幼儿一起做一些小实验。"于是，我首先肯定了轩仪的大胆想法："你这个想法很不错呢！"接着我问轩仪："那你准备怎么做呢？"轩仪说："我用手没法打开鞋子。"我问她："那你需要什么工具？"她想了想说："剪刀。"

说干就干，轩仪开始动手拆鞋子了。她先把鞋头剪开，接着剪鞋后跟，最后把整个鞋面都剪下来了，可还是没有发现电池。她说："刘老师，我要把鞋底拆开，电池可能会藏在鞋底里。可是我力气太小，拆不开。"我问："那你想怎么办呢？"她露出调皮的微笑说："刘老师，我们俩一起来拆鞋底吧。"面对孩子的邀请，我爽快地答应了，心底暗暗高兴。一方面感谢孩子对我的信任，另一方面能参与孩子的探索过程，和孩子一起寻找答案，也是一件令人兴奋的事情。

自己动手拆鞋子

鞋底材质坚硬，光靠剪刀还不行，我又从幼儿园电工那里借来了起子和老虎钳。孩子们一起动手，帮我们撑住鞋底，我们用工具不断尝试打开鞋底。终于，功夫不负有心人，我们在鞋底靠近鞋后跟的位置，发现了一个小小的装置，可是新的问题又出现了。

2. 鞋子里的小装置

“这个小装置是电池吗？是它让鞋子发光的吗？这和我们平常看到的电池怎么不一样呀？”一连串的问题从孩子们的小嘴巴里传出来。“这可怎么办呢？怎么才能知道它是什么呢？”我又把问题抛回给了孩子。聪明的孩子们想请教幼儿园里专业的电工叔叔，他经常和电打交道，一定会知道这个小装置是什么。

于是我按照孩子们的想法请来了电工叔叔，在电工叔叔的讲解下，我们知道了小装置的名称叫“小型电子线路板”。这个线路板里藏着电池，它里面的电池比我们常见的电池要小很多。孩子们通过尝试与努力终于找到了会发光鞋子的秘密，原来让鞋子发光的还真是小小的电池呀！

小型电子线路板

电工叔叔的讲解

(四)闪电大发现

1. 闪电是电吗

下雨天,坐在窗前玩玩具的孩子们一边玩一边讨论着轰隆隆的雷声和忽闪忽闪的闪电。静怡突然冒出来一个新问题:“闪电里面有一个电字,那闪电是电吗?”

雨知:“闪电就是电,长得像一根电线。”

楚然:“应该不是电,因为闪电上面还有白云。”

子希:“闪电是电,因为云里面带有电。”

“闪电是电吗?”这确实是个好问题,但是闪电离孩子平时生活比较远,也有一定的危险性,孩子没有办法实际操作,那么该如何和他们一起继续探究呢?

于是,我们查找了大量的相关资料,了解到在1752年,美国科学家富兰克林就有了和孩子们同样的疑惑,他通过“风筝实验”,证实了闪电是带电的。为了解答孩子们的疑问,我们分享了《富兰克林与闪电》的故事,孩子们知道了闪电与我们生活中用的电其实是同一种物体,闪电和电一样具有危险性。

2. 屋顶上的避雷针和避雷带

富兰克林发明了避雷针。避雷针是什么样的呢?每幢房子上都有吗?

带着孩子们的疑惑,我们进行了活动“各种各样的避雷针”。

梦露:“避雷针就是长长的尖尖的东西。”

贝可:“不对,避雷针是短的。”

雨淇:“避雷针就像妈妈给我缝衣服的针一样。”

避雷针究竟长什么样呢?孩子们一起观看了“科学家爷爷”的小视频。通过视频讲解,孩子们知道了避雷针是竖着的、尖尖的,长得像妈妈缝衣服的针,所以叫避雷针。而横着平铺在屋顶上的,像一条长长的绳子,叫避雷带。

这一天,几个孩子趴在教室窗边,不知在看什么。突然,她们激动地告诉我:“刘老师,我们找到了紫金楼顶上的避雷带了!”原来她们在仔细地观察着幼儿园对面紫金楼的楼顶。我顺着孩子们手指的方向看去,果然是的,我们一直以为它是楼顶上的灯带呢。孩子们通过自己的观察、比较,发现了紫金楼顶上的避雷带,看来,当我们追随孩子们的兴趣,和孩子们一起探究和学习时,真的会收获很多。

发现避雷带

紫金楼上的避雷带

自从发现了对面紫金楼上的避雷带,孩子们对幼儿园的楼顶上有没有避雷带或者避雷针很好奇,他们很想去幼儿园的楼顶找一找。于是,我们带着疑问,一起来到了幼儿园的楼顶。

经过一番寻找之后大家惊喜地发现,幼儿园的楼顶上也安装了避雷带,样子和紫金楼顶上的一样。但是,在幼儿园的楼顶上没有找到避雷针,孩子们猜测,只有很高的楼才会安装避雷针,比如南京最高的建筑物——紫峰大厦,它上面的避雷针老远就能看得到呢!

寻找幼儿园避雷装置

发现幼儿园避雷带

3. 雷雨天的安全

房子上有了避雷针、避雷带就可以躲避雷电，可我们人的身上没有这些，雷雨天气的时候要注意些什么呢？我们进行了“雷雨天的安全”小讨论。

在热烈的讨论后，孩子们知道了，雷雨天不能站在树下；不要在室内使用电器，不要在室外玩手机；不能在屋顶玩耍；要尽量待在装有避雷带或者避雷针的屋子里。

4. 闪电的艺术创作

闪电闪闪亮亮的，每一道闪电都不一样，孩子们关注到了闪电也有独特的美。“我觉得闪电好漂亮，就像大树的树枝一样。”“我觉得闪电的形状很奇怪也很特别。”“闪电有的长、有的短，都很亮。”大家你一言我一语，说着对闪电的认识。

日月星辰、风雪雨霜、土石沙水等都是儿童乐意亲近的对象，也是儿童成长不可缺少的环境资源，于是我们决定和孩子们一起感受和欣赏闪电之美。接下来，我们开展了趣味美术活动“雷雨天的闪电”，孩子们尝试通过吹画的方式表征出各式各样独特的闪电。

吹画闪电

不一样的闪电

（五）静电是什么

1. 爆炸的头发

11 月份，天气转冷，孩子们都穿上了毛衣。午睡脱毛衣时，大家突然都笑了起来，原来是天雅的头发全“炸”开来了。

熙雯：“我的头发也炸开过，像小狮子一样。”

沐籽：“我的也炸开过，尤其是在冬天的时候。”

子雁很好奇：“为什么头发会炸开呢？”

子希：“是静电。”

大家都追问子希：“那静电是什么感觉？”

子希：“妈妈带我去过科技馆，我感受过静电，静电的感觉就像喝可乐一样，麻麻的。”

2. 有趣的静电游戏

为了让孩子们进一步认识和感受静电，我们一起玩了一个科学小游戏“有趣的静电”。我变了一个“小魔术”：先用毛巾使劲摩擦光滑的吸管，再将吸管靠近盒子里的小纸片，结果吸管把很多小纸片都吸了起来。大家都很惊讶，有的孩子说是因为吸管上有胶水，有的孩子说是因为纸片上有水，但是他们摸了摸发现什么都没有，这是为什么呢？当我揭秘科学原理的时候，孩子们都迫不及待地想去亲手试一试。原来，摩擦能产生静电，光滑的吸管因为有了静电才能把小纸片吸起来，这可真是太有趣了！

我们把静电小游戏投放在科学区里，让孩子们在区域游戏时间可以自主尝试，感受静电的神奇。在游戏中大家还有一个新问题：“除了小纸片，还有什么也可以被静电吸起来？”孩子们自发地找来吸管、碎布、纽扣、小宝石、毛绒球等不同的材料，有的还从家里带来自己感兴趣的材料，这些新材料能被吸起来吗？接下来的几天，经常能看到孩子们在区域游戏中认真探索的身影。

为了便于记录观察和探究的过程与结果，静电游戏区投放了观察记录表。孩子们可以边操作边记录自己的实验结果。

静电吸纸游戏

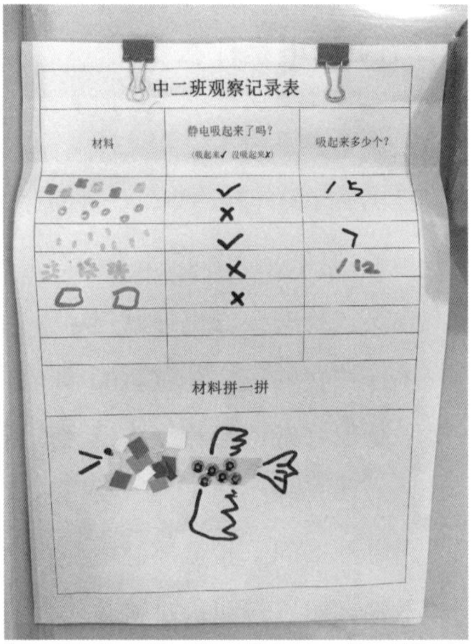

游戏记录表

教师的思考

幼儿在活动中如果只是说一说，可能就忘了；但如果做一做，也许就会有不一样的收获。静电是抽象的、不可见的物质，所以在“静电是什么”这一活动中，我们都是通过实验和游戏的方式帮助幼儿走进静电、了解静电。幼儿在“静电吸纸游戏”中，通过直接感知、亲身体验、实际操作，知道了静电是如何吸附物体，以及哪些物体可以被静电吸附起来的秘密。幼儿在此过程中收获的不仅是宝贵的经验，还有不断尝试、坚持到底的学习品质。

(六) 没有电的日子

1. 听听过去的故事

一天，欣田突然和我们说昨天晚上她家里停电了，黑乎乎的什么也看不见。是的，没有电的生活真的会很不方便。由此我们想到，在电力没有普及、电资源比较匮乏的时代，夜幕降临后人们是怎么面对黑暗的呢？出生在幸福年代的我们对那个时代的生活很陌生，于是我们在班级群里发起了提问，没想到勾起了很多家长对童年生活的回忆，他们积极回应了我们。我们意识到，他们的这段记忆是一种宝贵的教育资源，孩子们在了解过去没有电的艰辛生活的同时，更能感受到今天的幸福生活。

家长热烈讨论

我们请爷爷奶奶和孩子们聊一聊过去家里是怎样进行照明的，晚上的生活是什么样子的。通过老人们的讲述，孩子们初步了解了我们国家是从贫穷落后逐渐发展成如今的繁荣富强，是一代代建设者们努力学习、无私奉献，才使中国强大起来的。孩子们都说自己也要好好学习，长大成为对祖国有用的人。爷爷奶奶们的故事，让大家感受到电资源与我们生活的密切关系，懂得不能浪费电，要节约用电。

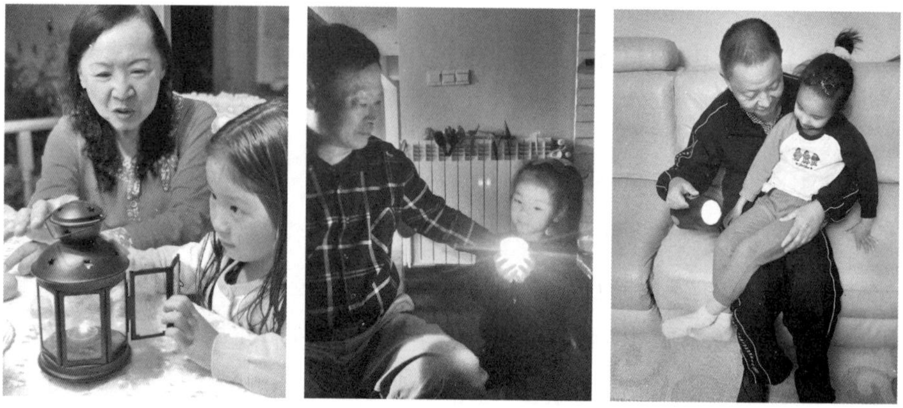

爷爷奶奶给我们讲故事

听完故事以后，我们想了解孩子们在这次活动中收获的知识经验。于是，我们设计了针对此次活动的调查表《没有电的日子》，请家长们帮助孩子真实记录下他们的话。从调查表中，我们发现了孩子们的新收获和新经验，他们在听，也在思考和感受，并且得到了很多启发。

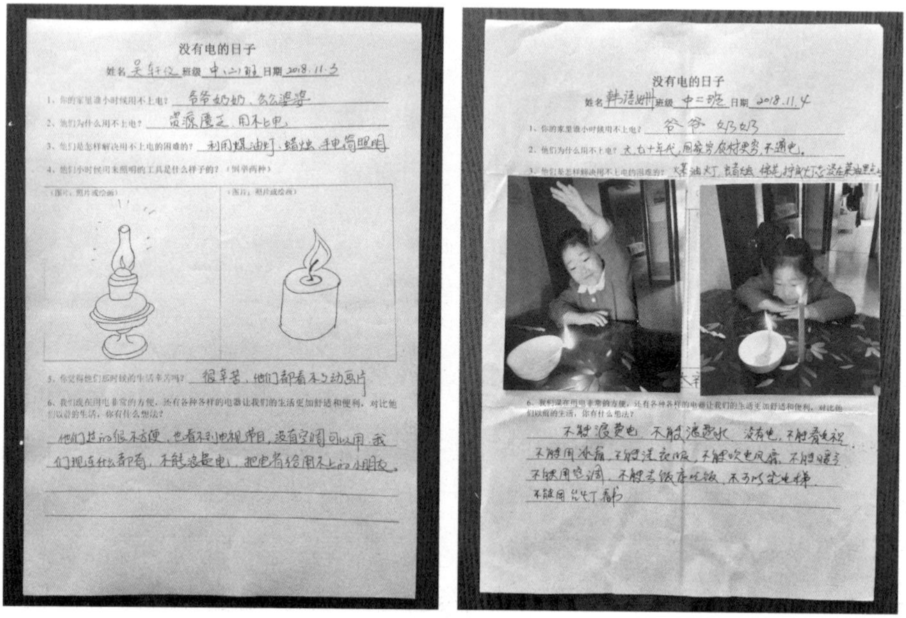

没有电的日子

姓名 吴轩仪 班级 中（二）班 日期 2018.11.3

1、你的家里谁小时候用不上电？ 爷爷奶奶、公公婆婆

2、他们为什么用不上电？ 资源匮乏，用不上电。

3、他们是怎样解决用不上电的困难的？ 利用煤油灯、蜡烛、手电筒照明

4、他们小时候用来照明的工具是什么样子的？（列举两种）

（图片、照片或绘画） （图片、照片或绘画）

5、你觉得他们那时候的生活辛苦吗？ 很辛苦，他们都看不了动画片

6、我们现在用电非常的方便，还有各种各样的电器让我们的生活更加舒适和便利。对比他们以前的生活，你有什么想法？

他们过的很不方便，也看不到电视节目，没有空调可以用。我们现在什么都有，不能浪费电，把电省给用不上的小朋友。

没有电的日子

姓名 韩语姗 班级 中二班 日期 2018.11.4

1、你的家里谁小时候用不上电？ 爷爷 奶奶

2、他们为什么用不上电？ 六、七十年代，国家穷农村更穷，不通电。

3、他们是怎样解决用不上电的困难的？ 煤油灯、蜡烛、棉花拧成灯芯泡在菜油里点

6、我们现在用电非常的方便，还有各种各样的电器让我们的生活更加舒适和便利。对比他们以前的生活，你有什么想法？

不能浪费电，不能浪费水，没有电，不能看电视，不能用冰箱，不能洗衣服，不能吹电风扇，不能暖宝，不能用空调，不能煮饭来吃饭，不可以坐电梯，不能用台灯看书

《没有电的日子》调查表

2. 节电小小宣传员

听爷爷奶奶讲了过去的故事后，孩子们在生活中也开始注意节约用电了。

诺诺：“我们要怎么才能让更多的小朋友知道节约用电呢？”诺诺的问题引起了大家的思考，大家觉得可以做一个提示牌贴在外面提醒大家节约用电。孩子们尝试分组设计节约用电的标志，每个人把自己的想法用画笔表达出来，最后合作完成一份“节电公约”。孩子们亲手把这份“节电公约”贴在了班级外面的走廊上，让幼儿园里的其他小朋友都知道要节约用电。

合作设计“节电公约”

张贴“节电公约”

教师的思考

家庭是幼儿园重要的合作伙伴，祖辈们有着丰富的生活阅历和充沛的时间，这些都是我们所需的重要教育资源。因此作为教师，我们应该做的是尽可能地给出合理的指导，最大限度地挖掘家长的教育价值。“听听过去的故事”不仅激发了幼儿探寻亲人们经历过的真实而艰难生活的兴趣，也提升和丰富了幼儿的经验，这种口口相传的独特教育方式，更加深了孩子们和祖辈之间的密切关系。

在活动中，我们应该成为孩子活动的支持者，在幼儿与学习媒介间搭建互通的桥梁，将发展的主动权交给幼儿，从而真正实现幼儿在原有基础上的适宜发展。

第二次课程审议

在以上的主题活动中，教师和幼儿都利用了地域文化资源进行学习，当"闪电是电吗"这个新问题出现时，教师与幼儿共同寻找了美国科学家富兰克林与闪电的故事；当幼儿对过去如何用电充满好奇时，教师充分利用了家长资源，请爷爷奶奶带幼儿追溯了我们国家那段电资源匮乏的时光；在如何开展调查活动、向谁去访谈等问题上，教师给予了直接的指导，这些帮助都是这个年龄阶段的幼儿迫切需要的。

中班幼儿有探究的欲望，但缺少探究的方法，他们想法很多，但有时不知道如何把这些想法变成现实，教师的引领架起了一座桥梁，让幼儿从桥的这一头走到桥的那一头。在主题开展的过程中，幼儿往往在获得答案的同时会生成新的问题，而教师和幼儿共同探索的过程不仅启发了幼儿进一步思考，还支持了幼儿的探究兴趣，提升探究品质，这一点做得非常好！

在接下来的探究活动中，教师可以拓展幼儿生活中关于"电"的经验，还可以以提问等方式引发幼儿的认知冲突，引发他们进一步思考。当有新问题时，教师不仅要预先规划学习框架，也要及时回应幼儿的需求与兴趣，以保护幼儿的探究欲望为前提，本着"儿童在前，教师在后"的原则，及时支持，恰当引导，适时小结，让幼儿的活动不断向纵深推进，让课程深入幼儿内心。

（七）探秘电表

1. 什么是电表

"怎样才能知道我们到底用了多少电呢？"萱萱的这个问题难住了很多小朋友。沐籽说："我知道，可以看电表。"那电表是什么呢？孩子们和爸爸妈妈一起寻找、观察自己家的电表，知道了每家都有电表，电表是用来显示家庭用电情况的。

大家分享在家里拍到的电表照片时发现电表有两种，一种是长长的一排，上面全是按键；另一种有一个屏幕，上面会显示数字。到底哪一种才是电表呢？孩子们各抒己见，很快就得出了两种意见：有的孩子觉得，有数字显示的才是电表；有的孩子觉得，有开关可以控制电的流动的才是电表。我们对孩子们的想法给予了充分的肯定，并鼓励他们回家后请爸爸妈妈帮忙再去观察一下。

第二天，孩子们带着答案来到了班上，原来有数字显示的才是电表，用来计算家里用了多少电；有按键的是控制电的电闸开关，如果关闭电闸就没有电可以用了。

发现的电闸

发现的电表

细心的孩子们在观察家中电表时发现有些电表会发光，而有些不会，这是为什么？有的孩子认为不发光是因为电表坏了，还有的孩子觉得发光的电表说明在通电。孩子们的答案五花八门，我们同样鼓励孩子们和父母一起寻找答案，在爸爸妈妈确保安全后，孩子们进行了多次开关电源的尝试，发现当家里所有电源关闭时，电表不会发光，而家里在使用电的时候，电表就会发光。

孩子们都说："电表的光像一个提示器，看一看电表的光就知道家里有没有人在用电了。"

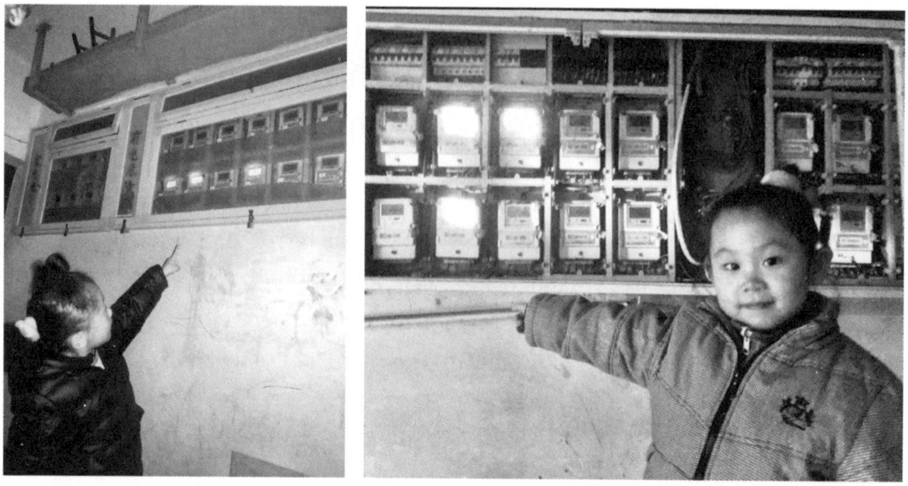

发光的电表

2. 找找我们班的电表

教室里的电闸

“教室有没有电表呢?”孩子们开始在班上寻找电表,很快就在教室入口处发现了。仔细一看,这不是电表,而是电闸,上面只有上下的开关,没有数字显示。我们班的电表到底“藏”在哪里呢?快去请教幼儿园里负责电力维修的郭叔叔吧……

郭叔叔带着孩子们来到了靠近幼儿园大门的一间小房子前面。他告诉孩子们,教室里没有电表,我们整个幼儿园有一个总电表,这间房子里就装着我们幼儿园的总电表。孩子们想进小房子里去看看,郭叔叔拦住了大家:“小房子门上的标志就是提醒我们注意用电安全,幼儿园用电多,电压很高,所以小房子里面很危险,你们不可以随便进去哦!”通过郭叔叔的介绍,孩子们知道了电表也是带电的,不能随意触摸。

寻找幼儿园的电表

配电房的安全标志

为了满足孩子们的好奇心，热心的郭叔叔为孩子们拍下了电表的照片。“电表很危险，可是我们不去看怎么知道用了多少电呢?”孩子们纷纷问道。郭叔叔告诉大家:“电表旁边有一个设备叫作采集终端，它就像一个远程遥控器，供电局的叔叔阿姨只要打开天线设备，就能通过这个设备接收到幼儿园电表上的数字信号，也就能知道我们幼儿园用了多少电，需要交多少电费了!”“原来幼儿园的电费是这样收的呀!”孩子们都觉得特别地神奇，高科技给我们的日常生活带来了太多的方便。

幼儿园的大电表

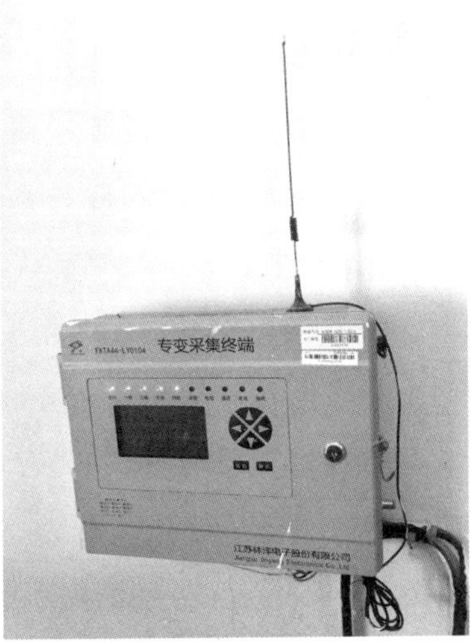

电表信息采集终端

3. 建构发电厂

孩子们知道了电都是从发电厂输送到千家万户的，于是大家开始在建构区中建构“发电厂”。我们提供了各种发电厂的图片，孩子们根据自己掌握的相关知识建造了火力发电厂、风能发电厂，还有水力发电厂。

建构发电厂

水力发电厂

第三次课程审议

在寻找电表的过程中，幼儿发现了电表与电闸这两个完全不同的设备，当他们产生了“哪一种才是电表”的困惑时，教师没有急于给予幼儿问题的答案，而是真诚地接纳、多方面支持和鼓励幼儿的探索行为。无论是认识电表和电闸，还是寻找幼儿园的电表，教师都给予了幼儿充分操作、猜想和验证的契机。

在接下来的活动中，教师可以侧重于幼儿的游戏体验，让他们玩起来。游戏是儿童认识生活、处理人际关系以及学习对待事物态度的一种独特的方式，也是一种教育手段。教师可以尝试以某一种游戏材料为媒介，促进幼儿深度的探索与学习；而相应的游戏材料的选择最好来源于幼儿的生活。幼儿身边有很多电动玩具或者电动的生活用品，能发光或者发声，教师可以引导幼儿挖掘身边这样的材料，进行有深度的探索活动，支持幼儿在知识、经验和技能等方面作出积极的努力，感受活动的挑战性与趣味性。

(八) 手电筒真好玩

1. 山洞探险

这段时间，很多孩子从家里带来了手电筒，他们喜欢拿着手电筒照来照去，他们告诉我："刘老师，手电筒要照在黑暗的地方，才能看见它的亮光。"

"幼儿园里什么地方是黑乎乎的呢?"孩子们异口同声地说："山洞啊！幼儿园里有一个黑乎乎的山洞，我们可以拿着手电筒到山洞里去探险。"

葭兮："我猜山洞里肯定有一个可怕的黑蜘蛛。"

佳妮："我感觉山洞里肯定有恐怖的东西。"

于是，孩子们拿起自己的手电筒，开始了小山洞探险之旅。

准备探险

山洞里果然是黑漆漆的,探险的过程真是既新奇又刺激。在探险过程中,有的孩子感到害怕时,其他孩子就会安慰鼓励他:"加油! 没有什么可怕的。"在探险的过程中,他们学会了相互合作、相互鼓励。从山洞里出来之后,孩子们争先恐后地告诉老师,山洞里既没有黑蜘蛛也没有恐怖的东西。

山洞探险

2. 我和光影做游戏

"老师,你看手电筒照出来的光像个球,都是圆形的哦!""手电筒可以帮我们照亮黑暗,真的很有用。""手电筒一照,还有影子呢。"通过山洞探秘活动,孩子们发现了手电筒照出来的光有很多有意思的地方。

他们用手电筒照在美工区的透明胶片上时,神奇的现象出现了,孩子们在透明胶片上画的画出现在墙上。孩子们惊喜地说:"手电筒还会变魔术呢!"他们兴致勃勃地操作给我看。当手电筒离胶片距离很近时,胶片的图案就会变大;当手电筒离胶片距离很远时,胶片的图案就会变小。有的孩子还发现越暗的地方投射出来的胶片的图案会越清晰,于是有的孩子会将自己的胶片拿到光线比较暗的睡房里,在睡房的白墙上投影出画的影子。

梦露问:"老师,可以用手电筒把画投射在山洞的墙上,变成壁画吗?"这真是一个奇思妙想。我们陪同孩子,拿着胶片和手电再次进入山洞,大家发现除了白色的墙壁,山洞里凹凸不平、颜色灰暗的墙壁也可以照出胶片上的图案,连颜色也可以印在墙上,只是没有在白墙上那么清晰。作品投射在山洞里的墙壁上,真的好像是山洞里的壁画,特别有趣。

绘制透明胶片

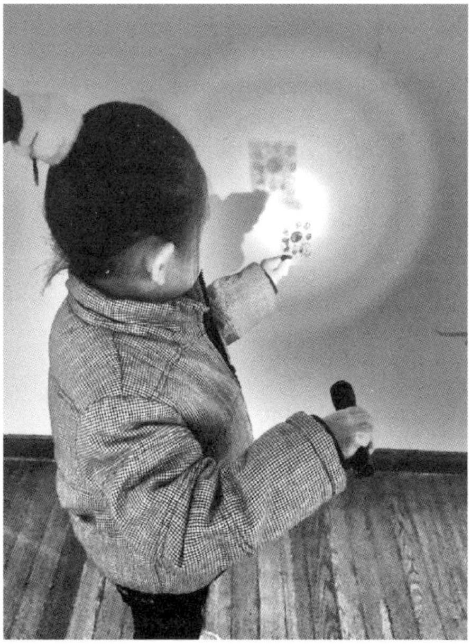

尝试在白墙上投影

3. 制作光影故事集

孩子们乐此不疲地玩着光影游戏，有的孩子已经不满足于把画投射在墙上了，他们摆着小人偶，还设计了有趣的场景，用手电筒照射投影在墙上，边玩边说着故事。于是，我们专门开辟出一块小空间，让孩子们在玩光影游戏时把自己觉得最美的光影记录下来，夹在墙上的小夹子上。渐渐地，孩子们有了属于自己的光影故事集。

“光影故事”游戏区

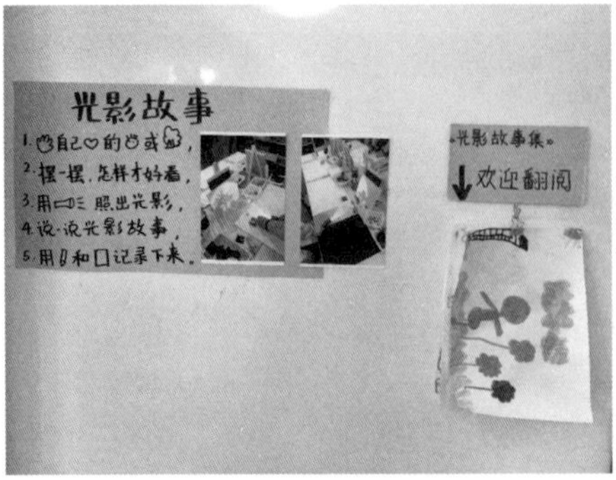

光影故事规则

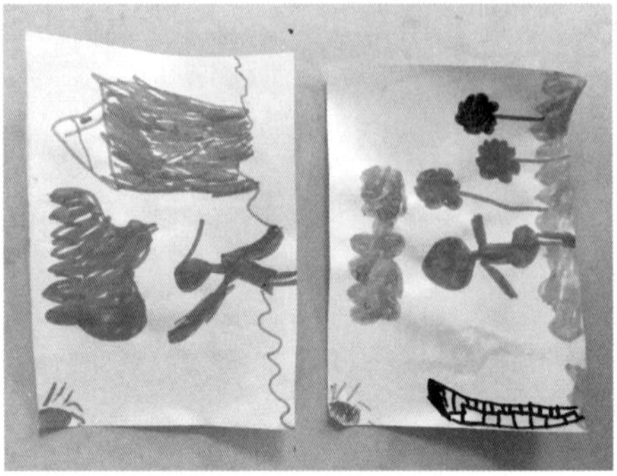

光影故事

教师的思考

活动中,幼儿对手电筒产生了兴趣,我们借助区域活动满足他们对探索手电筒的需求,支持他们的学习,尊重他们在学习中的主体地位,为他们提供更多验证自己想法的机会。

在手电筒的探索过程中,幼儿的游戏经验得到了进一步的丰富,虽然手电筒大同小异,但玩出的花样却是异彩纷呈——“山洞探险”“我和光影做游戏”“制作光影故事集”等等。当幼儿发现透明胶片上的彩色图像可以投射在墙上时,他们又萌发出将图像投映在山洞墙壁上,形成有趣的山洞壁画的新想法;当幼儿发现手电筒可以在墙上投射出玩具的影子,他们又想到可以积累绘画光影作品,创作自己的光影故事集……幼儿能根据已有经验尝试各种新的游戏方式,我们能做的就是肯定幼儿的想法,支持他们的做法,自由地让他们做中玩,玩中学,尊重他们探究的自主性。

(九) 会发光的裙子

1. 剧本的产生

幼儿园一年一度的童话节快要到了,孩子们想做一条会发光的裙子。她们觉得演出时如果能穿上会发光的裙子站在舞台上一定很好看,于是孩子们尝试把各种会发光的材料，比如亮片、宝石等装饰在裙子上，可是裙子没有像想象中那样闪闪发光。

正值圣诞节，沐籽妈妈为孩子们带来了一棵圣诞树，上面有各种颜色的彩灯。孩子们灵机一动，有了新点子，她们说：“电可以让彩灯发光，我们把圣诞树上的灯装在裙子上，裙子是不是可以闪闪发光?”孩子们尝试把彩灯粘贴在裙子上，并发现把彩灯装在裙子上，就能变出一件会发光的裙子。

探索会发光的材料

沐籽的圣诞树

我给裙子装彩灯

孩子们把自己制作会发光裙子的过程记录下来，变成了一个有趣的故事，还发挥想象在故事中融入了各种小动物的形象，创编成了我们班自己的童话剧剧本。

故事讲述了两个小女孩因为要参加舞会想穿上闪闪发光的裙子，她们求助了很多好朋友，小猫想到了为裙子装上宝石的办法，小兔子想到为裙子装上镜子的办法，小鱼想到了为裙子装上珍珠的办法，小鸟想到了为裙子装上星星的办法，可是这些材料并没有让裙子真正变得闪闪发光。最后，正在过圣诞节的小朋友们想到了将圣诞树上的彩灯装在裙子上，让裙子变得闪闪发光。两个小女孩最终穿上了闪闪发光的裙子，参加了盛大的舞会。

第一幕:寻找发光的裙子

第二幕:小动物们来帮忙

第三幕:圣诞节的彩灯

第四幕:盛大的舞会

2. 自编自演乐趣多

孩子们演的是自己的故事,所以特别地投入,儿童剧中最后的舞会将整个儿童剧推向高潮,孩子们穿着自己制作的闪闪发光的裙子,博得了观众们的阵阵掌声,令观众们惊叹不已。这不仅仅是一场演出,更是孩子们聪明才智的体现,她们将自己对“电”的认识融入整个剧本中,让“电”这一特殊的道具,在剧中发挥了重要作用。探索与制作“会发光的裙子”推动了活动的深入开展,儿童的经验获得了进一步的提升。在儿童剧的生发过程中,孩子们收获了用心观察、仔细思考的学习态度。

演出结束以后,孩子们把演出的道具都放入了班级表演区,自主游戏的时候,他们不但会和同伴一起合作表演《会发光的裙子》,还喜欢自己创编各种不同的新剧本。让我们惊叹的是,孩子们还制作了“会发光的帽子”“会发光的裤子”等新的服饰和道具。看着孩子们愉快而投入地自编自演，听着表演区里时不时传来的朗朗笑声，我们被孩子们投入和享受的状态深深打动。可见“神奇的电”带给孩子们的不仅是知识上的收获，还有大胆创造的喜悦。

第四次课程审议

在自编自演童话剧的时候，幼儿的想象力、行动力以及思维能力被激发了。通过多感官的感知，幼儿探索了各种各样可能会让衣服发光的材料。幼儿把自己的想法和探索过程通过情境表演的方式重现，教师帮助他们进一步巩固和关注细节，最后的正式演出让这些日常的小片段变得生动，幼儿的艺术表现经验也更加丰富。

幼儿沉浸在自己的艺术表现中时，教师没有过多地介入，而是以陪伴者的身份欣赏他们的艺术表达。教师尊重幼儿，让幼儿打开了思维，发挥了想象，并提供适宜的支持，帮助幼儿呈现出一台近乎完美的演出。

三、主题总结

（一）活动脉络图对比

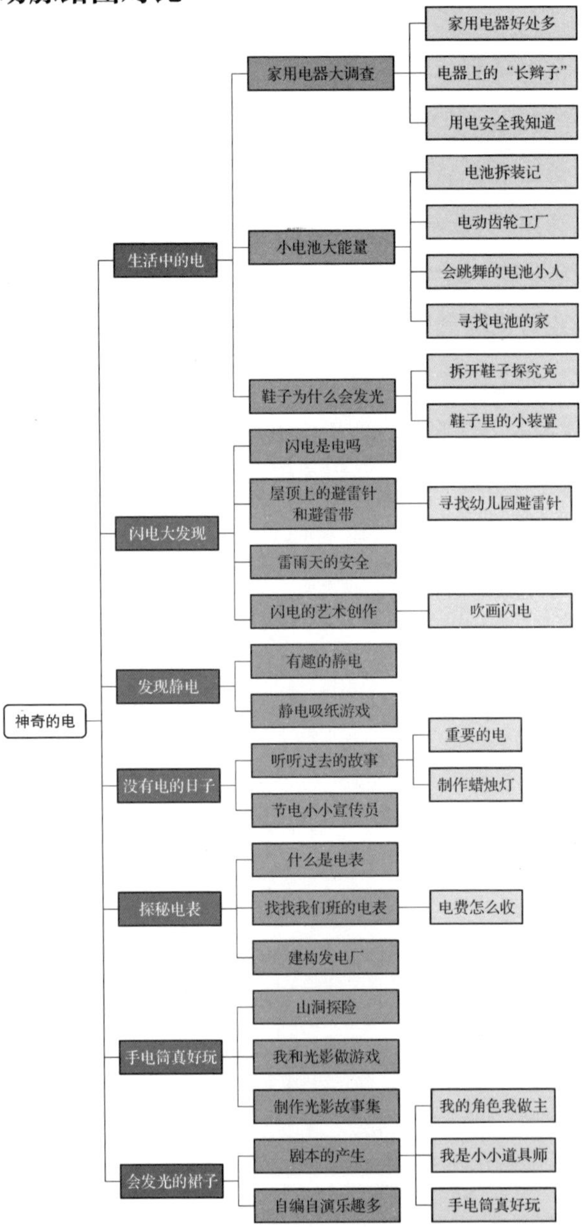

活动脉络分析

“神奇的电”在刚开始教师预设的脉络图中，围绕着生活中的“电”，主要分为“电是什么”“电池”“静电”和“闪电是电吗”四个部分。但随着主题活动的开展和意外事件的发生，增加了主题的生成性和变化性。完成后的网络图在保留了预设的部分活动基础上，还根据教育环节中的偶发事件，新生成出了“没有电的日子”“探秘电表”“儿童剧”三个部分，每个部分的内容都在追随孩子经验的基础上进行了增加和丰富。

主题活动开展的过程中有很多偶发事件是教师没有预设和无法预设到的，如“没有电的日子”是在一次偶发的停电中引起幼儿兴趣的，幼儿好奇为什么会停电？会不会是电闸关掉了？可电闸又在哪里呢？在寻找电闸的过程中也不是一次成功的，幼儿开始把电表误以为是电闸，围绕着幼儿的兴趣和遇到的困难我们开展了寻找电闸、认识电表、区分电表电闸、了解功能等一系列活动，在活动中深度探究。“鞋子为什么会发光”是由幼儿的新发现而新增的活动，幼儿为了发现鞋子发光的秘密尝试拆鞋子，这种“破坏”也是学习的一种方式，教师打破墨守成规的教育观念，给幼儿创造更宽松、更支持孩子想象与探索的学习空间。最后的儿童剧活动，也是从幼儿“想做一条会发光的裙子”的探索活动中自然生成的，幼儿将主题中获得的各种经验进行整合，最终制成了会发光的裙子，将主题活动推向高潮。

在活动生成的过程中，教师关注幼儿的需要，使课程的选择具有教育价值，如：在了解家用电器的好处时，教师关注幼儿的学习愿望，使课程的内容具有有效性；探秘会发光的鞋子，教师关注幼儿的游戏特性，使课程的形式具有延展性；由探索活动引发的儿童剧活动中，教师关注幼儿的学习氛围，使课程的形式具有趣味性。整个班本活动过程中，教师做符合幼儿需要的事，鼓励幼儿完成力所能及的事，教师预先进行规划和思考，引导幼儿积极、专注，乐于探究、乐于想象，达到了深度学习、获取经验的目的。

（二）幼儿经验分析

幼儿的学习源于对问题的兴趣，在推进主题活动的过程中，课程的走向、内容、组织形式都在随着幼儿的兴趣随时发生着变化。在预设的经验中，教师的思考比较保守，随着幼儿兴趣的持续和课程的开展，我们发现实践探究活动比预期要丰富，有很多没有预设到的经验都是在一些偶发事件中发生的。

比如在一次聊天中，幼儿对“鞋子为什么会发光”“电从哪来”产生好奇，在探究的过程中，孩子们从好奇、推论、遇到困难、想办法、合作动手解决困难，到最后验证自己的猜测，这一系列的经验是之前没有预设也无法预设的。在一次午睡脱衣服时孩子们发现头发都被吸起来了，于是对静电产生了好奇，由此丰富了有关静电的经验。

（三）教师的感悟

“电”，是一个在成人眼中枯燥无味甚至有些危险的事物，但当我们追随幼儿的兴趣，从幼儿的视角出发，就能发现“电”也有许多有趣好玩的地方。

1. 在“活教育”理论指导下的幼儿互动

陈鹤琴先生的“活教育”理论告诉我们，大自然、大社会都是活教材。于是我们尝试冲破幼儿园这一狭小的天地，让幼儿到自然和社会中去学习：去军区大院里寻找红色垃圾桶，去社区寻找有害垃圾桶，在家里探索电表的秘密等等。幼儿完全从自己的生活经验出发，不断寻找、发现生活中方方面面与电有关的元素，在产生疑惑的同时尽自己所能解决问题。

“活教育”的教学原则指出，凡是儿童自己能够做的，应当让他自己去做；凡是儿童自己能够想到的，就让他们自己去想。在“鞋子为什么会发光”的活动中，幼儿为了得到答案，自己动手拆起了鞋子，当自己的问题遇到瓶颈时，知道主动寻求成人的帮助。问题解决的过程使他们获得的不仅仅是知识，社会交往能力也得到了发展。

“活教育”强调做中教，做中学，做中求进步。陈鹤琴认为“做”是学生学习的基础，因此也是“活教育”方法论的出发点。所以当幼儿对“电”的不同功能，比如照明、吸附物体等现象感兴趣时，我们把会发光的手电筒、透明胶片等材料投放在各个区角，支持和鼓励他们玩出新花样。语言区的“光影故事”、美术区的“胶片投影”、生活区的“山洞探秘”、科学区里的“静电游戏”等等，这些幼儿自己玩出来的游戏，让他们对电有了更新、更有趣的认识。

2. 教师的教育观念和创新意识直接影响班本课程的发展和走向

在班本课程实施过程中，教师首先要有创新意识，更新教育观念，才能有效地激发、培养幼儿的创新能力。比如：“寻找电池的家”“没有电的日子”等活动中，我们打破了只在课堂教学的形式，充分利用社会资源，让大社会也成了孩子们学习的课堂，老师、父母都可以成为孩子们成长的推动者。当孩子们有了新的发现，教师要能继续提出有探究意义且能激发幼儿兴趣的问题，支持孩子们持续深入地进行探究活动。

活动中，孩子们体会到了成功的喜悦，如通过探究知道了闪电和电原来是同一种物质；也体会到失败的低落，如多次寻找都没有找到幼儿园楼顶上的避雷针，但无论是失败还是成功，都是一次学习的机会。教师要不断反思，善于总结经验，这样才会为以后更好地开展活动奠定良好的基础。

3. 偶发事件中深度探索和收获

班本课程是追随孩子们兴趣的课程，在班本课程实施过程中，经常会有偶发事件发生。在“探秘会发光的鞋子”这次偶发事件中，教师教育理念提升与转换到“从可进一步开展活动的可能性中，我选择什么作为聚焦点”。在过程中教师把握了偶发事件中所隐含的教育价值，并由此生成新的教育活动，比如：“寻找电池的家”“没有电的日子”“探秘电表”等。

在我们与幼儿的良好互动中，在我们的支持与引领下，孩子们对“电”始终有着浓厚的兴趣，对自己的问题刨根究底，勇于探索实践，获得了有益其身心发展的经验。我们也学会了追随孩子，让孩子成为学习的主体，活动更多展示幼儿的想法，帮助他们认识到自己就是思想家、创新者。

另外，孩子们在探索过程中有破坏鞋子的行为，这种“破坏”是孩子们探索世界的一种方式，教师要以一种开放的心态来面对，尽可能地鼓励支持并且参与进来，因为孩子“破坏”的过程，是一个手、眼都在活动的过程，能够促进他们思维的发展。鼓励孩子适当地“破坏”，就是在鼓励孩子的创造力，以及对更多事物的探索兴趣，教师要主动带领他们从“破坏”中寻找答案。

4. 教师是课程的研究者，与幼儿在课程互动中共同成长

班本课程“神奇的电”的开展过程充分体现了“所有来自儿童的问题都是课程发生的起点”这一生长课程的核心思想。在这个班本课程实施过程中，教师不放过幼儿产生的每一个问题，支持幼儿深度探索生活中关于“电”的各种问题。教师作为课程的研究者，要做幼儿的玩伴，与幼儿一起探索、成长，成为幼儿活动的支持者；也要做好每一次活动的分享、交流，让孩子有思考、有话说、愿意说。

孩子们是活动的主角，剧情随着他们的兴趣和探索在变化和延伸。孩子们在活动中表现出来的兴奋、好奇、探索欲望，让我深深体会到，教师和幼儿一起发现并分享新奇有趣的事物和现象，一起寻找问题的答案，支持他们大胆联想、猜测问题，并通过自己的方式记录有趣的探索和发现，这些远比教给孩子们知识重要得多。

蚂蚁王国趣事多

高 美 李 雪

一、主题畅想

（一）活动缘起

生活区里准备了各种新鲜的水果，孩子们正在做美味水果拼盘。小鲍品尝着火龙果，幸福地说："火龙果太甜了，像小蚂蚁一样甜。""为什么呢？"我疑惑地问。他捂起小嘴笑起来，说："哦，不对，我说错了，是和小蚂蚁爱吃的东西一样甜。"这个有趣的说法引起了大家浓厚的兴趣，小伙伴们纷纷议论起来了。小蚂蚁究竟喜不喜欢吃甜食物呢？我们决定去草地上一探究竟。于是我们带着对小蚂蚁的喜爱和好奇，进入了班本主题活动"蚂蚁王国趣事多"……

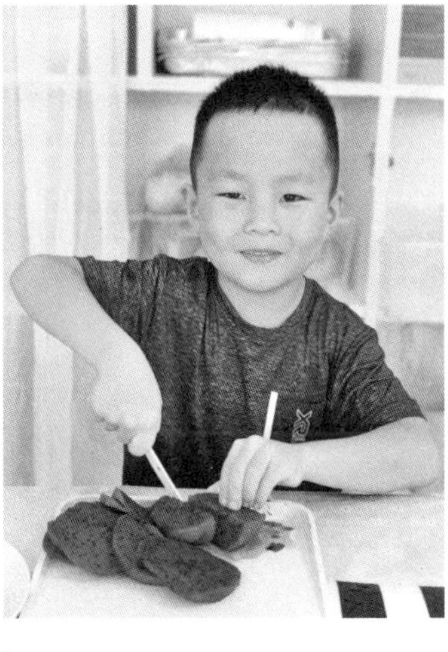

准备水果

（二）活动可能的发展脉络图

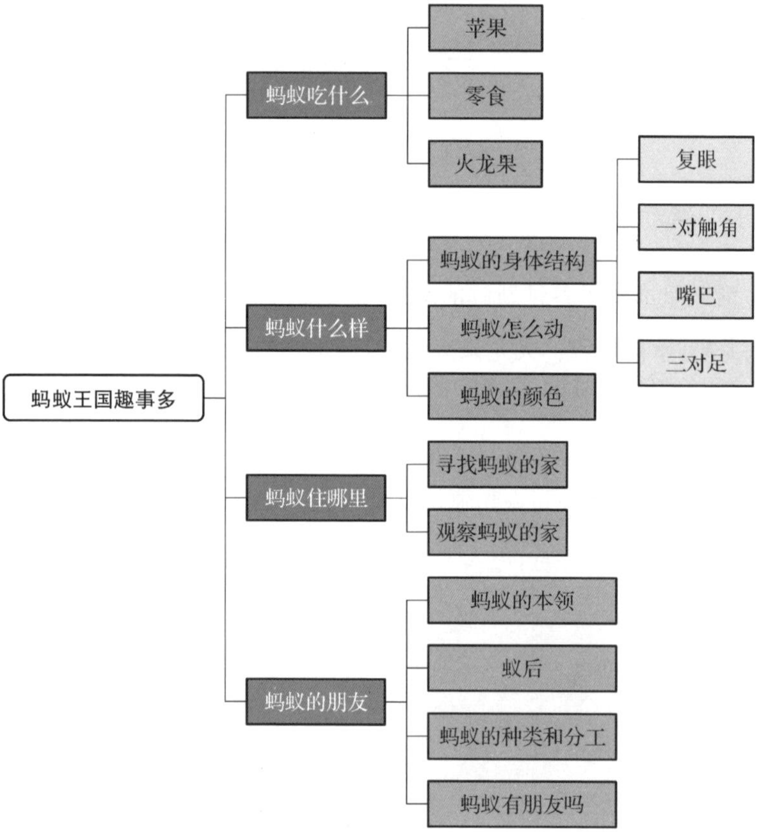

（三）幼儿可能获得的经验图

（四）主题可能涉及的资源图

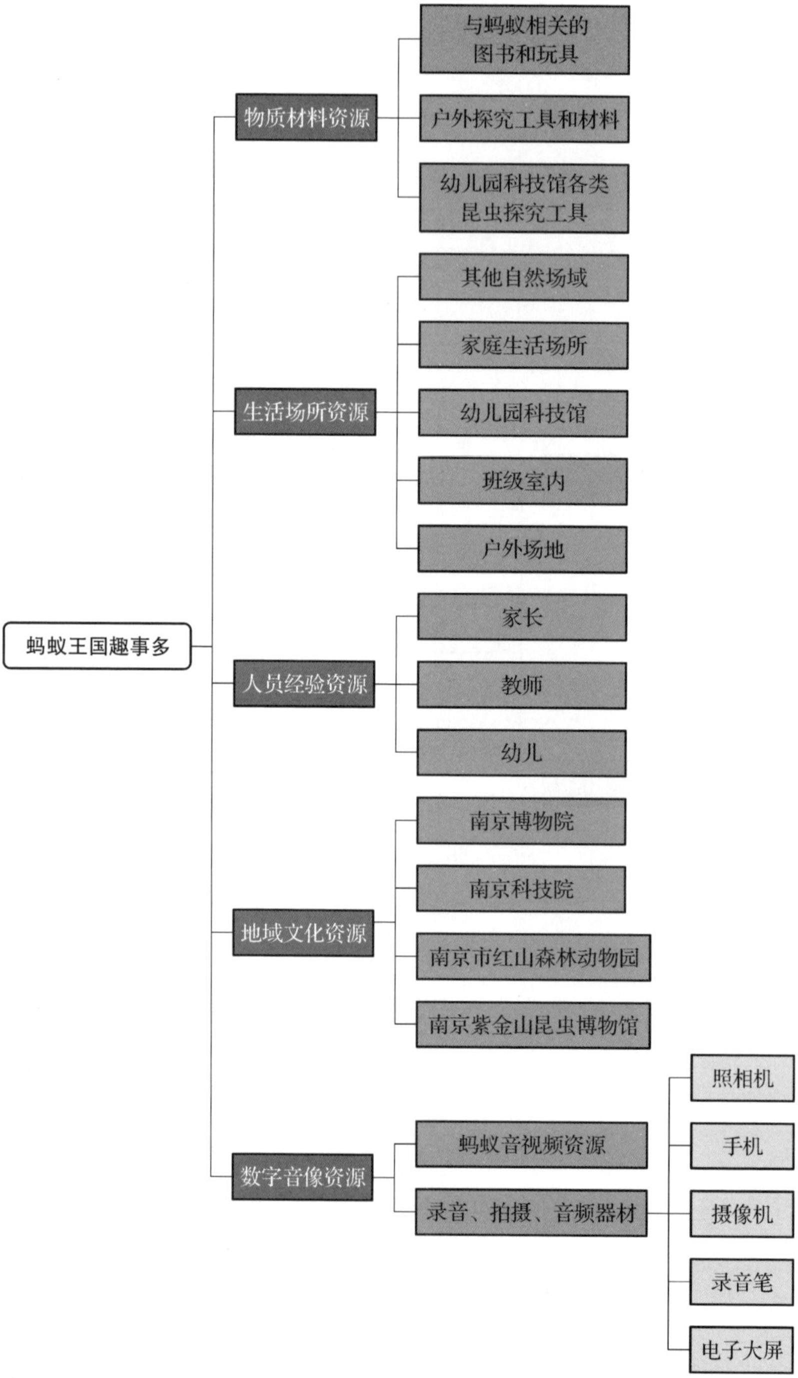

专家
点评

有关蚂蚁的课程来自幼儿区域活动中的偶然事件，是由单个幼儿兴趣引发的全班性的幼儿活动，教师对幼儿生活中细小事件的观察和引导是生发该主题活动的重要因素。幼儿园一日生活中蕴含着丰富的教育契机，我们可以看到，教师珍视幼儿生活中的行为、言语，留心观察这些生活细节背后所蕴藏的教育价值。

从预设的主题活动网络图和经验图可以看出，蚂蚁住哪里、蚂蚁什么样、蚂蚁吃什么、蚂蚁的朋友这些分支活动都体现了教师在课程预设中清晰的儿童视角，从幼儿真实关切的问题出发，预设可能生成的活动，以及生发的经验……

课程的实施少不了前期对课程资源的考虑，在活动预设中，教师对课程资源进行了充分考虑，为推动主题活动的发展创设了条件，在之后的主题开展中要充分利用好这些资源，使全班幼儿都能在有教师支持和家长参与的情况下积极主动地参与深层次的探索活动。

二、主题开展

蚂蚁初相识

(一) 蚂蚁初相识

“蚂蚁爱不爱吃苹果呢?”生活区中的水果拼盘游戏引发了幼儿的讨论,孩子们拿着一小块苹果去草地上一探究竟,一只小蚂蚁发现苹果后居然引来了它的同伴,孩子们都认为小蚂蚁是爱吃苹果的。

“来了这么多小蚂蚁,苹果太少了,再回去切一点吧。”于是我们回到班级把甜甜的苹果切成了很多小块,孩子们还提议带上笔和纸去记录小蚂蚁是怎么吃苹果的。苹果被放到了草地上,孩子们睁大了眼睛盯着小蚂蚁,生怕错过了什么。几只小蚂蚁在草地上爬来爬去。“蚂蚁在草地上找什么呢?蚂蚁是在找苹果吗?它们会喜欢吃吗?”孩子们心中有无数的问题。不一会儿,航航这边投放的小苹果块吸引了小蚂蚁的注意,只见一只蚂蚁爬到了苹果上,大家兴奋地尖叫了起来,吸引了很多小朋友围观。

喂蚂蚁吃苹果

为了让孩子们看得更清楚，我拿出手机把画面放大，神奇的一幕出现了：小蚂蚁用前面的两只触角一上一下戳着苹果。“快看，小蚂蚁在吃苹果了！”“那个一动一动的是什么啊？”“我知道，那是触角。”大家你一言我一语，原来小蚂蚁真的爱吃甜甜的苹果，真是有意思极了！

草地另一边也正在进行着一场热烈的讨论，一块苹果的周围也有好几只小蚂蚁，它们似乎商量着要把苹果搬走……小于大喊：“快看，小蚂蚁是在吃东西吗？是用哪里吃苹果呢？”孩子们好奇极了。翊宸说：“嘴巴，肯定是嘴巴。”小鲍说：“不是，那是它的触角。”“哈哈，怎么可能用触角来吃东西呢？”小鲍的话说完，大家都笑了。“究竟是用嘴巴还是用触角呢？小蚂蚁到底是用什么吃东西的呢？”大家争论不休，别急，再仔细看看……

观察蚂蚁吃东西

教师的思考

无限的好奇心、天生拥有的强大求知欲和发现欲推动着幼儿自己去验证，充分说明他们就是生活和学习的主角。观察手机放大后的画面，发现小蚂蚁用自己前面的两只触角吃苹果时，大家都兴奋了起来，更加专注地观察所发生的一切。

在与蚂蚁初相识时，幼儿结合自己的已有经验猜测蚂蚁应该喜欢吃的食物，准备物品、展开观察、验证猜测。面对幼儿自发探究的意愿，我们也非常珍惜，及时给予支持，鼓励他们做一名“儿童侦探”，解开心中的谜团，获得更加全面的经验。

第一次课程审议

“蚂蚁初相识”这一阶段发生的故事是由幼儿对户外小蚂蚁的兴趣引发的初步的科学探究活动。刚入中班的幼儿在教师的引导下，体验了如何搜集简单实验材料，也在探究蚂蚁爱不爱吃苹果的过程中积累了初步的户外探究经验。活动中他们表现出的强烈的好奇心，积极的猜想、验证、实验、观察热情等，正是其天性中科学探究思维得以显现的表现，这为幼儿科学探究能力的提升奠定了良好的实践基础。

同时，活动中蚂蚁的触角引发了幼儿进一步探究蚂蚁身体结构的兴趣，譬如幼儿想要知道蚂蚁是不是真的在吃食物，蚂蚁的触角是用来做什么的……这些发生在探究活动中的新问题为后面主题活动的开展提供了很好的契机。教师在后续的活动中可以展开相关的小讨论，提供观察工具、视音频资料帮助幼儿丰富对蚂蚁身体结构的认识，进而对蚂蚁有更详尽的了解。

（二）蚂蚁再相识

蚂蚁再相识

1. 一对触角真有趣

（1）触角“吃”苹果

“蚂蚁是不是在吃苹果呢？”我们用手机拍摄下了小蚂蚁吃东西的画面，以便更清楚地观察。回到班级后，孩子们迫不及待地想再睹草地上的故事。屏幕上只见小蚂蚁用前面的两只触角一上一下戳着苹果，触角还时不时相互搓一搓……

铮铮：“你们快看，小蚂蚁在用触角戳苹果呢！”

航航：“你们说它这是在吃苹果吗？”

铮铮：“不是吧，吃苹果不是应该用嘴巴吃吗？”

老师：“那它这是在干什么？它为什么要用触角戳苹果呢？”

金金：“我知道，这是小蚂蚁在用触角发信号吧，它想把小伙伴们都喊过来。”

真的是这样吗？大家对蚂蚁触角的作用产生了浓厚兴趣，于是大家准备再探究竟，开启“搜索”模式。有些孩子从书里找到了答案，还有些孩子在爸爸妈妈的帮助下，借助网络进行了详细的了解，最终发现蚂蚁的触角有很多功能：高度灵敏的嗅觉功能，寻找食物、认路、和同伴传递信息都得靠它；敏锐的听觉功能，它能帮助蚂蚁接收外界的信息，躲避危险；运动功能，它能帮助蚂蚁感受空间位置，维持身体平衡，没有触角的蚂蚁即使在平地上也寸步难行……

小蚂蚁的眼睛看不见，它是用触角和同伴交流的，孩子们对蚂蚁“会说话”的触角特别感兴趣，经常用两只小手当触角学小蚂蚁走路。小蚂蚁的触角不仅“会说话”，还能凭气味判断周围环境。这一天，大家都想来当一次小蚂蚁。孩子们想了一个好办法，拿了一瓶花露水，在教室里留下了一条气味之路，在路的尽头放了一个玩具。大家蒙着眼睛找玩具，玩得不亦乐乎。当眼睛看不见，只能靠气味引导我们向前行走时，大家发现当一只小蚂蚁还真不是一件容易的事呢！

探究蚂蚁触角的作用

（2）蚂蚁的“拦路虎”

小蚂蚁既然有这么厉害的触角，那它喜欢哪些气味，讨厌哪些气味呢？让我们一起去发现吧……

孩子们带来了洗衣粉、樟脑丸、痱子粉、白醋、花露水、柠檬、柚子皮、面粉、黄瓜和韭菜等物品，并把带来的材料进行了梳理和分类，用图画的形式记录下来。究竟哪些气味是小蚂蚁的“拦路虎”呢？孩子们把自己的猜想先记录在了表上，在小蚂蚁喜欢的气味旁画个“√”，相反则打“×”。

“拦路虎”实验开始了，首先选择的是面粉，孩子们把小蚂蚁放在一张纸上，以小蚂蚁为中心把面粉均匀倒在纸上并围成一个圆圈。可是面粉似乎对它没有任何阻力，刚过3秒钟小蚂蚁就从面粉上“悠闲”地爬出去了，它不怕面粉的气味。

“小蚂蚁会讨厌洗衣粉的气味吗？”航航问。大家把洗衣粉倒在纸上围成一个圈，再次将小蚂蚁“请”进洗衣粉圈中。小蚂蚁在圈内四处乱爬，似乎这气味让它有些不舒服，可是大约7秒钟后它又爬了出去。“哇，洗衣粉它也不怕，小蚂蚁真是太厉害了！”大家非常佩服小蚂蚁。这时，小鲍说：“樟脑丸它一定害怕，因为樟脑丸气味很难闻。”孩子们将樟脑丸压成粉，也在小蚂蚁四周围了一个圈，小蚂蚁似乎很不喜欢这个味道，它在圈中快速地爬来爬去，想要快点挣脱这个圈，难道小蚂蚁真的害怕樟脑丸粉的气味吗？很快小蚂蚁就从圈内爬出去了。此时，孩子们的意见产生了分歧，有一部分孩子认为小蚂蚁因为害怕樟脑丸的味道才要快速爬出去的，一部分孩子认为小蚂蚁不怕，如果它怕的话就不会从樟脑丸压成的粉上爬过去了。这个问题的答案究竟是什么呢？

大家又用剩下来的一些粉状的材料做了实验，小蚂蚁每次都能从粉末上爬走。“我们在面粉上加点醋吧。”元宝提议。这个想法倒是挺有趣的。果然，小蚂蚁在沾有醋的面粉上似乎很难爬行，只见它一只脚插进沾有醋的面粉里，再拔出来的时候，一只触角已经被面粉包裹了一圈，它用另一只没有沾上面粉的触角去捋，两只触角来回捋，想要使劲甩掉面粉。眼看小蚂蚁爬不出来了，孩子们赶紧将它解救了出来，帮助它把脚上的面粉处理干净。

猜猜蚂蚁害怕什么气味

做实验

“拦路虎”的实验似乎不是太成功，孩子们觉得小蚂蚁是不害怕任何气味的，它的触角如果被东西裹住，会影响小蚂蚁爬行，这是它很不喜欢的。原来“失去触角的帮助”才是蚂蚁的“拦路虎”。

2. 小小钳子大用处

了解了蚂蚁的触角，孩子们对蚂蚁的身体结构有了进一步探究的兴趣。一天，真真一进门就高高举起手上的书对我说："老师，我带了一本小蚂蚁的书来。"几个孩子簇拥在真真身边看起了书。过了一会儿，航航来了，他看见我，激动地拉着我的手说个不停，原来昨天晚上航航和爸爸在网上找了资料，知道蚂蚁是通过大钳子夹取食物送到嘴巴里的，它的大钳子发达有力，还可以搬运东西。

佑佑："我和妈妈昨天晚上也查资料了，小蚂蚁的大钳子不仅能夹食物，还能夹很硬很硬的东西。"

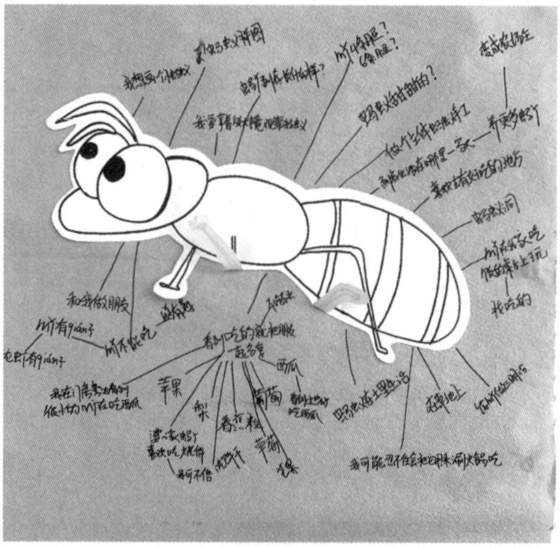

蚂蚁结构图

航航："好想去草地上看看蚂蚁的大钳子长什么样子。"

这个想法得到了大家的一致同意，大家带上了笔和纸来到了草地上分散去观察小蚂蚁。突然铮铮大声喊："快来看呀，好多小蚂蚁呀！"大家蜂拥而上。小于说："你们看，这群小蚂蚁在搬东西呢，真是有趣极了！"

孩子们一个个睁着圆溜溜的大眼睛，眨也不敢眨，不想错过任何一个细节。看，小蚂蚁除了胸前的触角，头部似乎也长着两个"大钳子嘴巴"呢？突然，出现了惊喜的一幕：小蚂蚁用胸前的两个大钳子在食物上"拨弄"了几下，好像夹了一些食物，送到了"嘴"里，那是蚂蚁的"嘴"吗？虽然孩子们还不太确定，但是这个发现让大家高兴坏了。

3. 小小蚂蚁几只脚

写生活动能激发孩子的绘画热情和灵感，开阔幼儿的眼界，提高幼儿的审美情趣，是培养幼儿创造力的有效途径。为了更好地认识蚂蚁，大家背着准备好的画板，外出写生啦。

航航："阳阳，你画的蚂蚁是四只脚呀！"

乐乐："蚂蚁应该是六只脚。"

金金："你们看，我画的蚂蚁是六只脚，因为我观察的小蚂蚁就是六只脚。"

铮铮："蚂蚁有八只脚。"

"小蚂蚁到底有几只脚"成了孩子们争论的热点。

蚂蚁画

大家决定去图书里仔细观察小蚂蚁，解开谜底。乐乐带来了一张很大的蚂蚁图片，说："老师，你看，蚂蚁有六只脚，我们说对啦！"乐乐的话引来了小朋友们的围观，乐乐得意扬扬地说："你们看，小蚂蚁就是六只脚，我们这队赢了呢！"

第二次课程审议

"蚂蚁再相识"活动中幼儿对蚂蚁的外形特征和一般能力有了进一步的了解，活动中幼儿细心地了解到蚂蚁用触角触碰东西、用大钳子吃东西和搬运东西是不同的，要通过进一步的实验观察和资料查找才能知道真正的答案。这一阶段的故事融合了幼儿对自然生物的关切情感，在寻找蚂蚁、观察蚂蚁、探究蚂蚁的过程中，幼儿积极运用了想象、猜测、观察、寻找材料、实验验证等多种科学探究方式，使用了多样的探究工具。

在对自然生物——蚂蚁的观察中，幼儿对蚂蚁展开调查的兴趣愈加浓厚，而探究了蚂蚁的外形特征和一般能力后，"蚂蚁从哪里来，住在哪里""蚂蚁的朋友和家庭是什么样的"将会成为新的探究话题。教师在后面的活动中可准备相关的探寻蚂蚁洞穴的工具和材料，介绍蚂蚁生活习性的视音频及图书资料，创设相关的环境，进一步支持调查和探究活动。

(三) 蚂蚁大力士

蚂蚁抬米粒

1. 大力士抬米粒

午后时光，教室地上有几只小蚂蚁正抬着一颗米粒往前走，孩子们发现了这有趣的一幕。大家弯腰蹲了下来，惊喜地喊道："快看，小蚂蚁在抬米粒呢，老师，快把它拍下来。"几分钟的过程中，孩子们发现一开始只有几只蚂蚁，后来蚂蚁喊来了帮手，越来越多的蚂蚁簇拥了过来。这时，小鲍发现有些蚂蚁比普通的蚂蚁身体长很多，大家睁大眼睛仔细看，原来是一只蚂蚁衔着另一只，它们跑到食物附近后会把嘴里衔着的同伴放下来，然后用嘴快速清洗一下前足就开始工作了。有的蚂蚁放下同伴后互相会碰一下触角再工作，真是太有趣了！

2. 关于大力士的小百科

小蚂蚁不仅能搬苹果，还能搬米粒，真是一个大力士呀！

蚂蚁抬重物

航航："你们说小蚂蚁还能搬动更重的东西吗？"

铮铮："当然可以啦！你不知道吗，小蚂蚁可以搬起巨大的石头呢，它是大力士。"

航航："小蚂蚁那么小，能搬动大石头吗？我才不相信呢！"

铮铮立刻走到图书角拿来一本书给航航看，原来小蚂蚁可以抬起很重的物品，你也许想象不到一只小小的蚂蚁体内聚集了多大的能量，它居然能够举起超过自己体重 400 倍的东西，这是多么的不可思议啊！这个看起来如此柔弱渺小的生命体居然是自然界里的举重高手。而且据力学家测定，一只小蚂蚁可以拖运超过自身体重 1 700 倍的食物呢！

教师的思考

围绕幼儿感兴趣的一个主题，组织幼儿自主观察、探索周围事物和现象，教师适时、适度地予以支持和引导的系列活动，是师幼共同进行探索、学习的一种活动。这种活动为幼儿提供了一个充分发挥主体作用的机会，幼儿在活动中成为真正意义上的学习的主人。在主动参与、探索、发现中，在与同伴、教师的交往、合作中，探索、解决问题，从中获得关于这个世界的知识和经验。反思阶段是每次探究活动结束后，教师对活动的开展过程和活动中出现的问题进行反思，为今后的教学活动提供经验；同时也要组织幼儿对自己的探究活动进行反思，通过交流、讨论和回忆，促进幼儿认知的发展，让他们感受探究的过程和方法，体味探究的乐趣和成功的喜悦。

（四）蚂蚁的地下王国

蚂蚁的地下王国

1. 探头下的蚂蚁王国

一天，大家三三两两地蹲在一棵大树下，我很好奇孩子们到底在做什么，走近一看，原来有好多只小蚂蚁在树下的小洞边爬来爬去。

小鲍："你们看，这里有这么多的小蚂蚁，这个洞会不会就是小蚂蚁的家呢？"

小于："我感觉有点像，你看这个洞小小的、黑黑的。"

涵涵："对呀，还有很多小蚂蚁爬在这个洞口，我想这一定是小蚂蚁的家了。"

烨烨："我好想看看小蚂蚁的家是什么样子的。"

小鲍："我也想看。"

蚂蚁的地下王国

小于："蚂蚁洞这么小，我们要

怎么才能看到小蚂蚁的家呢?”

小鲍:“我们用手机看吧!”

小于:“洞这么小,手机怎么伸进去呢?”

航航:“我们可以用一个很小很小的摄像头伸进去看小蚂蚁的家呀!”大家纷纷点头,似乎同意了这个提议。

小于:“我们到哪里去找摄像头呢?”

航航:“网上呀,我妈妈买东西都在网上买。”

小于:“我们可以请老师帮我们买一个吗?”

站在旁边的我听到了他们的对话,连忙说道:“当然可以啦!”大伙都欢呼了起来。于是我们立刻在网上买了一个微型的小探头,从那天起只要有新的快递送到,小家伙们的小眼睛都会集中在包裹身上,还不时会问:“是探头到了吗?”终于,在焦急的等待中,探头终于到了,大家兴高采烈地带着探头,来到了之前发现小蚂蚁洞穴的那棵大树下。

小鲍着急地说:“我们快把探头伸进洞里吧,我已经迫不及待地想知道小蚂蚁的家里是什么样的了。”于是大家立刻操作起来,可是探头有点软,土壤比较硬,并没有预想的那么顺利,探头不能一下伸进去。这可怎么办呢?大家不断地尝试,最后终于把探头成功地伸进了洞里。

手机上传来了探头所拍摄到的画面,首先映入眼帘的就是刚入洞口处的几只小蚂蚁,它们的触角碰在了一起,似乎在传递着什么消息,不一会儿看到了几只小蚂蚁抬着一个小食物从洞口往洞里搬,后面还跟着一只大蚂蚁,像是在指挥似的,真有趣!

“小蚂蚁的家里应该会储藏很多食物吧。”小朋友你一言我一语地说了起来,大家兴奋极了。随着探头的不断深入,大家发现在一个很小的区域里,好像有几只小蚂蚁趴在食物的旁边,似乎在看守这些食物,难道这是负责储存食物的小蚂蚁吗?洞穴里别的小蚂蚁在干什么呢?大家最期盼的蚁后会住在洞穴里的哪个房间呢?大家想再往里面看看,可是越往里土壤越紧,探头已经进不去了。

航航:“是不是小蚂蚁不想让我们打扰它们呀?”

小于:“会不会是小蚂蚁给自己家里安装了一道门呢?”

烨烨:“我们还能在哪里看到小蚂蚁的家?”

小于:“我听妈妈说过,有一本绘本里就说了小蚂蚁的家。我们可以去绘本里看一看呀!”

在小于妈妈的帮助下,我们找到了介绍小蚂蚁家的绘本……

教师的思考

在组织幼儿探索的过程中,教师不仅要聆听幼儿的心声,当幼儿的要求有价值时,应及时给予大力支持,让幼儿在实践操作、观察中发现蚂蚁的更多秘密,如教师帮助购买探头,让幼儿更深入地去了解小蚂蚁的家。同时教师应成为幼儿很好的合作伙伴,及时关注他们的新发现,参与他们的讨论,鼓励幼儿积极提出各种问题。因为教师与幼儿、幼儿与幼儿在共同感兴趣的问题上的互动包含着智慧的激发与碰撞、经验的交流、情感的共享,这些能帮助幼儿获得更多的经验和知识。

2. 绘本中的蚂蚁王国

《蚂蚁和西瓜》这本绘本把孩子们带进了一个有趣的蚂蚁王国。这真是一个我们从未想过的蚂蚁王国,小蚂蚁的家就在地下的洞里,这些洞看上去很小,但是在小蚂蚁看来它们的家又大又舒服,家里什么东西都有,而且有不同的通道通往地面。

“看,这几只蚂蚁正在健身房健身呢!”小苹果像发现了新大陆。

宸宸:“嗯……还有储存室、厨房和蚁后住的地方。”

航航:“这跟我们的地下超市是一样的嘛!”

烨烨:“地下停车场也是这样的。”

小宸:“还有地铁站。”

“你们看,蚂蚁喜欢吃西瓜,小蚂蚁的家里储存了好多的西瓜。”恒铮指着书里的画面说道。

“真是太神奇了。”孩子们很惊讶。

“你看，小蚂蚁们都睡着了，看来这是小蚂蚁睡觉的房间。”航航说。

“你知道这只蚂蚁为什么在牙膏上蹦吗？因为这样能既快又省力地挤出牙膏。”小鲍向旁边的同伴介绍。

“瞧！这群小蚂蚁在输送水源呢，它们这是要送到哪去呢？”画面上一群正在运水的小蚂蚁让孩子们很好奇。

哦，原来是送给别的房间的小蚂蚁。给谁呢？仔细一看，原来是蚁后大人啊！

烨烨：“蚁后不用做任何工作，都是别的小蚂蚁来伺候它的。”

蚂蚁王国里还有些什么呢？

瞧，这是制作饼干和奶酪的小工厂，这是蘑菇实验室……

航航：“看，我的小蚂蚁在搬辣椒呢。”

小苹果：“小蚂蚁能吃辣椒吗？”

航航：“我的小蚂蚁特别爱吃辣椒，我的蚂蚁王国就叫‘不怕辣王国’。”

“你们看，它们有的用头顶，有的趴在地上用力推，还有的用手拉。”

小苹果：“它们要把这些辣椒往哪里搬呀？”

航航：“往它自己的家里搬呀！你看，它们在每个房间里都放了辣椒。”

“小蚂蚁还会修建自己的房子呢！瞧，它们正在认认真真地盖房子。”小苹果觉得小蚂蚁很厉害。

“蚂蚁的家真的好大呀！原来小蚂蚁是群居的小昆虫，它们都和蚁后住在一起。”航航说。

这本有趣的绘本《蚂蚁和西瓜》让我们了解到小蚂蚁的家里有很多不同种类的房间，每个房间里的小蚂蚁都身兼不同的职位，每天都在认认真真地工作着。

3. 电影中的蚂蚁王国

有一天，航航激动地跟大家说，他和爸爸在家看了一部电影《别惹蚂蚁》，电影里面的小朋友卢卡斯被他的小伙伴欺负了，心里很不高兴，他欺负了小蚂蚁们，和小蚂蚁之间发生了一系列有趣的故事。

居然有关于蚂蚁的电影，真是太不可思议了，大家都想一睹为快。于是，我们找来了影片，一起观看。电影结束了，可孩子们的兴致依然很高，在接下来的几天里，他们总喜欢三三两两在一起说电影的情节，谈论小蚂蚁的生活，还聊起了扮演小蚂蚁的话题。

西西："小蚂蚁好幸福呀，它可以到那么多地方去玩儿。"

小鲍："小蚂蚁好厉害呀，它会做那么多的事，有那么大的本领。"

宸宸："小蚂蚁真有意思，还可以变很多身份呢。"

烨烨："我好想当小蚂蚁呀！"

旁边的几个孩子立刻附和："好呀，我们一起来演一个小蚂蚁的故事吧。"

有的孩子已经迫不及待地开始分配角色了。瞧，有的小朋友都创编起了小蚂蚁厨师在烧饭时演的动作了。大家非常享受午后在一起交谈、创编、表演的美好时光。在孩子们的憧憬中，小蚂蚁的戏剧创作就要开始了，一起来看看孩子们创作的戏剧情节吧。

第三次课程审议

这一阶段的活动是建立在幼儿兴趣基础上的一次较为成熟的科学探究活动。活动始于幼儿对蚂蚁洞穴——蚂蚁的家的兴趣，大家先是实地勘探，接着查找资源，对蚂蚁的家园生活情景有了丰富的认识和了解。无论是探头下蚂蚁洞穴的神奇发现，还是绘本中描绘的蚂蚁世界的纷繁景象，或是电影中展现的独特的蚂蚁视角，都强烈地吸引着幼儿对蚂蚁进行深入的、持续的探究活动。这种强烈的兴趣指引着幼儿大胆想象、积极表达。在美工区的作品中可以看见幼儿大量的关于蚂蚁世界的刻画和表达，在建构区中看到幼儿对蚂蚁王国建构的愿望，在平时的角色扮演游戏中也可以见到幼儿对蚂蚁王国的演绎。为呼应班级幼儿强烈的兴趣和需求，教师替换掉了班级中一个不常被幼儿光顾的小角落，改为幼儿的表演区，这个表演区受到了幼儿的热烈追捧，各种有趣的故事和有趣的表演道具在简易的表演区中纷纷诞生。同时，该阶段的活动体现出幼儿的兴趣点开始由最先的观察现实中的蚂蚁转移到了描绘自己心目中的蚂蚁，这是幼儿在已有经验加工基础上融入了想象创造的童趣蚂蚁。

教师在下一阶段活动中，可以着重引导幼儿分享和介绍自己的创作活动和作品，让幼儿在彼此的分享中尝试串联起所有的故事情节，进行完整的表演。

（五）儿童剧《别惹蚂蚁》

《别惹蚂蚁》片段

我们认为戏剧是幼儿表达经验的一种方式，也是深化和丰富经验的一种途径。自“十五”开始，我园就开展了戏剧教育的研究，积累了较多的经验，孩子们自然而然对戏剧元素也更敏感一些。因此，当孩子们产生了要演小蚂蚁想法的时候，我们马上就想到要有一个剧本。可是剧本从哪儿来呢？孩子们很自然地提出可以自己写。当积累了厚厚一摞自编自画的剧本创作稿后，他们发现想演的东西实在是太多了：想演小蚂蚁在自己的王国里是怎样生活的，又想演小蚂蚁是怎么齐心协力战胜敌人的，还想演小蚂蚁是如何利用智慧修建家园的……但是孩子们也都认为儿童剧不能演那么长时间。于是，剧本内容的选择成为我们主题活动发展的下一个线索。我们把孩子们自编自画的剧本全部展示了出来，这下大家发现这些剧本中有明显的矛盾冲突情境。有孩子提议：“我们就演小蚂蚁在生活里遇到的一些故事吧！”这个提议立刻得到了全班孩子的赞同。贯穿全剧的线索有了，他们马上动手把剧本按照故事情节进行了分类和补充，最后选出了一些代表小蚂蚁典型特征的情节进行了整合，形成了独一无二的儿童剧——《别惹蚂蚁》。

1. 编一编，我们的蚂蚁王国趣事多

（1）开篇——丰富多彩的蚂蚁王国

这是风雨交加的一天，草地上有两只蚂蚁正抬着一只又肥又大的绿色毛毛虫，它们打算将这只毛毛虫抬回蚂蚁王国。它们在为过冬做充足的准备呢！小蚂蚁们不怕风不怕雨，把这只肥肥的毛毛虫抬回家了，它们可高兴了！

阳光明媚的早晨，一群兵蚁发现了一个大苹果，它们好开心呀！它们决定把大苹果搬回家，可是苹果这么大，要怎么搬呢？忽然，它们想出了一个好办法，把苹果分成几小块，这样不就行了嘛！它们已经开始行动啦！瞧，它们还有一个小队长呢！

抬毛毛虫

抬苹果

今天天气好热呀！蚂蚁们可以用这片小树叶来遮阳，一会儿还可以把它带回家，放在储藏室里呢！

兵蚁们把苹果抬回了洞里，大家看到苹果高兴极了，它们把苹果送给了蚁后，蚁后表扬了它们，并让它们把苹果分享给大家。

遮阳

把苹果送给蚁后

嗨，大家好！我们是爱健身的小蚂蚁，看，我们的力气大吧，我们还可以举重呢！

小蚂蚁都出洞去找吃的了，它们不怕辛苦不怕劳累，认认真真地寻觅着食物，真是棒极了！

蚂蚁举重

找食物

(2) 发展——蚂蚁王国的危机

哎呀,这是怎么了?蚂蚁们都已经站不稳了。不好了,你们看,是水!是哪里漏水啦?原来是草地上有一个名叫马小桐的小朋友用水枪把蚂蚁的家园给破坏啦!

现在小蚂蚁的家里已经一片狼藉了,怎么办呢?快,抓住这片叶子,别掉下去了,水越来越多了,蚂蚁问:“蚁后,你还好吗?”远处传来回声:“我挺好的,你们挺住啊!”

水来了

(3) 转折——巧胜马小桐

巧胜马小桐

小蚂蚁们商量着,马小桐这么大,要怎样才能制止马小桐的破坏呢?想呀想呀,大家终于想出了一个好办法,决定制作一瓶神奇的水，把马小桐变成一只小蚂蚁，不就可以了嘛！

对了，动画片里说过，想要变成什么，就要默念它的名字。我们想让马小桐变成小蚂蚁，那我们就念“马小桐，变！变！变变变！”

巧胜马小桐

制作完神奇的水，蚂蚁们就决定开始行动了。为了不让马小桐发现，趁马小桐睡着时，蚂蚁们像小猫走路一样悄悄地潜入了马小桐的家里，将神奇的水滴进了马小桐的耳朵里，神奇的一幕出现了：马小桐真的变成了一只小蚂蚁。哈哈，看你这次往哪里跑。

(4) 尾声——欢乐一家亲

小蚂蚁们又回到幸福的生活里，兵蚁们又陆续去找好吃的了。大家齐心协力抬着自己喜爱的食物回到洞里，抬橙子的两只小蚂蚁有趣地说：“我们可以榨橙汁喝啦！真是太开心啦！”抬香蕉的小蚂蚁们动作整齐一致，站在第一个的小蚂蚁像是它们的队长，它似乎在喊着：“伙伴们，加油！1——2——1——2……”

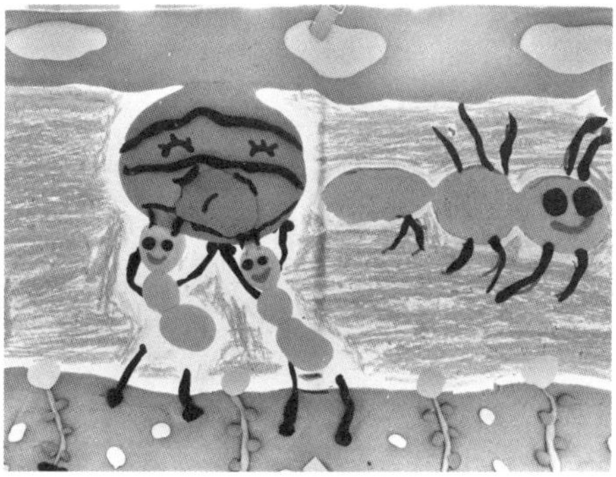

齐心协力抬食物

抬橙子

抬香蕉

2. 做一做,能工巧匠制作忙

剧情写好了,还缺少一些道具,于是大家又开始动起了脑筋。

老师帮忙切苹果

制作举重的哑铃

3. 说一说,我的角色我做主

剧本里有那么多角色,每个孩子都有自己的想法。有的孩子想要扮演蚁后,因为蚁后可以很漂亮,而且也不要做任何工作。有的孩子想扮演举重的小蚂蚁,因为可以显示自己很有力量。有的孩子想扮演厨师小蚂蚁,因为那样可以给大家做出很多美味的大餐。有的孩子想当兵蚁,因为兵蚁特别团结有爱。也有的孩子想当工蚁,想把我们的家园建造得更加美好。

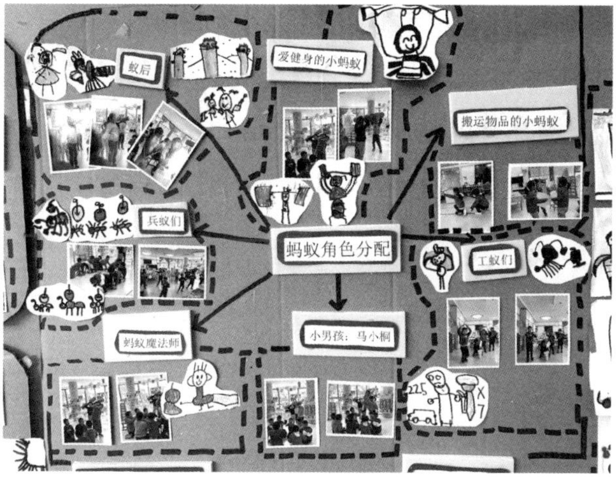

蚂蚁角色设想

4. 看一看,精彩演绎欢乐多

通过前期的探索,孩子们认为小蚂蚁的本领很大,它们团结有爱,齐心协力可以搬运很重的食物……大家都知道小蚂蚁是在地上爬的,那怎么样来表演爬呢?大家不约而同地看向了已经在地上模仿小蚂蚁爬的涵涵,都说涵涵爬的动作特别像小蚂蚁。那怎么样才能表现出小蚂蚁团结呢?航航突然说:“我看小蚂蚁都是排着队出洞的,那我们也像它们一样排着队整齐地出洞吧!”大家都觉得这个提议很有意思,每天上午区域活动的时候,想演小蚂蚁的孩子们都聚在一起,选出一个蚂蚁队长,大家跟着这只小蚂蚁排成一条队,一步一步地练习爬行的动作,有的孩子起床后,还悄悄地对着镜子练习动作呢。最后,团结、整齐的小蚂蚁在舞台上精彩亮相啦!

儿童剧表演

第四次课程审议

创编儿童剧的过程融入了幼儿的绘画、语言（包括肢体语言）、文字、音乐等内容，创编的过程就是教育与幻想世界相容的过程，教师引导幼儿对自己的过往经历进行系统的回顾反思，零散的经验在戏剧活动中被整合，建构自己的戏剧其实也是一个 STEAM 的过程。独属于中四班幼儿的《别惹蚂蚁》儿童剧是一个从无到有，逐渐被建构的过程。

遵循“质朴取向”，《别惹蚂蚁》儿童剧追随儿童的戏剧天性，让幼儿的身体成为他们表达的中心，幼儿借用自己的身体在创作中进行表达和思考。同时，儿童剧中环境和材料的适当“缺位”，恰恰为幼儿用身体表达提供了机会，给幻想、想象和创造“让位”，不追求豪华的舞台和布景，不迷恋丰富的道具和服装，幼儿的主体性得到更好的发挥，而教师的眼睛在活动中也更多地停留在幼儿身上，无形中增加了师幼之间的互动频率和深度，加大了师幼之间的主体间性。

儿童剧建构中教师引导幼儿不断去思考情境和角色的可能，引导幼儿意识到自身经验的价值，帮助幼儿在与同伴交流分享中发展自己的故事或角色，并让幼儿在察觉到自身能力的同时投入高度的创编热情。《别惹蚂蚁》建构中，教师不断尝试理解幼儿的想法，还积极“入戏”参与并帮助他们将已有经验和戏剧文本联系起来，将抽象的意义建立成他们可以理解的形式，重新建构认知。

《别惹蚂蚁》儿童剧带给幼儿和教师的是综合性的艺术体验，蕴含于其中的文学、表演、音乐、美术等，以及明确的价值观传递，对发展幼儿的审美经验以及健全人格的形成有重要意义。从某种程度上可以说，儿童自发的戏剧表演是童年学习的必修课。

三、主题总结

(一) 活动脉络图对比

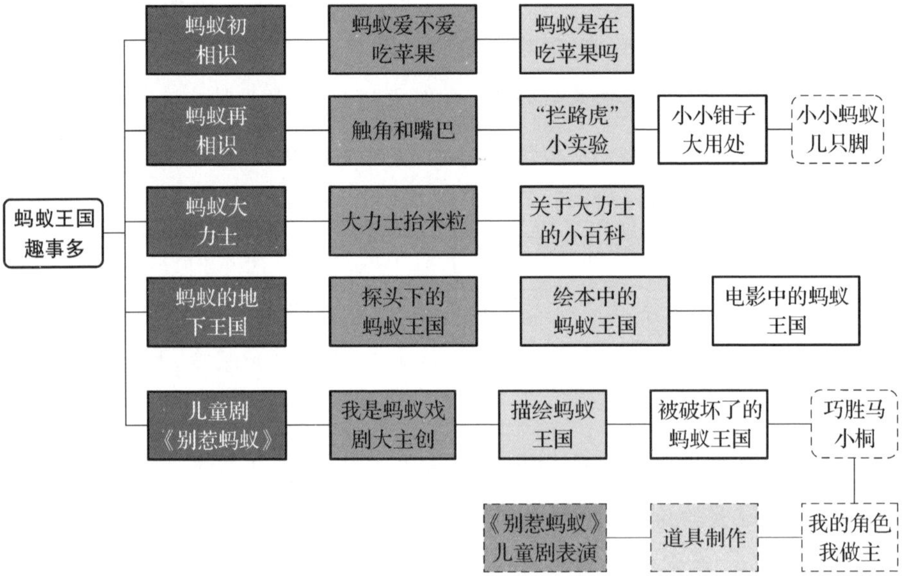

活动脉络分析

“蚂蚁王国趣事多”围绕幼儿园中草地上发现的蚂蚁展开，故事从发现一只蚂蚁、一群蚂蚁，到发现整个蚂蚁王国，层层深入。主题活动脉络彰显出较为明确的儿童本位课程观、教师观，多元的主题活动融括了课程环境资源的多样性、儿童经验的灵动性、教师角色的丰富性。

首先，户外场域被纳入课程中，课程资源得到了极大的拓宽，课程主题脉络所呈现的生成性特点与户外资源的多元有着密切的联系。从一个小实验开始，大家对户外草地上生活的小蚂蚁产生了浓厚的兴趣，并且跟随自身兴趣的指引，幼儿对“地下蚂蚁王国”有了好奇，想要一探蚂蚁王国的究竟后才有了“探头”工具的介入，孩子们不仅对网购有了兴趣，对户外探究的工具也产生了一定的想法，这些都是资源不断卷入的过程，它直接丰富了课程中活动的多样性，让主题活动看起来变化无穷但存在内在线索，而这线索的核心就是儿童经验。

其次，儿童的经验成为课程开展的主轴，课程体现出较强的儿童经验灵动性特征。“蚂蚁的‘拦路虎’”小实验是主题活动开展过程中一个幼儿不经意间提出来的想法，却被教师加以珍视，引申到了整个课程中，从单一的“某个”幼儿的兴趣，拓展成了“群体”幼儿的话题。儿童经验的课程价值在课程中得以体现。

最后，教师循着儿童经验开展主题活动的过程既非被动受儿童经验驱使，又打破传统教师掌控的课程经验，这体现出主题中教师角色的丰富性。如果说“蚂蚁初相识”“蚂蚁再相识”的主题活动环节是同于一般课程开展脉络，具有较强的幼儿园课程通识性，教师是课程的预设者和引导者，那么，作为生成活动的“蚂蚁是个大力士”则是整个课程的转折点，承接了后续活动的可能，教师角色退位为合作者、支持者，为了深入研究“大力士”，幼儿查阅书籍、收集信息，才有了后续的“蚂蚁的地下王国”，继而又生出了《别惹蚂蚁》儿童剧，教师成了活动的协调者、资源提供者。由此可见，在整个主题活动开展过程中，不仅课程的中心从教师向儿童过渡，教师的角色也从开始的引导者、预设者，变成了支持者、合作者、协调者、资源提供者……

总之，“蚂蚁王国趣事多”的主题活动以教师的预设开始，随着课程中资源、经验和教师专业性因素的介入，课程脉络呈现了较强的课程资源、儿童经验、教师角色的影响，课程活动多元且灵动。

（二）幼儿经验分析

对主题中幼儿可能获得经验的预期是教师对主题价值的初步预估，而主题开展后幼儿经验的获得能够很好地体现主题中幼儿的收获与成长。

首先，“蚂蚁王国趣事多”中儿童经验的获得与预期经验高度相关，整体呈现科学、艺术领域的经验倾向。整个活动过程中，幼儿在不断猜测验证、观察、记录、分析、表达协商、实验操作中发展起初步的科学探究的兴趣和能力。

其次，后期生成的《别惹蚂蚁》儿童剧让课程的艺术性得以体现，幼儿在创编儿童剧、了解舞台布景、幕布工作以及道具制作和彩排中发展了丰富的艺术审美力和创作力。这与我园艺术化课程的理念也是相吻合的。

与此同时，课程中还蕴含丰富的语言、健康、社会领域的内容。他们在活动中发展起来的表达沟通、阅读理解能力，体现在辨析“蚂蚁爱不爱吃苹果”中，体现在查阅“蚂蚁有几只脚”中，体现在阅读绘本《蚂蚁和西瓜》中；而对于蚂蚁“触角”“大钳子”“几只脚”的认识也使得幼儿对自己的身体结构有了更浓厚的兴趣；同时蚂蚁作为社群型昆虫，其团结合作、秩序井然的生活状态也让幼儿在课程中收益颇丰。

（三）教师的感悟

幼儿园的大草坪是幼儿的宝藏地。还记得虞永平老师来到我们园，走在被雨水淋过的草地时，曾说过：“于孩子而言，这草地上有千百种学问……”

生成的课程对教师专业性提出了很大的挑战。虽然说与蚂蚁有关的课程在幼儿园中并不少见，但是在户外对蚂蚁生活习性进行实地探究和创编儿童剧，是较为新颖的大胆尝试，我们真实地感受到课程开放性对我们自身能力的挑战。为此，班级中三位老师，甚至家长都积极寻求网络和社会支持，查阅书籍以获取更多与蚂蚁相关的知识内容。可以说，通过这个课程，幼儿获得了经验的成长，教师也在这个过程中提升了专业能力和相关知识能力。

儿童剧一直是我园的传统活动，这些年经历了从童话剧到儿童剧、从有既定剧本到生成剧本、从教师编排到儿童编排的过程，儿童剧的展演形式越来越开放，越来越体现出幼儿学习的游戏性，与既定主题活动之间的联系更为紧密。“蚂蚁王国趣事多”的儿童剧占了主题活动的一半时间，这期间幼儿无穷的想象力、创造力、表现力令我们无比动容。无论是幼儿，还是教师、家长，都在这个主题活动中获得了成长。

我和斑鸠做邻居

刘 乐 刘 燕

一、主题畅想

(一) 活动缘起

2月27日，几个孩子发现教室窗外的树枝不停地晃动，他们跑到窗口一探究竟。突然，彤彤兴奋地大叫起来："快看，树上站着两只鸟!"旁边的好好说："哇，我看见还有一个鸟窝，小鸟在我们这里安家啦!"大家顺着他们手指的方向看去……

沐颖说："小鸟跟我们做邻居啰!""这是什么鸟呢?"孟想疑惑地问。孩子们有的猜是大麻雀，有的猜是啄木鸟，还有的说是喜鹊。到底是什么鸟呢?

根据鸟的外形特征，我们猜测可能是斑鸠，但又不能完全确定，同时我们认为对孩子来说探究过程更为重要，于是我们将问题抛给了他们。经过讨论，孩子们决定先拍下鸟的照片，再查资料找到答案。我们也尝试把照片发到了家长群里，引发了家长们的热议，他们有的说是野鸽子，有的说是鹌鹑……我们告知家长这个主题对孩子可能产生的意义，家长们参与的意愿前所未有地高涨了起来。

于是，孩子、家长和老师们一起带着无限的好奇和期待，进入到班本课程《我和××做邻居》中。

（二）活动可能的发展脉络图

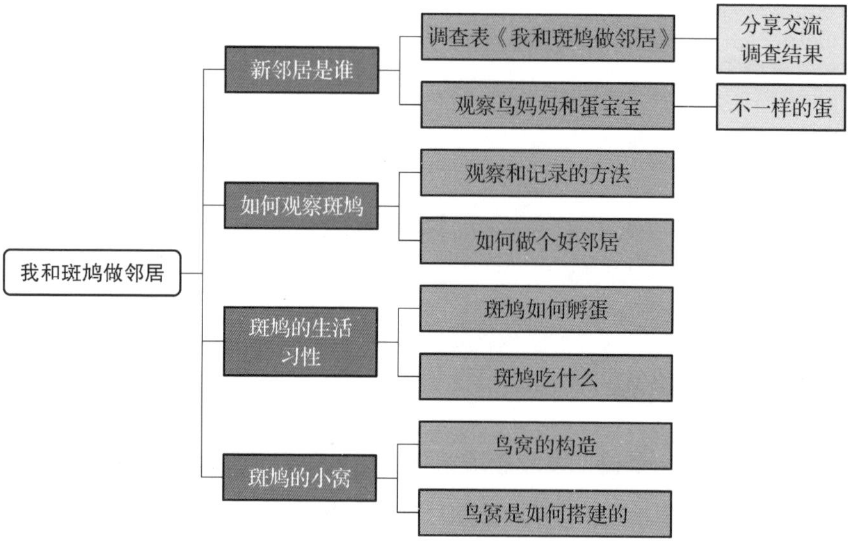

（三）幼儿可能获得的经验图

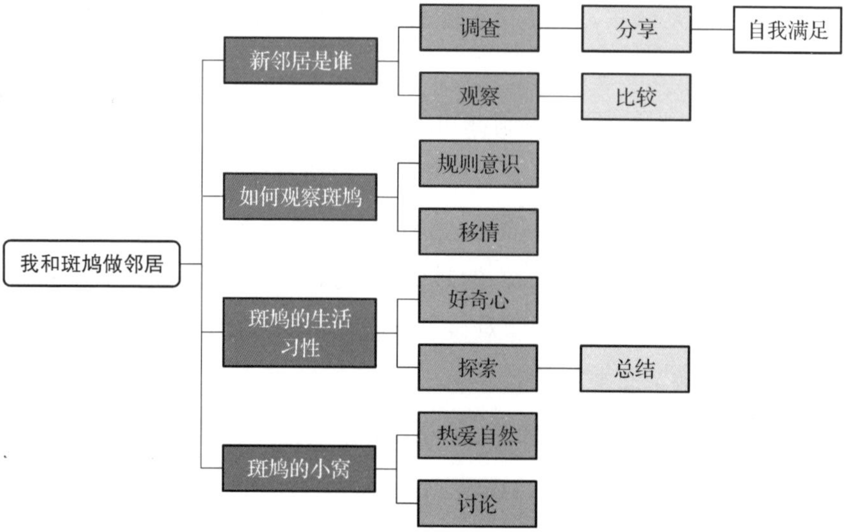

（四）主题可能涉及的资源图

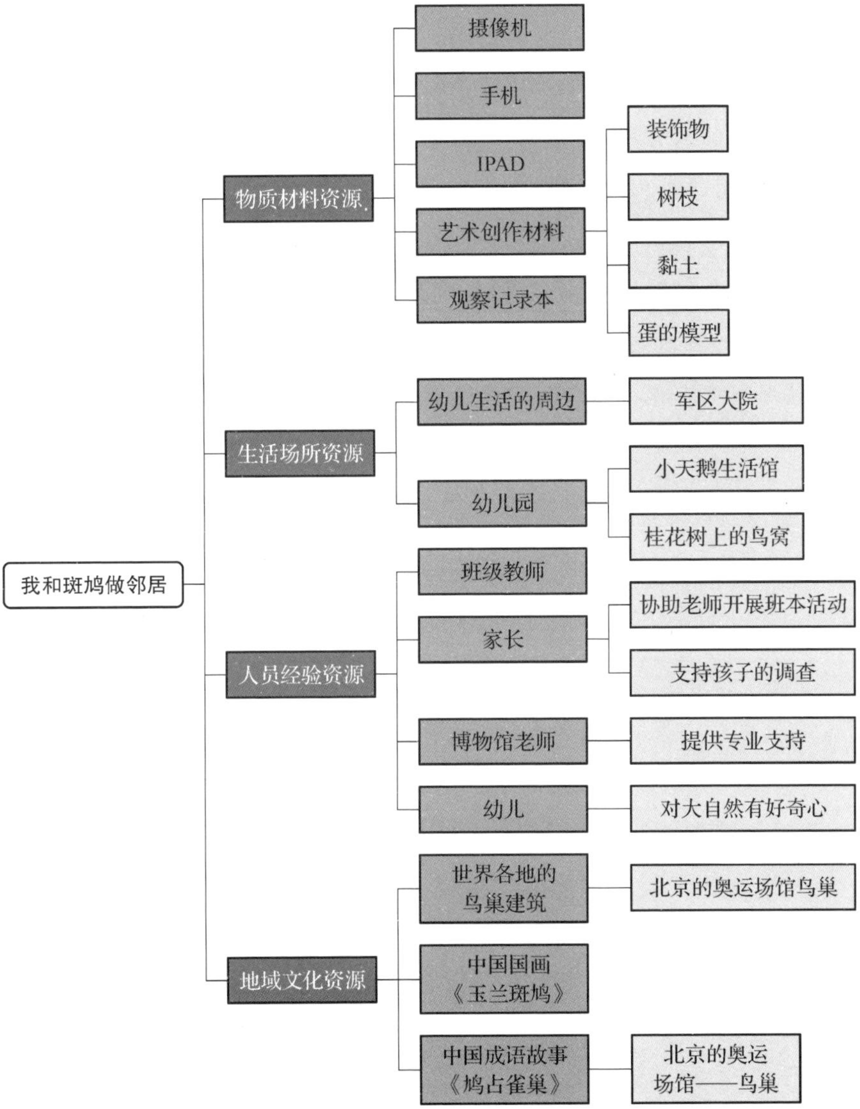

专家点评

故事起源于幼儿偶然的一个惊喜发现：教室窗外的树枝上，竟然飞来两只安家的鸟儿。“安家”于教室窗外大树上的鸟儿引发了幼儿的好奇……

教师跟随幼儿的兴趣，围绕“鸟”预设了一系列可开展的活动，从中也体现了教师的教育理念：自然即课程。该系列活动源于幼儿，在预设的脉络中，课程指向鸟儿的名字、生活的习性、繁衍的方式、生长的过程等方面的科学探究与自然认知；也可以尝试把发现自然、走进自然、探索自然的自然课程理念融入课程中。同时，通过这个班本课程教师也可使幼儿对生命有更多认识和感知。

该课程中可挖掘的情感价值还有很多，希望能带给我们新的视野、新的惊喜！

二、主题开展

(一) 观察区里的那些事

斑鸠生蛋　　第二枚蛋宝宝诞生

1. 观察区的形成

2月28日和3月1日，我们在陪伴孩子们观察的过程中，欣喜地发现鸟妈妈在窗外的鸟窝里生下了小小的蛋宝宝。

因为鸟窝比较高，孩子们不能直观地观察到鸟窝里的具体情况，于是我们分别将拍摄下来的两张鸟蛋照片分享给了孩子们。见到第一枚鸟蛋，点点激动地说："哇，这是鸡蛋吗？"厚厚说："不对，鸡蛋应该在鸡窝里，这肯定不是鸡蛋。"笑笑说："那我知道了，这肯定是前几天那两只鸟下的。""对，应该是鸟蛋。"孩子们高兴地拍起手来。

当他们看到第二张照片里的两枚鸟蛋时，更是惊讶得张开了嘴："哇，两枚鸟蛋，它们是什么时候出生的呀？"我们发现孩子们对鸟蛋的出现和鸟蛋数量的增多都有着浓厚的兴趣，于是我们鼓励孩子们选择最有利于观察到鸟窝的"教室窗口"作为我们的观察区。

2月28日一枚蛋宝宝

3月1日两枚蛋宝宝

区域活动时，孩子们轮流用自己喜欢的方式观察、记录小鸟。观察记录成为每天区域活动的常态。他们有的站在窗前悄悄地观察，有的及时用 IPAD 拍照观察，有的翻看老师用摄像机和手机拍下的鸟妈妈的视频或照片。除了利用这些探究工具，我们还特意为每位孩子准备了一本观察记录本，用于支持他们通过画图等记录的方式保留并积累有趣的探索和发现。

孩子们在观察的同时，我们也用相机捕捉下他们的观察状态，并在集体活动时展开“我们可以用哪些好的方式方法进行观察”的讨论，进而制成“我观察我记录”的区角牌，这个空间成了孩子们的观察区角。

拍摄鸟窝

观察鸟窝

观察区角

2. 我们的答案

通过几天的细致观察，我们支持和鼓励孩子们将自己记录的发现积极地带回家与家长们交流，大胆地寻找答案并设法去验证。同时家长们借助网络和书本查找资料，最后得出鸟妈妈的名字叫“珠颈斑鸠”，它是中国东部和南部最为常见的野生鸽形目鸟类，栖息于有稀疏树木生长的平原、草地、低山丘陵和农田地带，因为和鸽子大小相似，所以俗称“野鸽子”。最引人注意的是它颈部两侧为黑色，密布白色斑点，像许许多多的“珍珠”散落在颈部，因而得名“珠颈斑鸠”。孩子们通过讨论、思考、积极查找资料，不仅找到了答案，也了解到“珠颈斑鸠”名称的由来，丰富了自己对自然界的认知。

问一问、猜一猜

3. 观察斑鸠的规则

只要一有时间，孩子们总会来到窗前看看斑鸠妈妈在干些什么。有的孩子搬来椅子站得高高的想离斑鸠妈妈更近一点，有的孩子一边喊着“斑鸠妈妈”，一边还对着它挥手打招呼。这些举动，让斑鸠妈妈很惊慌。彤彤说：“你们不要这么喊，会把斑鸠妈妈吓跑的。”旁边的甜甜说：“站这么高，斑鸠妈妈以为你要去抓它呢,它会多害怕呀!”听到孩子们的对话,我们觉得这是支持幼儿与同伴合作探究、分享交流的好机会,不仅可以帮助幼儿回顾自己在探究过程中做了什么、怎么做的、会有什么样的结果,还能让他们对自己的探究方式方法进行整理、总结和调整。

“那到底该怎样观察才不会惊动它们呢?”我们把这个问题抛给了孩子们。于是,大家开始了热烈的讨论,我们把每一个孩子的想法都记录了下来,并将他们的想法进行整理与分类。孩子们的想法主要有两大类:第一类是借助工具悄悄地进行观察,第二类是要注意自己观察时的言行。

孩子们还制订了观察的规则:① 用相机悄悄拍下来观察。② 脚步轻轻不吵闹。③ 不要把头和手伸出窗外抓小鸟。④ 不要总盯着小鸟看。为了让大家都能知道这些规则,孩子们还设计了与规则对应的图标。

观察规则牌

有的孩子说:“爸爸妈妈可能看不懂我们的图标,要是有文字就能更好地提醒他们了。”进入班本活动后,确实有很多家长在接送孩子的时候也会跑到窗前观望,所以配文字这个好想法我们必须支持!不久我们共同制作出了“观察斑鸠的规则”,提醒所有来我们班级观察斑鸠的朋友们要遵守规则。

4. 护鸟行动

孩子们按照规则继续观察。一天,尧尧跑来和我们交流:“刘老师,为什么每次我悄悄看斑鸠妈妈的时候,还是感觉它有些害怕呀?”旁边的小草也说:“是呀,我已经按照规则很小心地观察了,为什么斑鸠妈妈看到我还是有点害怕?我们能不能帮帮它呢?”

这究竟是什么原因呢？我们用手机查找了相关的知识，了解到鸟类在孵蛋的时候很警觉，也很容易受到惊吓。孩子们真的太细心了，他们注意到斑鸠妈妈的状态，并萌生出关心、爱护鸟类的情感，体现出孩子们对自然、动物的关爱和尊重。

为了解决这个问题，我们进行了讨论。致远说："我们可以在玻璃窗上贴上汽车膜呀，这样里面看见外面，外面看不见里面，斑鸠一家就不会害怕了。"孩子们都对致远想出的这个办法拍手叫好，连连赞同地说："是的，我坐在爸爸的汽车里，因为有汽车膜，我能看见外面，可外面的人是看不见我的。"

孩子们迁移了自己生活中有益的直接经验和感性认识，是非常好的。接下来该如何帮助他们尽快地实现这个好想法呢？于是，我们立刻把大家的讨论和致远的想法分享到了班级群。家长们纷纷夸赞孩子们的爱心，嘉恩妈妈还热情地说："刘老师，我们家有汽车膜，明天就可以带来。"在大家的合作下，致远的好想法实现了，大家都开心极了。

致远的金点子

嘉恩带来的汽车膜

老师帮忙来贴膜

5. 为斑鸠投放食物

快吃午饭的时候，旻熙说："我们从来没看到斑鸠妈妈吃饭，它一直坐在窝里孵蛋不饿吗？"语墨说："斑鸠妈妈应该是要照顾蛋宝宝吧，要孵蛋所以不能离开。"好好说："也不知道斑鸠吃什么，不然可以放一点食物在斑鸠妈妈旁边，它就能吃到了。"……就这样，孩子们你一言我一语聊起了"斑鸠吃什么"的新话题。

阳阳说："我家的鹦鹉喜欢吃瓜子，鹦鹉和斑鸠都是鸟，应该也爱吃瓜子吧？"安安说："我猜斑鸠应该喜欢吃豆子和米。"为了支持和鼓励孩子们大胆猜想，我们设法带他们一起验证。孩子们提出幼儿园的生活馆里有很多粗粮，于是大家来到生活馆请教了应老师，应老师介绍了各种粗粮的名字和特点，我们带了很多粗粮放在靠近鸟窝的窗口处，等待斑鸠能飞过来饱餐一顿。

两天过去了，看着依旧满满一盒的粗粮，孩子们很是疑惑："斑鸠到底吃了没有呀？""哪些是斑鸠爱吃的粗粮呢？""是呀，我们投放了这么多的粗粮，可斑鸠有没有吃，吃了哪些，我们都看不出来，怎么解决这个问题呢？"听到我的提问，商田说："我们少放一点应该就能发现有没有被斑鸠吃掉了。"致远说："有这么多种粗粮，每种放一点，就会很多，放在一起，还是看不出来哪个被吃掉了呀?”安安说:“我们把每种食物分开来放,每种放一点点,这样不就容易了?”大家觉得安安的方法确实可行,但是需要我们准备便于分类摆放的食物容器。为了支持孩子们通过自己的探索去解决问题,我们让孩子们自己去寻找答案。机灵的阳阳想到了数学活动中使用过的分类盒,他拿来分类盒,将斑鸠可能爱吃的食物——玉米、黑豆、芸豆、绿豆、黄豆、瓜子仁、小麦和小米等粮食,按每种十颗的数量分类放好。为了便于观察,我们又和孩子们一起设计出了记录斑鸠取食数量的统计表,最后将装好食物的分类盒投放在便于斑鸠取食的窗台上。

接下来的几天,孩子们每天坚持点数分类盒里的剩余粮食,一边记录被斑鸠吃掉的食物,一边继续按照十粒的量补充。几天后,孩子们发现了分类盒附近的斑鸠粪便,还发现分类盒里的绿豆、黄豆各少了两颗,十粒小米都没有了。他们还发现白色的芸豆太大,斑鸠的嘴巴太小吃不进去,就及时把芸豆换成了小麦。最后大家得出结论:斑鸠除了爱吃绿豆、黄豆和小米,也爱吃瓜子仁、红豆和小麦。

斑鸠不用飞很远就能吃到美食,也不用饿着肚子孵化小斑鸠了,孩子们都非常开心。在为斑鸠投放食物的过程中,孩子们进行了食物种类的选择、粮食数量的控制、科学投食的观察记录与调整等,通过实际操作理解了数与数之间的关系,学会了调查收集信息的方法,养成了不怕困难、喜欢思考的品质。

选择粮食

检查数量

投放食物

窗外的投放区

观察后的发现

统计和记录

教师的思考

幼儿在“为斑鸠投放食物”的活动中倾注了很高的热情，他们都非常乐意用爱心去帮助斑鸠一家，但是因为缺乏前期经验，在第一次投放食物的过程中，在投放的种类、投放的数量、盛放的器皿等几方面，都出现了不少问题。作为老师，如果我们直接将这些问题的解决方法告知他们，虽然可以很快地帮助他们解决问题，但是剥夺了他们分享、交流和思考的权利，这很难让他们在集体的思维碰撞中体会到通过自己的思考和改进战胜困难后的成功与喜悦。因此，我们给幼儿充分的思考时间，帮助他们放慢研究的脚步，鼓励他们通过集体的交流、集体的思考与集体的讨论，提炼改进的措施，调整投放粮食的种类、数量，更放盛放的器皿，改进记录取食数量的方法等等。在一系列改进措施后，他们成功了，同时，他们也充分地体会到了收获的成功与快乐。

第一次课程审议

第一阶段班本活动中，我们看到教师抓住了幼儿在“观察区里的那些事”，追随幼儿的兴趣开展了“观察区角的形成”“我们的答案”“观察斑鸠的规则”“护鸟行动”等相关活动。

在观察初期，幼儿通过自身的参与、思考，发现了很多问题，这也充分说明他们对活动投入的状态。教师抓住幼儿观察中的一举一动，结合他们自己提出的问题，讨论并制订规则，寻求答案，从而有效地推动了班本课程的开展。教师发现幼儿的心理需要，支持他们实现想法，这种过程本身就是极富感染力的。尤其当幼儿出现“护鸟”问题与想法的时候，教师用平等支持的态度，保护了幼儿的爱心；同时通过家园平台，分享了致远小朋友的奇思妙想，让大家看到了幼儿、家长们满满的爱。

通过张贴汽车膜，幼儿可以“暗中”关注斑鸠一家了，活动开展也更为细致。而在“为斑鸠投放食物”的活动中，教师支持幼儿用数学的方法解决生活中的实际问题，从一开始不知道斑鸠吃了没有、爱吃什么，到后来完全了解斑鸠吃了多少、吃了什么，这充分体现了幼儿的自主性，是值得称赞的。

接下来在对斑鸠的关注中幼儿很可能会发现有关斑鸠的日常生活习性、孵育方式等等，当遇到这些问题时，教师是否能给予幼儿一定的有效支持呢？对鸟类的生活习性，其实教师和幼儿一样处于了解、学习的状态，因此，教师作为活动的支持者，应该提前做好相关的知识准备，以便在活动中适时地帮助幼儿。

（二）斑鸠去哪儿了

1. 会避雨的斑鸠爸妈

连续几天的阴雨天气，两只斑鸠有好几天都没有出现了，孩子们很着急:“鸟窝里还有两个蛋宝宝呢，斑鸠爸爸妈妈怎么都不回来了呀?”听到孩子们的讨论，其实我们的心情也和孩子们一样焦急:“如果斑鸠爸爸妈妈真的弃巢了，怎么办?”“是不是要购买一台孵蛋器回来进行孵化?”但是我们也想到，孩子在与大自然的接触中，肯定会遇到很多问题，应该先鼓励孩子们自己推理和分析，寻找事物之间的关联，这样才会有新的转机。

于是，我们安慰孩子们:“前段时间，大家观察斑鸠的动静那么大，它们受到了惊吓都没离开。那你们想一想，这次它们会因为什么离开呢?”“我感觉最近一直在下雨，天气太冷了，斑鸠爸爸妈妈是不是去躲雨了啊?”“肯定是因为下雨了，之前天那么冷，斑鸠也没有离开啊。”“说不定不下雨了斑鸠就回来了!”“对！我们应该再等等看。”大家的讨论让孩子们的心情逐渐好了起来，大家期盼着天气快快转晴，斑鸠爸爸妈妈能快快回来。

两天后终于迎来了阳光灿烂的日子。“斑鸠回来啦!”正在观察的天天激动地大叫，孩子们一下子都围到了窗口:“看来斑鸠真的是去避雨了，它们不会舍得丢下自己的蛋宝宝的。”“是呀，斑鸠爸爸妈妈真好!”我们肯定了孩子们之前的推理猜测，同时告诉他们，观察是一门科学，除了思考无数种可能，更要能安下心来去等待。

准备换岗的斑鸠爸妈

在接下来的观察中，孩子们发现每次一只斑鸠回来，另一只正在孵蛋的斑鸠就会飞走。这是为什么呢？孩子们又进行了推理猜测:斑鸠爸爸妈妈一直在鸟窝里，也需要出去透透气，所以它们是轮流孵蛋的，一个孵蛋，另一个就会出去转转，顺便找点好吃的。

2. 孵蛋斑鸠的“转圈舞”

孩子们通过连续地观察，惊奇地发现斑鸠孵蛋时会转向不同的方向，按照逆时针方向旋转身体，孩子们还给这个动作取了一个好听的名字，叫“斑鸠孵蛋‘转圈舞’”。孩子们都说：“斑鸠孵蛋的时候还能转圈，真是太聪明了。”通过观察，孩子们记录到了斑鸠孵蛋转圈的有趣现象，为什么斑鸠孵蛋时会做这个动作呢？带着这个问题孩子们回家和爸爸妈妈一起查找资料，虽然没有查到斑鸠旋转身体孵蛋的内容，但是通过了解鸟类的孵化习惯，得出了答案：斑鸠孵蛋时的“转圈舞”是为了让蛋均匀受热，这样更利于小斑鸠出壳。

斑鸠妈妈在孵蛋　　孵蛋斑鸠的“转圈舞”(1)　　孵蛋斑鸠的“转圈舞”(2)　　孵蛋斑鸠的“转圈舞”(3)

斑鸠孵蛋方向(一)

斑鸠孵蛋方向(二)

斑鸠孵蛋方向(三)

斑鸠孵蛋方向(四)

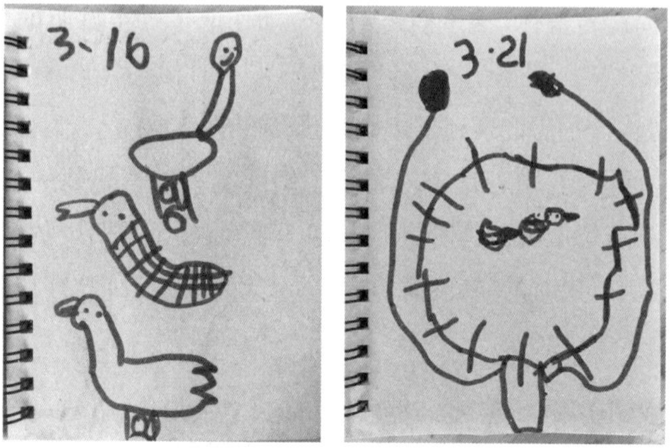

孩子们的记录

（三）致远护蛋记

“我和斑鸠做邻居”的活动进行了一段时间后，致远和家人去花果山游玩，带回了两枚野生鸟蛋。“刘老师，这是我带来的鸟蛋，我想给班上的老师和小朋友们看一看，能不能把这两枚鸟蛋孵化出来？”泺颜听到致远的提议，好奇地说：“这是谁的蛋呢？能把它们孵化出来就太好玩了！”岑岑说：“能不能把这两枚鸟蛋放到斑鸠的窝里，让斑鸠爸爸妈妈帮忙孵化呀？”墨墨说：“不行吧，斑鸠爸爸妈妈一定认识自己的蛋，而且它们有一只总是坐在鸟窝里，哪里有机会放呀？”

1. 鸟蛋的小插曲

孩子们对这两枚鸟蛋展开了很多的讨论。笑笑问：“致远，这鸟蛋是你妈妈给你吃的？”“是呀，从餐厅拿回来的。”“你妈妈真可怕，居然让你吃鸟蛋。”听到孩子们的话，致远着急了：“谁说的，我妈妈同意我把鸟蛋带回来呢。”“那你为什么不把鸟蛋还给鸟妈妈？”梦想说。

“这鸟蛋又不是致远从鸟窝里掏的。”“是呀，要怪就该怪偷鸟蛋的人。”有几个孩子为致远打抱不平。致远眼睛里噙着泪水说：“刘老师，我偷偷带来这两枚鸟蛋，就是不舍得吃掉它们的，我们想办法把小鸟孵化出来吧。”

我们感受到了致远的爱心，为了满足孩子们美好的愿望，我们在班级里展开了讨论，有的孩子说可以直接请斑鸠妈妈孵化，有的孩子觉得鸟窝里两个鸟蛋够挤的了，还是用孵蛋器进行孵化。我们希望得到致远妈妈的支持，可是在沟通后才知道，致远带来的鸟蛋是饭店煮熟的，这两枚鸟蛋已经无法孵化了。

因为不忍心让孩子们失望，我们没有把这个真相告诉他们，而是总结了孩子们之前的讨论：① 斑鸠不离巢，放蛋孵化行不通。② 购买机器人工孵化不能立刻实施。③ 把鸟蛋还给着急的鸟妈妈。听到这些，孩子们立刻嚷了起来："还给着急的鸟妈妈吧，这样小鸟宝宝一出生就有爸爸妈妈陪伴了，多好啊！""是啊，这几天鸟妈妈找不到蛋宝宝，一定着急坏了。"

致远带来的两枚鸟蛋

"你们的办法太好了，最近致远妈妈正好要回连云港，她会帮助我们把蛋还给鸟妈妈的。"孩子们欣然接受了这个决定，致远也觉得让蛋宝宝回到鸟妈妈身边才是最好的安排。通过这件事，孩子们更懂得了生命的可贵，知道了要保护大自然中的鸟类，善待身边的小动物。

2. 来自致远妈妈的随笔

事后，致远妈妈特意与我们做了交流，以前她觉得自己的教育理念是"孩子身体健康，快快乐乐就行"。但是通过这件事情，她真切感受到孩子虽小，成人的一言一行都在他们的眼里，教育的潜移默化时刻影响着孩子。这次的班本活动也让作为家长的她和所有家长们感受到来自班集体满满的爱，大家也都懂得关爱、尊重、保护自然了。为此，致远妈妈写下了自己的感想，我们也选择了一部分读给孩子们听：

一天，我下班回到家，Patrick 照例跟我聊着幼儿园里的趣事。他很兴奋，眼睛闪着晶莹的光："妈妈，你知道吗，我们班窗口来了两个新朋友，它们生活在窗外的树上，那里它们新垒了窝，它们还生了两个蛋呢！""它们的名字叫什么，你知道吗？”我饶有兴趣地问。“我不知道，妈妈，你能帮帮我吗？”“好啊，妈妈也想知道呢。”我点开老师发来的视频，Patrick 高兴地叫起来：“对，就是这两个小家伙！瞧，有一只在下蛋呢。”……看到 Patrick 开心的表情，我们打开了电脑，原来这是珠颈斑鸠。“珠颈斑鸠，难怪它脖子上有一圈珍珠一样的花纹！”看着 Patrick 如此说，我深深感到孩子对研究小动物的喜爱。

第二天回来，Patrick 告诉我，班级里那两位可爱的老师顺势鼓励孩子们，应允他们轮流做“斑鸠观察员”，接下来中三班孩子们每天都将用笔记录他们的新发现。

随后 Patrick 每天回来都会乐此不疲地告诉我关于斑鸠的一些近况：今天我们建立了观察斑鸠的规则；斑鸠今天吃了些什么；下雨的时候斑鸠的羽毛究竟湿了没有；斑鸠的窝是怎么搭得这么好的……Patrick 还告诉我，斑鸠产下的两枚蛋，终于准备孵化了。我问他：“斑鸠一家看来跟你们班相处很和谐，你们平日那么闹，它们竟然没有搬家？”Patrick 有点不高兴了：“妈妈，你这样说话太不负责任了，我们观察斑鸠都是用相机悄悄拍下来的，平时我们走路都脚步轻轻不吵闹，不会把头和手伸出窗外影响它们生活，而且我还跟老师出主意，在窗户玻璃上贴了汽车膜，这样我们趴在窗户上看斑鸠一家的时候，斑鸠看不到我们就不会害怕啦！”听完他认真的解释，我不由为老师的循循善诱而感动。

不久之后，全家迎来了去花果山旅游的机会，那满山顽皮的猴子，让 Patrick 欣喜不已，只要看到幼小的猴子被迫训练合影，他就想过去安抚小猴，我们都感觉自从班上开始了“我和斑鸠做邻居”的班本活动，他越发喜欢小动物了，尤其对动物宝宝更是呵护有加。中午吃饭，服务员端上来一盘青壳的小小鸟蛋，我看了看 patrick，他也看了看我，低声问我：“妈妈，这些蛋我认得，跟斑鸠生的大小一样，它们不是该在鸟窝里吗？”我一时语塞，心生尴尬，就把自己分到的鸟蛋递给他说：“你回去好好观察下。”他一下就咧开嘴笑了，说：“妈妈，你真好，你也不吃它们，我要把这两个蛋带到幼儿园去，给班上的小朋友们看看，然后放到斑鸠的窝里面，让它们也能孵化出来。”接着，他喜滋滋地拿起餐巾纸左三层右三层地包好，小心翼翼分别塞进了自己左右两个口袋里。

幼儿园里，老师们看到了这两只可以食用的鸟蛋，并没把这个对孩子们来说有点残酷的事实说出来，我也婉转地告诉了 patrick，这两只鸟蛋已经送还给鸟妈妈了。而中三班窗户外的斑鸠一家，正处在孵化阶段，生命的延续周而复始……

一天，Patrick 突然抱住了我："妈妈，我爱你，我观察斑鸠一家，我发现鸟爸爸经常出去找食物吃，鸟妈妈一直在孵蛋，它有时候不吃也不喝，真的很辛苦，真的很伟大！哪里有爸爸妈妈，哪里就有我们温暖的家！对了，你生我的时候，也是像鸟妈妈这样整天孵蛋的吗？"说实话，我眼眶一下就湿润了，当他毫不吝啬地向我表达情感的时候，我一下就被这种温暖击败……

这次班本活动的经历，让我感受到来自班级老师、来自孩子们那满满的爱。"我和斑鸠做邻居"活动让小小的爱传递在美好的时间与空间，这是我们做过的最好的事情！

鸟蛋是怎样孵化出小鸟的

（四）十七天后的惊喜

1. 鸟蛋是怎样孵化出小鸟的

我们发现孩子们在对斑鸠的观察中，讨论最多的问题是"小斑鸠什么时候才能出壳""鸟蛋是怎么变出小鸟的"，能看出他们对于小斑鸠破壳而出的期待。但是蛋的孵化过程本身就是一个严谨的科学问题，别说孩子们，就是老师对这么专业的知识也是知之甚少的，如果我们仅仅局限于在班级观察角里的观察，那是远远不够的。对于蛋的孵化，需要让孩子们借助图片、视频等多种方式直观地去了解科学的孵化过程，这样才能更好地帮助孩子们答疑解惑。

为了给孩子们提供有效的引导和支持，我们展开了讨论："大家都知道小鸟宝宝在鸟蛋里，可是它们在鸟蛋里是什么样子的呢？"熙熙说："我猜是一只贪睡的小鸟，它还在睡大觉不肯出来。"月月说："我觉得，它应该太小了，还没力气顶破蛋壳。"为了让孩子们更加积极地参与研究，一方面，我们鼓励孩子们把问题带回去和爸爸妈妈查找资料，另一方面，我们也收集了最直观的、利于孩子们理解的图片。

为了让孩子们了解鸟蛋是怎么变成小鸟的，我们开展了“鸟蛋是怎样孵化出小鸟的”的活动。孩子们通过观察蛋的内部构造、孵化过程，观看小鸟出壳的录像，更直观地了解了孵化的过程。原来鸟蛋实际上是受精的卵，在鸟妈妈的身体里初步发育，出生的鸟蛋和鸡蛋一样有蛋清、蛋黄等等。刚出生的鸟蛋细胞会暂停分裂，鸟妈妈孵化时体温在 40 度左右，它们每隔 1 到 2 小时会翻一次蛋，当鸟蛋的温度升高时，鸟蛋里的细胞就会利用蛋黄、蛋清继续分裂和分化，从而形成小鸟的各种器官。鸟蛋的孵化期会根据不同鸟类而定，一般在 15 天左右，鸟蛋最终会由一个受精卵细胞形成一个新个体，也就变成小鸟，等它有力气破壳而出，就算孵化成功了。

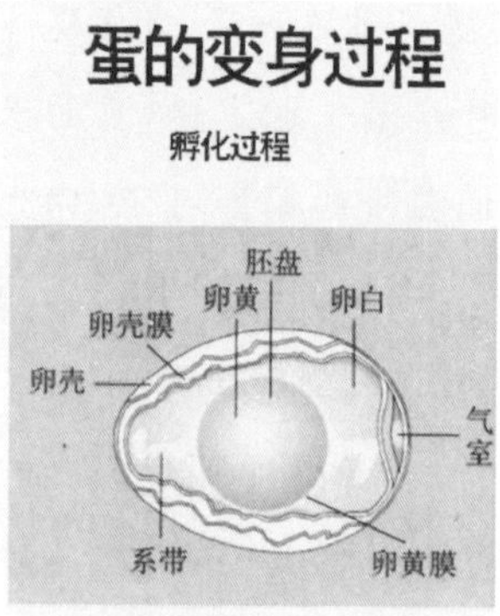

了解蛋的内部构造

孵化时发育分化出各种器官

认知后的记录

2. 会生蛋的动物

孩子们对蛋的内部构造和蛋的孵化过程有了深入了解，他们私下也在一起讨论“还有哪些动物会生蛋”的问题。我们听到厚厚非常得意地说：“我知道远古的一种动物会生蛋，你们知道是什么吗？”小小说：“远古的时候有鸟，鸟就会生蛋呀！”厚厚说：“除了鸟，还有恐龙呢！恐龙不是鸟，但它也是会生蛋的动物哦！”一席对话，逗笑了身旁的我们。鉴于孩子们对生蛋的动物很感兴趣，我们抓住孩子们的兴趣点，生成了活动“会生蛋的动物”。

孩子们在绘画

通过在家中与父母的交流，孩子们收集、了解了几种会生蛋的动物并在班级活动中分享了自己的知识。他们知道并不是只有鸟会生蛋，其他动物也会生蛋，我们可以从蛋的大小、颜色，区分出这是谁生的蛋。此外，孩子们通过身体动作的模仿、观察记录，还将蛇、乌龟、孔雀和恐龙这些生蛋的动物们都记录了下来。

丰富多彩的记录

3. 鸟宝宝出壳记

孩子们对蛋的孵化过程有了新的认知，了解到了蛋里的秘密，知道小斑鸠出壳还需要一定的时间。“那么怎么才能知道小斑鸠何时出壳呢？”依依说：“鸟蛋大概 15 天就能孵化出小鸟来了。”月月说：“对呀，我们每天仔细观察斑鸠妈妈的孵蛋情况，看看它身体下面有没有小斑鸠的脑袋，这样我们就能知道啦！”

孩子们的想法又激起大家新一轮探索鸟宝宝出壳的兴趣，为了把孩子们的观察记录进行更直观的分享，我们准备了“鸟宝宝出壳记”的展板。通过小组协商，每天由一人负责把自己的观察记录单贴到展板上。他们记录的内容包括：日期、天气、斑鸠妈妈的孵化状态和孵化的天数等。每当有新的记录贴在展板上，孩子们都会看看小观察员的记录有没有新的变化，他们都说：“我们要从蛋宝宝出生一直记录到斑鸠宝宝破壳的那一天。”

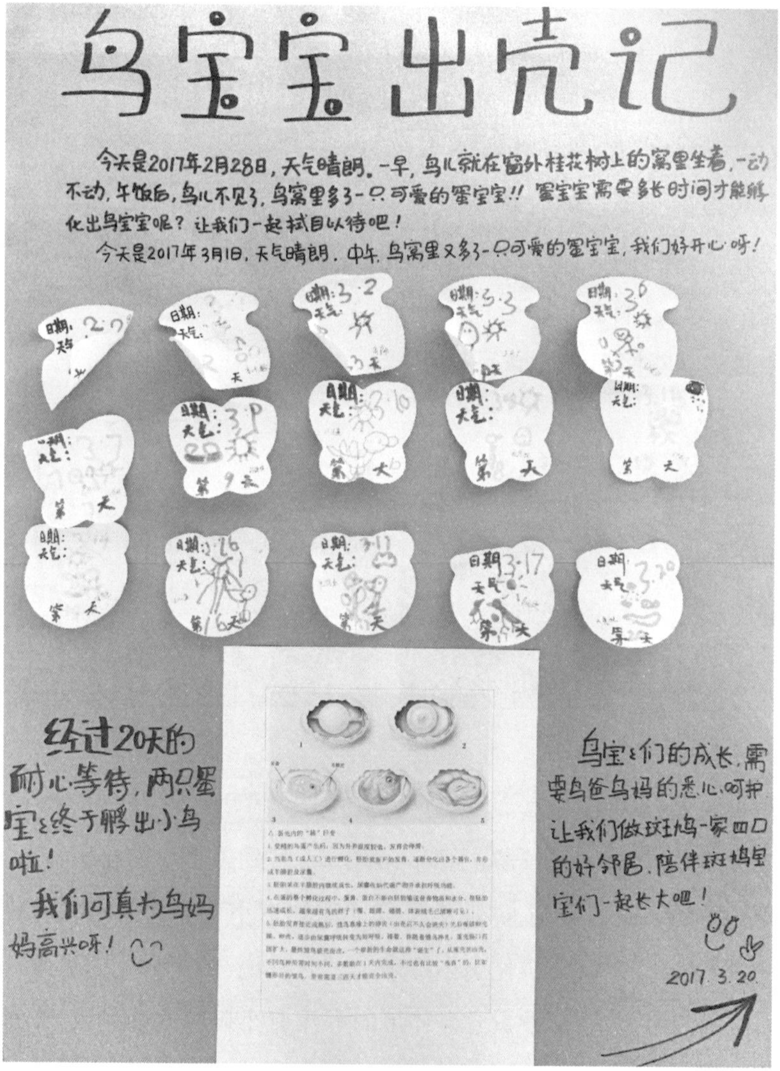

鸟宝宝出壳记的记录

3月17日，孩子们有了意外的惊喜！经历了17天的漫长等待，孩子们惊喜地在斑鸠妈妈身下发现了鸟宝宝时隐时现的小脑袋，第一只斑鸠宝宝从蛋壳里出生啦！3月20日，我们又迎来了第二只小斑鸠宝宝，两个宝宝终于全部破壳而出。

发现小鸟宝宝

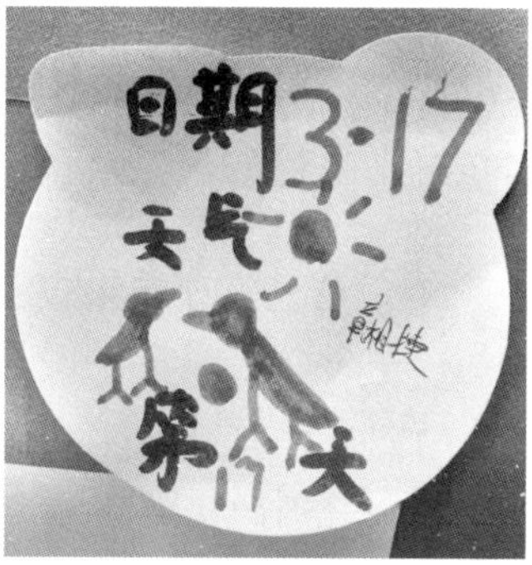

孩子的记录

随着两只小斑鸠全部出壳，“鸟宝宝出壳记”的记录也完成了，孩子们看着满满一面的记录单，特有成就感。“一共有17张记录单，斑鸠妈妈孵化了17天哦!”——小小的记录单帮助孩子们准确地呈现出了斑鸠宝宝孵化的时间。孩子们纷纷表示：“小斑鸠出壳了，我们还要陪着小斑鸠长大呢。”孩子们的兴趣自然而然转到了斑鸠宝宝的生长过程。

对于鸟宝宝的记录

教师的思考

在本阶段的活动中，我们发现幼儿对斑鸠的行动足迹很关心，对它们生活中的一点一滴都是非常积极和投入的。

在“会避雨的斑鸠爸妈”的观察活动中，幼儿为斑鸠因为避雨离开而忐忑不安，我们在安抚他们的同时，鼓励他们自主思考，最终获取了关于斑鸠的新认知。随着研究的深入，幼儿还收集到了在资料中查找不到的关于“斑鸠逆时针转圈孵蛋”的独家秘密。他们看到自己的观察结果在照片中一一呈现，都非常喜悦，那种成就感是无法言语的。我们也亲身体会到，亲力亲为地参与研究，收获成果是多么的珍贵，那些辛苦也都是值得的。

此外，在“致远护蛋记”这部分活动中，我们发现幼儿参与活动比以前更为主动了，他们能完全将自己的想法与他人交流，在交流中也显得更加大方和自信。

第二次课程审议

在第二阶段的班本活动进程中，我们看到了教师追随幼儿的兴趣点，开展了“会避雨的斑鸠爸妈”“孵蛋斑鸠的‘转圈舞’”“致远护蛋记”“鸟蛋的小插曲”“来自致远妈妈的随笔”“十七天后的惊喜”“鸟蛋是怎样孵化出小鸟的”“会生蛋的动物”等活动。值得肯定的是，教师善于思考，为幼儿每一阶段的探究提供了人手一本的记录本和“鸟宝宝成长记”的记录展板，激发了幼儿在观察区域进行轮流值日、跟踪记录小鸟孵化过程的意愿。幼儿除了自己观察、记录，也有集体任务的承担，从中培养了他们的责任意识，充分体现出教师是幼儿活动的支持者、合作者、引导者。

随着观察蛋宝宝的孵化进程，了解会生蛋的动物，鸟宝宝出壳记的深入开展，幼儿自发提出要继续观察鸟宝宝成长。在下面的活动中，教师可以延续幼儿对生命、爱的认知，帮助幼儿体会斑鸠爸爸妈妈在抚育小斑鸠中的点滴感悟，让幼儿在结合自己感受的同时，懂得父母的辛苦不易。

（五）雨中的斑鸠妈妈

1. 不再躲雨的斑鸠妈妈

不再躲雨的斑鸠妈妈

一连下了四天的雨，孩子们发现浑身湿透的斑鸠妈妈在大雨中一动不动地坐在窝里。孟想说：“这几天一直在下雨，斑鸠爸爸妈妈该有多冷呀。”沐颖说：“是呀，之前它们孵蛋的时候，下雨天还会飞走避雨呢。现在有了斑鸠宝宝，就不走啦。”瑶瑶说：“为了保护斑鸠宝宝，为它们遮风避雨，真感动呀！”

我们围绕“下雨了天很冷，斑鸠妈妈这次为什么不离开鸟窝出去避雨”的问题展开了讨论。安安说：“因为刚出生的斑鸠宝宝怕冷，斑鸠妈妈舍不得丢下它的宝宝们。”默涵说：“斑鸠妈妈担心，如果它离开了，会有坏人把斑鸠宝宝偷走。”孟想说：“如果斑鸠妈妈离开了，斑鸠宝宝淋湿了就会生病的。”商田说：“斑鸠妈妈如果不在，斑鸠宝宝可能会从树上掉下去，就会摔死的。”孩子们纷纷有感而发：“斑鸠妈妈为了宝宝变得很勇敢，它真好啊！”

这时，小小观察员们还发现斑鸠妈妈的身体变高了，可是它的头却一直低着，孩子们猜测可能是因为斑鸠宝宝长大了，斑鸠妈妈怕压到它们，所以有意抬高自己的身体，为斑鸠宝宝遮风挡雨。低下头是因为它们太喜欢自己的宝宝了，所以会一直看着自己的宝宝。

从孩子们的表达中，我们感觉通过这段时间的观察，他们变得细心了，学会了换位思考去理解斑鸠爸爸妈妈的行为，体会到了斑鸠父母的爱。

致远说：“斑鸠爸爸妈妈真是天不怕地不怕的爸爸妈妈。”玥玥说：“斑鸠妈妈是很温暖的妈妈。”湘婕说：“斑鸠妈妈是很会照顾宝宝的妈妈。”嘉恩说：“斑鸠妈妈是能防雨的妈妈。”好好说：“斑鸠妈妈是很贴心的妈妈。”在谈论中很多小朋友都不由自主地想到了自己的爸爸妈妈，想到了爸爸妈妈关爱自己的点点滴滴。诺言说：“上次下大雨只有一把伞，我爸爸把伞都打到了我的身上，他的衣服全淋湿了。”伊伊说：“每次生病，妈妈都会整夜不睡陪着我，妈妈真辛苦。”孩子们说了很多关于爸爸妈妈养育他们的难忘回忆，在交流中他们更加深刻理解和体会到了来自父母的关爱。

“我们能为爸爸妈妈做些什么呢?”孩子们有的说：“爸爸妈妈下班回家了，我会给他们拿拖鞋。”有的说：“爸爸累了，我会给他捶捶背。”有的说：“我可以帮妈妈洗洗脚。”“我想为妈妈梳梳头。”回到家，每个孩子都做了自己力所能及的事情去感恩家人。

奕岑为妈妈洗洗脚

沐颖为妈妈捶捶背

2. 我为斑鸠撑把伞

雨一直在下，丝毫没有停下来的迹象。善良的孩子们更加牵挂雨中的斑鸠一家了，他们很想为斑鸠挡挡风雨。婷婷说："刘老师，我们可不可以帮斑鸠撑把伞呢？"熙熙说："不行吧，这样会吓到斑鸠的。"瑶瑶说："如果斑鸠一直淋雨，它生病了会死掉的，那斑鸠宝宝怎么活呀？"月月说："是呀，我们和斑鸠相处了这么久，它应该明白我们的心吧？"小琪说："对，我们还每天给它送好吃的呢，它一定知道我们不会伤害它，我们试试吧。"窗外的雨越下越大，孩子们的愿望更加迫切了，我们也想着孩子们那么美好的心愿如果能够得以实现那就太好了，于是大家纷纷行动起来。

我们在教室里找来了一把橘色的雨伞，在孩子们的关注中，老师小心翼翼地把伞撑了出去，可是斑鸠妈妈看到雨伞立刻就飞走了。此情此景急坏了大家，有的孩子说："哎呀，我们没有碰到斑鸠妈妈呀，它为什么要飞走呢？"有的说："是不是斑鸠妈妈被橘色的伞吓跑了？"还有的说："斑鸠妈妈可能害怕橘色。要是撑把绿色的伞，跟树叶的颜色一样就好了。""对！斑鸠妈妈以为绿伞是树叶，应该就不会怕了吧？"孩子们的一席讨论，给我们提供了新的解决方法。大家都赞同地说："窝里还有两只小斑鸠呢，斑鸠妈妈肯定舍不得飞远，我们换了伞，斑鸠妈妈就不会害怕了，应该就会回来了。"我们觉得孩子们的分析很有道理，于是趁着斑鸠妈妈不在，赶紧把橘色的伞换成了绿色的伞。果然，没一会儿斑鸠妈妈就飞回来了。孩子们好高兴呀！他们温柔地说："斑鸠妈妈你别害怕哦，我们帮助你们撑伞避雨，我们爱你们。"

看到安心留在窝里照顾小宝宝们的斑鸠妈妈，我们也觉得它一定接收到了我们的爱，它们一家终于不用淋雨了，大家都开心地笑了。

第一次撑伞

第二次撑伞

不再淋雨的斑鸠一家

3. 雨中的斑鸠妈妈

区域游戏时，孩子们在拼画中开始表现斑鸠妈妈以及雨中斑鸠妈妈的形象，在观察记录本中我们还看到了孩子们对“雨中斑鸠妈妈”的记录。

雨中的斑鸠妈妈

小组分享作品的时候，桐桐说：“风再大，雨再大，斑鸠妈妈不会离开家。”于是，我们思考着，为何不支持孩子们尝试创编一首关于“雨中斑鸠妈妈”的诗歌呢？在我们的鼓励下，桐桐在集体面前复述了她编的诗句。接下来，孩子们你一言我一语，用稚嫩的话语表述着他们观察到的关于斑鸠妈妈的一幕幕场景。

当有的孩子急于表达却描述得不够清楚时，我们也用鼓励的口吻，让孩子们慢慢地说。就这样，借助班级的观察记录展板和自己的观察记录本，孩子们理清了思路，清晰地表达出了自己对斑鸠妈妈的感受。

我们将孩子们的话语记录下，归纳整理出了完整的诗歌——《雨中的斑鸠妈妈》：

沙沙沙沙，下春雨啦，斑鸠宝宝出壳啦！
斑鸠妈妈，抱着宝宝，一动不动坐在鸟巢，
妈妈妈妈，风大雨大，淋湿衣服怎么办呀？
宝贝宝贝，不要害怕，妈妈为了保护你不会离开家，
哪里有幸福就有妈妈！

这些稚嫩的诗句反映了孩子们最真切的情感。当他们把集体创编的诗歌带回家，朗诵给爸爸妈妈听的时候，家长们都很感动，连连夸赞孩子们长大了、懂事了！

拼画作品《晴天的斑鸠》

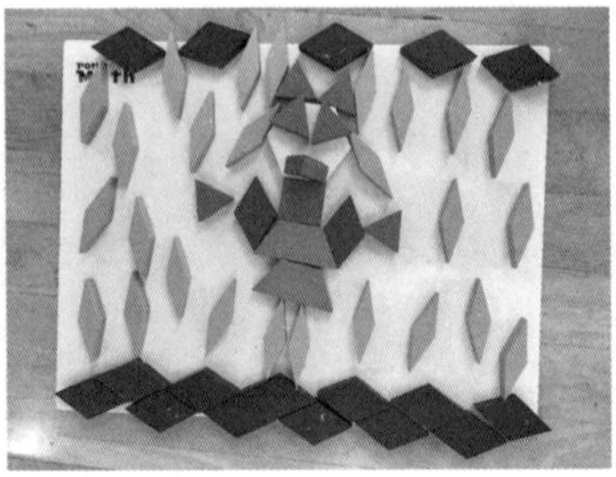

拼画作品《雨天的斑鸠》

孩子观察雨中斑鸠的记录

4. 不怕水的羽毛

雨中的斑鸠妈妈为了给小斑鸠们遮风避雨，全身的羽毛都淋湿了，孩子们都深深为之感动。小七说："雨那么大，斑鸠妈妈浑身都湿透了，太可怜了。"甜甜说："是的，斑鸠妈妈的羽毛都湿了，它一定很冷吧。"安安说："除了给斑鸠妈妈撑伞，如果能给斑鸠妈妈做一件雨衣那就更好了。"彤彤说："爸爸告诉我，羽毛其实就像雨衣一样是可以防水的。"点点说："对的，有一天下小雨，有一只鸟停在树上，我看见它把身体轻轻一抖，雨水就被它抖掉了。"其他孩子都疑惑地问："羽毛可以防水啊？"天天说："可是，我们看到的斑鸠妈妈确实是浑身都湿透了呀，它的羽毛怎么不能防水呢？"

孩子们根据自己的观察提出了值得探究的问题，面对孩子们的疑惑，我们决定支持和鼓励他们积极动手动脑寻找答案。我们提出了"怎样才能知道鸟的羽毛能不能防水"这个能激发幼儿兴趣的问题。孩子们思考后给出了回应，有的说："我们可以找一些羽毛放在水里，看看会不会湿。"还有的说："我们可以找一个羽毛球用水淋，看看会不会湿。"孩子们想到了各种各样的探究方法，我们决定支持他们为自己的想法收集证据。

第二天，孩子们带来了自己收集到的材料：羽毛、羽毛球、羽毛扇子等。有的孩子用滴管朝羽毛扇子上滴水，发现水滴会顺着扇子滑下，而扇子并没有湿；有的孩子将羽毛球放在水里，拿出来甩一下，羽毛球就干了；还有的孩子将羽毛放在水龙头下面，一直用水冲它，最后羽毛湿透了。

孩子们通过实验，得出了结论：羽毛表层有鸟儿的油脂，所以具有一定的防水功能。在雨小的时候，鸟儿抖一抖羽毛，羽毛上的水会被抖掉，羽毛就干了；在雨很大的情况下，羽毛不停被雨淋，它的防水功能就会变差，所以羽毛才会被打湿。

羽毛涉水实验

教师的思考

现在的幼儿拥有大家庭的呵护与关爱，他们往往以自我为中心，忽略他人的付出与感受。通过观察斑鸠的系列活动，幼儿看到了斑鸠妈妈照顾小斑鸠的过程，尤其目睹“雨中的斑鸠妈妈”的坚持，更感受到斑鸠妈妈的不易。当他们用同理心去感受斑鸠妈妈付出的时候，真正体会到了来自家人伟大的爱。

曾经有人说，“向生活所取能使我们活着，但给予会让我们拥有完整的人生”。在“雨中的斑鸠妈妈”这一系列活动中，幼儿把斑鸠当成了邻居，当成了我们身边最亲近的人，在观察中学会了换位思考，学会了关心帮助、用心呵护弱小的生命。每个温馨的片段都是成就爱的教育的过程。

（六）成长中的小斑鸠

勇敢的小斑鸠

1. 勇敢的小斑鸠

孩子们一边进行着各种有趣的观察活动，一边陪伴着小斑鸠一天天长大。3 月 21 日，两只满身绒毛的小斑鸠已经把鸟窝挤得满满的了，它们在窝里呼呼大睡。孩子们说："小斑鸠长得可真快，它们长大了，吃的食物也多了，斑鸠爸爸妈妈要一起出去找食物才够填饱它们的小肚子。"还有的孩子说："小斑鸠睡觉的样子真可爱啊，我们把它拍下来给爸爸妈妈看看，多有意思啊！"

听了孩子们的讨论，我们也觉得和家长分享孩子的发现，是一件非常有意义的事情。于是趁着斑鸠爸爸妈妈都不在的时候，我们悄悄地拿着摄像机，慢慢靠近小斑鸠们进行了拍摄。或许是我们的拍摄惊动了它们，小斑鸠睁开眼睛，误以为摄像机是危险的东西。两只小斑鸠用嘴巴向我们发起了进攻，我们用摄像机记录下了这有趣的一幕。当孩子们欣喜地看着录像中小斑鸠勇敢的表现时，彤彤说："别看它们才出生没多久，可它们真是非常勇敢的小生命。"星星说："它们相亲相爱在一起，遇到危险一起反击，可真团结呀！"

孩子们还观察到，每次斑鸠爸爸妈妈外出回来时，只有一只返回，而不是两只同时回来。当斑鸠爸爸或者斑鸠妈妈回来的时候，小斑鸠们会从爸爸或者妈妈的嘴里吃食物。回来的斑鸠也不是同时喂两只小斑鸠，而是轮流喂，一只小斑鸠在吃的时候，另一只小斑鸠会在一边等待。孩子们都说："小斑鸠和我们一样，还会排队呢！""斑鸠宝宝有爸爸妈妈的照顾，真好呀！"就这样，小斑鸠们轮流吃食的场景被孩子们记录在了观察记录本里。

斑鸠喂食

斑鸠喂食

睡觉的幼鸟

2. 学飞的小斑鸠

长大的小斑鸠

3 月 25 日，孩子们又有了新的发现——小斑鸠身上的绒毛慢慢长成了和爸爸妈妈一样的羽毛，它们不再像之前那样爱睡觉了，而是喜欢睁着眼睛安静地坐在窝里，斑鸠爸爸妈妈也很少出现在它们的身边了。孩子们谈论着自己的看法，笑笑说："小斑鸠会不会是在好奇地观察这个美好的世界呢？"朵朵说："小斑鸠长出了羽毛，越来越像爸爸妈妈了。"琪琪说："小斑鸠们的爸爸妈妈离开的时间越来越长了。"田田说："可能是斑鸠宝宝长大了，所以它们的爸爸妈妈就放心把它们单独留在窝里，就像我们每天离开爸爸妈妈来上幼儿园一样。"

孩子的斑鸠舞

3 月 27 日，孩子们发现斑鸠宝宝们扑棱着翅膀，从鸟窝里笨拙地扑到树枝上，再小心翼翼地走回去。孩子们惊喜地说："小斑鸠像小宝宝一样在学走路呢！"有的孩子说："它们应该是在学习怎样用翅膀飞行吧。"还有的孩子说："它们有了羽毛，应该很快就能飞起来了。""小斑鸠学飞就像小宝宝学走路一样，真有意思。"孩子们展开讨论的同时，还学小斑鸠走路、飞翔的动作呢。晨奕小朋友突发奇想，利用班级表演区里的草裙服装，扮演起了小斑鸠。

孩子们通过连续观察和分析，关注到小斑鸠不仅有羽毛、体型和能力上的变化，还发现小斑鸠们在成长中能勇于面对困难，在一次次的努力尝试中，习得了走、跳、飞的生存本领。

所有人都赞叹这些大自然中的小生命，为了生存努力去适应生活环境，太了不起了！孩子们都说："我们也要像小斑鸠一样，不怕困难，努力学习本领，自己的事情自己做。"

3 月 31 日，小斑鸠们信心满满地站在树枝上，时而飞出去，时而飞回来。孩子们都激动地说："快看，小斑鸠们真神奇呀！""小斑鸠自己学会飞了！""看，它们走得多稳，飞得多高呀！"

3. 再见啦小斑鸠

不久，我们迎来了清明假期，4 月 5 日假期结束，一直牵挂着斑鸠一家的孩子们充满期待地回到了班里，他们发现鸟窝里空荡荡的什么都没有，孩子们很失落，他们在窗口守候了很久。瑶瑶说："小斑鸠是不是长大了，鸟窝不够住了？"涵涵说："可能是小斑鸠会飞了，它们就会离开家自己生活了吧。"快到中午的时候，瑶瑶突然发现小斑鸠们从远处飞来，伫立在窗外的枝头上，还悄悄地向窗内张望，于是她小心翼翼地召唤大家快来看，孩子们压低嗓音，激动万分地说："哈哈，几天不见，肯定是小斑鸠想我们了吧？""小斑鸠，你们好呀。"我们似乎预感到这或许就是小斑鸠和我们的最后一次见面了。笑笑说："小斑鸠，我们会想你们的。"真真说："小斑鸠，你们如果真的要走了，一定要记得经常回来看看我们啊！"琪琪说："小斑鸠，这里也是你们的家，我们做了这么久的好邻居、好朋友，我们爱你们！"

孩子们的记录

听到孩子们的话，看到孩子们记录本里用心的记录，我们觉得孩子们不仅热爱自然，也爱身边的小动物，他们已经把斑鸠一家当成了我们的好邻居、好伙伴。孩子们关爱着、呵护着斑鸠们，即便有万般不舍，但面对即将到来的分离，也能够欣然地接受。孩子们懂得了大自然的规律，我们也为他们的成长与收获感到欣慰。

4. 用我们的方式想念你

从这以后，孩子们发现斑鸠们真的不再回来了。他们很想念斑鸠一家，在区角里的各种活动中，仍然参与着自己喜欢的有关斑鸠的游戏，表达着对斑鸠们的深深想念。

（1）我的蛋宝

“除了斑鸠还有哪些小动物也是从蛋里出来的呢？”区域活动里，我们鼓励孩子们回家收集有关“我的蛋宝”的材料，游戏时孩子们在这里相互交流，获得更多关于蛋宝宝的知识内容。瞧，孩子们有了属于自己的蛋宝。

孩子们把自己的蛋宝装饰得美美的，有的用彩笔、彩纸、颜料、贴纸等材料给蛋宝进行装饰，有的尝试用纸黏土制作出立体的小鸟、会生蛋的动物……在活动中，他们用黏土蛋、瓶子、树枝等辅材进行着创作。

我的蛋宝

美美的蛋宝

(2) 斑鸠故事

孩子们利用自己日常观察的结果和感受,创编了属于自己的《斑鸠故事》,制作出自己设计的故事绘本。在木工坊里,大家利用各种材料搭建鸟窝,并把自己用黏土做好的斑鸠和蛋宝小心翼翼地放进鸟窝里去。

斑鸠故事

此外，孩子们通过欣赏鸟妈妈和鸟宝宝的图片，进一步认识它们不同的身体姿态特征，用绘画的方式把鸟妈妈喂小鸟的各种姿态展现了出来，体现出鸟妈妈与小鸟之间相亲相爱的情感。

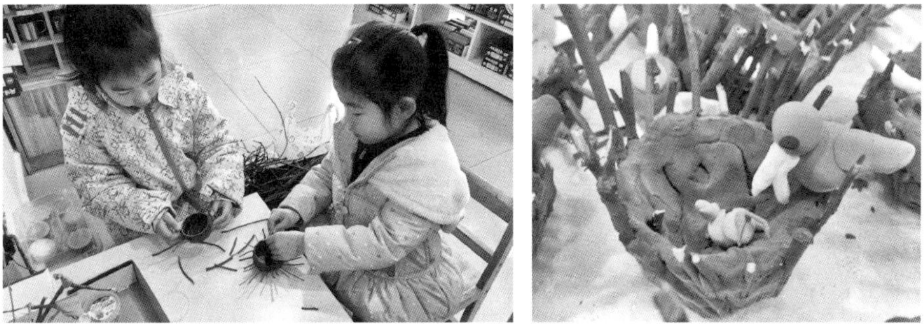

可爱的鸟窝

5. 鸟窝有多高

鸟窝作品展示区成了孩子们最喜欢去的地方，大家经常围着“鸟窝”说个不停。一天，真真对好好说：“你知道吗，鸟窝搭在很高的树上，小鸟才安全呢。”好好说：“是呀，我看到很多鸟窝都是在高高的大树上的。”嘉恩说：“我觉得我们窗口的斑鸠窝好像不太高哦。”“斑鸠窝不是不高，因为我们在二楼呀，所以我们从窗口看就不觉得高啦……”听到孩子们有趣的对话，我们把“斑鸠窝到底有多高”这个问题提出来，孩子们纷纷表示可以量一量。

瑶瑶说：“我们可以拿一把尺子来量一量。”点点说：“树比尺子长多了，不够我们量呀！”阳阳说：“我们可以爬到树上去量。”西西说：“爬树太危险了。”安安说：“不用爬树，鸟窝就在窗口的位置，我们在窗口鸟窝的位置上做上标记，再量量标记到地面的距离，不就好了嘛。”萱萱说：“可是，我们没有这么长的尺子呀？”听了孩子们的好主意，我们建议孩子们在教室里寻找可以用来替代卷尺测量距离的材料。没一会儿，月月从美工区找来了一卷丝带：“我觉得丝带的长度很长，肯定够量了。”孩子们都觉得这个主意真好，于是，测量鸟窝高度的工作开始了。

我们先从教室窗口投下丝带，将丝带一头固定在与鸟窝高度一致的玻璃窗上，然后下楼找到绳子接触地面的另一头，做上标记。回到教室，大家又取回已经做好标记的丝带，几个孩子拉一拉，看看有多长。新的问题又出现了：“用什么来量丝带的长度呢？”聪明的孩子们发现教室里有很多收集来的空酸奶盒，大家决定用它们量一量丝带长度。孩子们先将丝带拉直，再将酸奶盒沿着丝带排队摆放好，数一数，绳子有 23 个酸奶盒那么长。得到结果的孩子们把有趣的活动过程和测量结果都记录了下来。

楼上投丝带

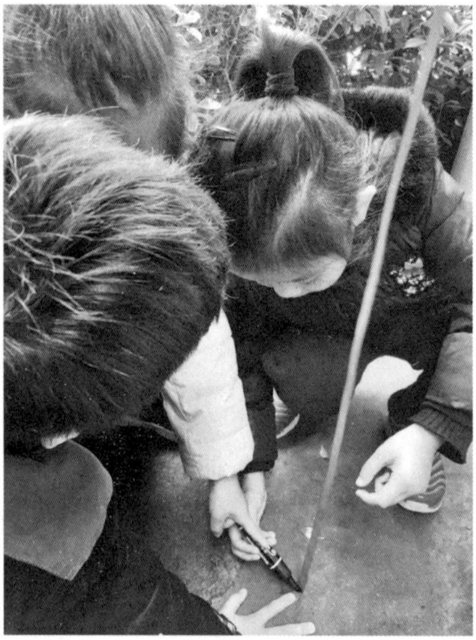

楼下记标记

巧用酸奶盒来统计

记录鸟窝的高度

6. 鸟窝的新发现

在测量过程中,彤彤说:“我发现鸟窝的外面有好多鸟粪。”晨晨问:“那鸟窝里为什么没有鸟粪呢?”依依说:“对呀,我觉得鸟窝里好干净,一点鸟粪都没有。”孩子们觉得好奇怪,为什么鸟窝外面有鸟粪,而鸟窝里面没有呢?

于是我们拍摄了一张鸟窝的照片,大家观察后发现,鸟窝是一根根树枝搭造起来的,树枝之间有缝隙。正因为这个独特的构造,可以使鸟粪从鸟窝里漏出去,保证了鸟窝里的干净。

鸟窝和鸟粪

7. 鸟宝宝成长记

在本次班本活动过程中,孩子们通过翻看观察区角里的“鸟宝宝成长记”和自己记录本里的记录,更清晰地了解到小斑鸠从孵化到长大的 17 天的精彩过程。

在讨论中,小七说:“斑鸠妈妈一动不动坐在鸟巢里的样子,我还记在心里呢!”尧尧说:“想到斑鸠妈妈保护小斑鸠,自己被雨淋湿的时候,我感动得都要哭了……”彤彤说:“是呀,不知道现在下雨天还会不会有人给斑鸠撑伞。”笑笑说:“我还记得斑鸠宝宝们,它们毛茸茸的,闭着眼睛睡觉,样子真可爱。”厚厚说:“我记得它们刚刚长出羽毛跌跌撞撞学走路学飞的样子,我都想笑了。不过它们可真勇敢呀!”

…………

这时苗苗提议:“虽然斑鸠离开了我们,但是我们还有‘鸟宝宝成长记’的记录,看着它们,我们就能回想到和斑鸠宝宝在一起的时候了。”“是呀,小斑鸠一点点长大的过程,都被我们记录了下来,我们还可以介绍给爸爸妈妈和老师看呢。”老师的补充,给孩子们带来了很多安慰。

经过这次讨论,每次爸爸妈妈来接孩子们的时候,很多孩子都会热情地拉住爸爸妈妈的手,给他们介绍我们的“鸟宝宝成长记”。在这一过程中，孩子们的语言表达能力不但得到了提升和发展，而且更深刻地理解了斑鸠爸爸妈妈抚养斑鸠宝宝的过程，它们不是一直在小斑鸠身边守护着它们，而是随着斑鸠宝宝的逐渐长大，斑鸠爸爸妈妈也会逐步放手、离开，小斑鸠们长大的那一天也是自己即将开始独立生活的时刻。我们小朋友的成长也是一样的，所以面对成长，要勇敢，要努力，要加油！

孩子们的记录

教师的思考

在“鸟窝有多高”的活动中，幼儿提出了“斑鸠窝到底有多高”的新问题。我们鼓励和支持他们思考、发现，尝试运用不同的方法去解决日常活动中遇到的问题，体会数学与生活的紧密联系以及数学带来的好处。

在测量的过程中，因为没有那么长的尺子，我们鼓励幼儿尝试使用替代物来进行测量。有了替代物，测量方法的问题又出现在幼儿的面前。经过一番讨论，他们决定采用做标记测量的方法，最后这些实质性的困难得到了很好的解决。对于测量的结果，幼儿通过数数的方式，感知和体会到有些长度是可以用实物的数量来描述的，在尝试用图画或其他符号进行记录的同时，他们丰富了自己解决问题的经验，建立了事物之间的联系，使最终测量结果的呈现丰富有趣。集体的分享，多种的表述方式，是一个很好的相互学习与借鉴的过程。

我们觉得因为本次班本活动的开展，幼儿经常接触大自然，在激发他们好奇心的同时也增加了他们善于提问、勇于探究的欲望。老师作为活动的支持者、参与者，和幼儿一起发现并分享周围新奇有趣的事物和现象，认真对待他们的每一个问题，引导他们猜一猜、想一想、做一做，有意识地引导幼儿学会仔细观察的方法，提高观察、分析的能力。

第三次课程审议

这一阶段的班本探究中，“爱”的教育贯穿其中。初生的小斑鸠备受父母的呵护，阴雨绵绵的恶劣天气里，斑鸠妈妈给予小斑鸠的爱打动了大家。幼儿心中溢满了对母爱的暖暖感动，也激发了他们想保护斑鸠一家的情感。教师作为幼儿的伙伴，积极支持他们的所思所想，在这样大力的支持帮助下，我们看到了幼儿天马行空、敢说敢想的尝试与成功。

课程资源的挖掘与利用需要教师有准备、有意识。比如，在有趣的撑伞、换伞、动人的诗歌、用心的关注与守护、大胆的尝试、测量等活动中都能看出教师的用心和思考。当幼儿对“鸟窝有多高”产生疑问时，教师没有直接给出答案，而是及时“制造问题”，鼓励幼儿想办法进行测量，把解决问题的机会留给幼儿。在探索鸟窝里为什么很干净这个问题时，教师引导幼儿进行观察、推测，有意识地给他们留足了探索和猜想的空间。

当小斑鸠一天天长大，回归大自然后，我们也看到了幼儿倾注的爱心、思考与成长。斑鸠的成长轨迹也是幼儿各方面能力得到提升和经验不断丰富成长的过程。这一阶段的活动追随了幼儿的好奇心，也能看出幼儿对斑鸠邻居的爱心以及对活动投入的热情等等。虽然小斑鸠已经离开了，但这并没有让幼儿感到太多的遗憾，教师们也利用这样的契机和幼儿一同归纳、总结、提升。我们亦期待小斑鸠们带给大家更多的美好收获。

三、活动总结

（一）活动脉络图对比

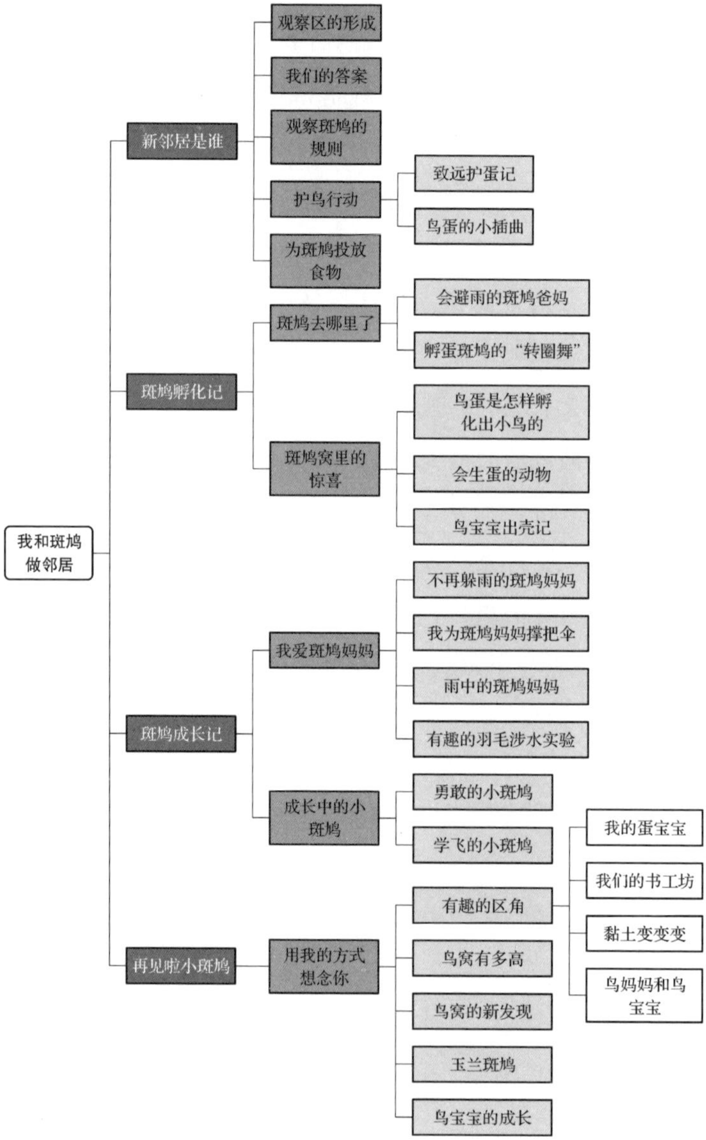

活动脉络分析

在完成的脉络图中，呈现了幼儿在班本活动进行过程中由突发的一些事件引申出各种各样有趣的活动，如："致远护蛋记""雨中的斑鸠妈妈""学飞的小斑鸠"和"鸟窝有多高"等等。新增加的课程让老师又发现了新的教育取向：爱心教育。从观察并感知到成年斑鸠对斑鸠宝宝的呵护照料，到自发地对小斑鸠宝宝的关切意识，幼儿获得的是对自己亲情体验的自我投射，由此在教师有意识的积极引导下，幼儿被唤醒的便是自己对父母的感恩意识和敬爱之情，所以在我们完成的脉络图中，也新增了相关的活动。

新增的活动还有"会生蛋的动物""羽毛涉水实验"等等，这些活动的实施使主题呈现出趣味性、科学性和可操作性。《指南》中指出儿童有着与生俱来的好奇心和探究欲望，而中班幼儿的特点是好奇、好问、好探索，探究既是幼儿科学学习的目标，也是幼儿科学学习的途径，由此我们新增了这一系列的科学活动，支持孩子运用多种感官感知事物，不断动手进行操作、动脑思考，从中获得丰富的科学知识和经验。例如：斑鸠的羽毛像雨衣一样可防水，除了用量尺还可以运用不同的材料进行测量和表述……孩子们置身于有趣的主题活动当中，运用相关的科学手段寻求事物间的关系。

总体而言，在这一系列活动中，幼儿个个都是参与者与探索者，他们表现得积极主动，也燃起了对班本活动探究的热情。

（二）幼儿经验分析

在班本活动正式开展之前，我们预设了调查、观察、规则意识等相关经验。在活动实施后，我们发现在每一个活动中，幼儿收获了比我们预设经验更多的新经验，正是新经验的积累与储备，才使得每一个活动都能够深入地开展起来。随着活动内容的愈加丰富，幼儿的经验也在多种多样的活动中得到多方位的提升，比如分类投放食物、立体设计、非标准测量等等。当他们想探索更多未知经验的时候，兴趣也随之增强，从而形成了一个非常好的良性循环。幼儿在自主学习的过程中，慢慢积累着经验——从大自然中获得经验、从生活中获得经验、从问题解决中获得经验、从生动的体验中收获丰富的经验,从而产生了对大自然的热爱之情和对生命的尊重之情。

(三) 教师的感悟

从两只斑鸠成了我们的新邻居,到两枚蛋宝宝的诞生,再到两只斑鸠宝宝的出壳与成长,40 多天的陪伴、呵护将幼儿与斑鸠一家紧紧相连。

在整个班本课程的探究过程中,幼儿一直用自己喜欢的方式对斑鸠每天的活动进行观察记录。我们鼓励他们每天把记录本带回家,和爸爸妈妈一起分享斑鸠的故事,同时也让家长们参与到我们的活动中来。通过幼儿园、家长、社会三方资源,孩子、家长和老师一起深入认识了珠颈斑鸠。

幼儿细心观察斑鸠,在课程中得到成长。斑鸠出生后大家心系斑鸠宝宝,当他们看到雨中的斑鸠妈妈深深为之感动,他们想办法不打扰斑鸠一家,想让斑鸠不用飞很远就能吃到食物,想在下雨天为它们撑一把小伞。他们虽然年纪小,心里却装着满满的爱。他们还把这份爱延续到家人的身边,尽自己小小的力量,回报家人的养育之恩。

在班本课程研究的过程中,我们深刻地感受到幼儿虽然小,但是他们自发地促进了观察区角的形成,在找到"窗外的鸟是斑鸠"答案的同时,制订出观察斑鸠的规则,展开了护鸟行动,他们积极为斑鸠投放食物,当斑鸠暂时离开的时候,他们会关心斑鸠去哪儿了,从而收获了独一无二的资料:斑鸠会避雨以及斑鸠孵蛋的时候会"转圈"的秘密。十七天后的惊喜,帮幼儿找到了鸟蛋是怎样孵化出小鸟的答案,丰富了关于会生蛋动物的知识。在"鸟宝宝出壳记"的观察中,幼儿看到了雨中不再避雨的斑鸠妈妈,在为之感动的同时想要为斑鸠妈妈撑把伞,为斑鸠妈妈编诗歌,参与了有关羽毛涉水的有趣实验。看着成长中的小斑鸠那么勇敢地自己学飞,幼儿也勇敢地接受自然规律,开心且不舍地对小斑鸠说再见。为了纪念与斑鸠共处的美好时光,他们用自己的方式——有趣的区角活动"我的蛋宝""斑鸠故事""鸟窝有多高""鸟窝的新发现""鸟宝宝成长记"等来想念它们。这一系列活动都是幼儿在前、教师在后,以幼儿的兴趣为主导,这是一次关于生命与爱的活动历程。

作为教师的我们，在教育理念上也得到了很大提升。原先我们的设想是完全按照小斑鸠的出壳以及生长为线索的，但当活动开始后，我们发现幼儿在每天的区域游戏中，自己就可以观察到很多。我们原以为小斑鸠长大后班本课程就会自然结束，可是幼儿继续探究了鸟窝的高度和鸟窝的秘密。当老师追随幼儿的兴趣点，很多意外的惊喜就会发生。从“我们明天可以做什么”转换到“从可进一步开展活动的可能性中，我选择什么作为聚焦点”，我们学会了追随幼儿，让幼儿成为学习的主体，我们的课程更多展示了幼儿的想法，帮助他们认识到自己就是思想家和创新者。因此，教师在活动中要不断补充自己各方面的知识，才能带给幼儿更多的帮助与指导。

此外，我们还注重家园合作，践行家庭、幼儿园和社区是教育的共同体，既丰富了大家对鸟类知识的了解，又增进了亲子关系，整体提升了大家爱护大自然、关爱关心小动物的意识。

虽然课程已经结束，但是我们会将鸟窝一直留在那里，希望某一天，当我们看向窗外，斑鸠们还会回来，坐在窝里，伴着我们一起快乐地生活。

附录：艺术化课程核心经验

我们根据艺术化课程目标，以《3—6岁儿童学习与发展指南》中的儿童发展目标为纲，借鉴参考了南京师范大学出版社出版的“核心经验与幼儿教师的领域教学知识丛书”、北京师范大学出版社出版的《幼儿园教育与教学大纲》、教育科学出版社出版的“高瞻课程关键发展指标与支持性教学策略丛书”、上海交通大学出版社出版的《学前儿童音乐教育活动设计与指导》、北京联合出版公司出版的《通向数学：教师指导手册》等，制订了艺术化课程中儿童学习与发展的核心经验，具体分为六个方面——运动与健康、交流与读写、认知与理解、表达与创造、交往与适应、习惯与态度，并根据年龄特点进行了层级划分。

一、运动与健康

(一) 身心健康

表1 身心健康

小 班	中 班	大 班
1. 愿意参加运动,知道食物的名称及其营养价值 2. 情绪比较稳定,很少因一点小事哭闹不止 3. 有比较强烈的情绪反应时,能在成人的安抚下逐渐平静下来 4. 能在较热或较冷的户外环境中活动 5. 换新环境时,情绪能较快稳定,睡眠、饮食、如厕基本正常 6. 在帮助下能较快适应集体生活	1. 知道食物对健康茁壮成长很重要 2. 经常保持愉快的情绪,不高兴时能较快缓解 3. 有比较强烈的情绪反应时,能在成人提醒下逐渐平静下来 4. 愿意把自己的情绪告诉亲近的人,一起分享快乐或求得安慰 5. 主动锻炼身体,能在较热或较冷的户外环境中连续活动半小时左右 6. 换新环境时,较少出现身体不适 7. 能较快适应人际环境中发生的变化,如换了新老师	1. 知道运动和健康的食物对身体有好处,能坚持运动 2. 经常保持愉快的情绪,知道引起某种情绪的原因,并努力调解 3. 能识别自己的情绪,以恰当的方式表达情绪,不乱发脾气或长时间处于消极情绪状态 4. 表达情绪的方式比较适度,不乱发脾气 5. 能随着活动的需要转换情绪和注意力 6. 积极锻炼身体,能在较热或较冷的户外环境中连续活动半小时以上 7. 天气变化时较少感冒,能适应车船等交通工具造成的轻微颠簸 8. 能较快融入新的人际关系环境,如换了新的幼儿园或班级,能较快适应

(二)动作发展

表2　动作发展

小　班	中　班	大　班
1. 能沿地面直线或在较窄的低矮物体上走一段距离 2. 能双脚灵活交替上下楼梯 3. 能连续行走1千米左右 4. 喜欢玩球、沙包、圈、绳等小型运动材料 5. 能做简单的移动运动，如能身体平稳地双脚连续向前跳 6. 能单脚连续向前跳2米左右 7. 分散跑时，能躲避他人的碰撞 8. 能快跑15米左右 9. 能双手向上抛球 10. 能双手抓杠，悬空吊起10秒左右 11. 能单手将沙包向前投掷2米左右 12. 能用笔涂涂画画 13. 能熟练地用勺子吃饭 14. 能用剪刀沿直线剪，边线基本吻合 15. 在帮助下能穿脱衣服或鞋袜 16. 在提醒下能自然坐直、站直 17. 能原地连续拍接球 18. 对篮球有初步的兴趣和爱好，初步学会投篮(投篮距离:1—1.5米。篮筐高度:0.8米) 19. 愿意参加足球游戏活动，会用脚踢球和简单地控制球，有初步的球感	1. 能在较窄的低矮物体上平稳地走一段距离 2. 能连续行走1.5千米左右 3. 能连续拍球 4. 能助跑跨跳过一定距离，或助跑跨跳过一定高度的物体 5. 尝试做复杂的移动动作，如能单脚连续向前跳5米左右，能快跑20米左右 6. 能与他人玩追逐、躲闪跑的游戏，运动时能主动躲避危险 7. 能以匍匐、膝盖悬空等多种方式钻爬 8. 能连续自抛自接球，抛球高度不低于1米，能跟随球移动的方向移动身体，动作灵活 9. 能单手将沙包向前投掷4米左右 10. 能沿边线较直地画出简单图形，或能将边线基本对齐地折纸 11. 能沿轮廓线剪出由直线构成的简单图形，边线吻合 12. 对篮球感兴趣，学会简单的持球、运球、传球、投篮及时(投篮距离:1.5—2米。篮筐高度:1.08米) 13. 能双人原地和行进间地传球，学会基本步法:侧身交叉步、跨步、小碎步、滑步、攻击步、变向跑、变速跑、侧身跑、后退跑等 14. 喜欢足球运动，了解一些足球运动的明星，手、眼、脚能够协调地传球、带球和射门，有一定的体能和耐力	1. 能在斜坡、荡桥和有一定间隔的物体上较平稳地行走 2. 能连续行走1.5千米以上 3. 能连续跳绳 4. 能单脚连续向前跳8米左右 5. 能快跑25米左右 6. 能熟练地做一些协调性的复杂的移动动作，如能以手脚并用的方式安全地爬攀登架、网等 7. 经常保持正确的站、坐和行走姿势 8. 能单手将沙包向前投掷5米左右 9. 能根据需要画出图形，线条基本平滑 10. 能手眼协调地沿轮廓线剪出由曲线构成的简单图形，边线吻合且平滑 11. 能熟练使用筷子，吃东西时细嚼慢咽 12. 能使用简单的劳动工具或用具 13. 有运动游戏的基础，乐于参加一些带有比赛性质的游戏，如接力赛 14. 喜欢篮球运动，能正确地持球、运球、传球、投篮，有一定的左右手运球能力和运球速度(投篮距离:1.5—2米。篮筐高度:1.5米) 15. 能简单地、不加防地急停急起、变向、后传等 16. 能左右脚交替运球，手脚动作协调，有一定的准确性、协调性和肌肉的力量与关节的柔韧性 17. 足球活动中有一定的团队合作能力

（三）生活自理和自我保护

表3　生活自理和自我保护

小　班	中　班	大　班
1. 在帮助下能完成一些自我生活管理，如能穿脱衣服或鞋袜 2. 能将图书或玩具放回原处 3. 不吃陌生人给的东西，不跟陌生人走 4. 在提醒下能注意安全，不做危险的事 5. 在公共场所走失时，能向警察或有关人员说出自己和家长的姓名、电话号码或家庭住址等简单信息 6. 愿意在成人的陪同下参加幼儿园安全演练	1. 自己能完成一些自我生活管理，如能自己穿脱衣服、鞋袜，扣纽扣。有需要时，能主动请求帮助 2. 主动模仿、学习同伴的生活小技能 3. 知道在公共场合不远离成人的视线单独活动 4. 认识常见的安全标志，能遵守安全规则 5. 运动时能主动躲避危险，知道简单的求助方式 6. 主动参加幼儿园安全演练，了解简单的自护方法	1. 自己能完成大多数的自我生活管理，发展新的自理能力，并能帮助同伴 2. 未经大人允许不给陌生人开门 3. 自觉遵守基本的安全规则和交通规则 4. 运动时能注意安全，不给自己和他人造成危险，遇到危险状况能及时求助 5. 积极参加地震、火灾等安全演练，了解基本的防灾知识和自我保护的方法 6. 能根据冷热增减衣服，会自己系鞋带

二、交流与读写

(一) 倾听交流

表 4　倾听交流

小　班	中　班	大　班
1. 能在较短时间内安静倾听他人说话 2. 能用简单完整的句子与熟悉的人交流,会借助动作、表情、图画等方式辅助自己的表达 3. 愿意在熟悉的人面前独立讲述自己熟悉或喜欢的事物 4. 能口齿清楚地说儿歌、童谣或复述简单的故事 5. 基本会说本民族、本地区的语言或普通话 6. 能用常见的动词描述人与事物之间的简单关系 7. 能听懂日常会话、简短的儿歌或故事	1. 在集体中能有意识地倾听与自己有关的信息 2. 能结合情境,感受到不同语气、语调所表达的不同意思 3. 愿意与他人交谈或参与他人谈话,将话题与自己的经验相结合,并有意识地运用动作、姿势、表情等方式辅助表达 4. 喜欢谈论自己感兴趣的话题,能注意运用一些生活中或文学作品中习得的形象生动的词句 5. 会说本地区的方言,基本会说普通话,能用普通话进行日常会话 6. 能基本完整地讲述自己的所见所闻和经历的事情 7. 会使用常用的连接词表明事件发生的顺序	1. 在集体中能注意听老师或其他人讲话,充分理解他人的意思,初步听懂话语中的隐含意思 2. 听不懂或有疑问时能主动提问 3. 能结合情境理解一些表示因果、假设等的相对复杂的句子 4. 能主动发起谈话,会根据不同对象运用不同语言、语气及词汇帮助对方理解 5. 能有序、连贯、清楚地讲述一件事,讲述时能使用常见的形容词、同义词等,语言比较生动。会使用复杂的语言,如带有“当”“如果”“因为”或者“既然”的句子 6. 懂得按次序轮流讲话,不随意打断别人,能根据所处情境,使用恰当的语言,如在别人难过时会用恰当的语言表示安慰 7. 会说本民族或本地区的语言和普通话,发音正确清晰,少数民族聚居地区幼儿基本会说普通话

(二) 阅读书写

表 5　阅读书写

小　班	中　班	大　班
1. 对阅读感兴趣,主动要求成人讲故事、读图书 2. 爱护图书,不乱撕乱扔 3. 能理解图书上的文字是和画面对应的,是用来表达画面意义的 4. 借助已有的生活经验内容,理解作品中相关词汇的意思 5. 翻阅图书,对书中的一些画面感兴趣 6. 记得(复述)故事或书本中的1—2个细节 7. 喜欢用涂涂画画表达一定的意思	1. 喜欢把听过的故事或看过的图书讲给别人听 2. 对生活中常见的标识、符号感兴趣 3. 能根据连续画面提供的信息,大致说出故事的情节 4. 说出书的某些部分的名称,如封面、标题和页码 5. 将书正确摆放(正面朝上);从左向右翻页;从头开始阅读,知道故事从哪里开始 6. 愿意用图画和符号表达自己的愿望和想法 7. 在成人提醒下写写画画时姿势正确	1. 喜欢与他人一起谈论图书和故事的有关内容 2. 对图书和生活情境中的文字符号感兴趣,乐于询问其相关含义 3. 能说出书的许多部分的名称,如封面、封底、文字作者、插画作者和页码 4. 对看过的图书、听过的故事能说出自己的看法 5. 能说出所阅读的幼儿文学作品的主要内容 6. 养成阅读习惯,如按顺序翻动书页;如果错过一页,会往前翻 7. 愿意用图画和符号表现事物或故事 8. 知道文字表示一定的意义,会正确书写自己的名字

三、认知与理解

(一) 数与量(数、数量、集合、分类)

表6 数与量

小 班	中 班	大 班
1. 能感知和区分物体的大小、粗细、长短、高矮、厚薄、轻重等量方面的特点，并用相应的词语描述 2. 能用一一对应的方法对5以内两组物体进行数量比较，并尝试将其变成一样多 3. 能排除物体的大小干扰，判断5以内数量的多少 4. 用重叠对应的方法，进行5以内的长短、多少排序 5. 能一一对应地按大小顺序排列4对物体，体验物体从小到大的顺序关系 6. 能把一个集合的东西分成多组 7. 感知几个部分可以合成一个整体 8. 能排除干扰，按颜色、大小、形状、数量等单一的维度进行分类	1. 能用计数的方法比较10以内两种物体的多少，理解数与数之间的关系，会用数词描述事物的排列顺序和位置 2. 能按数量6—10做等量集合和匹配等量物群 3. 能为物群匹配相应的数字，表示其数量特征 4. 能用计数的方法进行10以内的数量比较 5. 理解5以内物体的高矮顺序关系 6. 比较7以内的数量，感知数的大小关系 7. 比较两个集合，感知其关系 8. 将一组物品分成几组，并进行描述 9. 感知二维(行、列)坐标的意义，综合行、列坐标信息匹配相应物体	1. 对30以内的物体能按群计数 2. 感知10以内的数差关系，进行自主排序 3. 理解单双数的概念，知道10以内的单数、双数 4. 在应用情境和操作中理解加和减的实际意义，感知算式结构，并通过实物操作或其他方法进行10以内的加减运算 5. 感知数字的不同用途并应用数字正确表示，如基数、序数、日期、时间、钱币等 6. 理解层级分类板的结构，能做层级分类，体验集与子集的包含关系 7. 能进行简单的调查统计，用记录表、统计图等统计数量关系 8. 理解网格中行、列坐标的意义，用坐标值表征目标物体的位置

(二) 图形与空间

表 7　图形与空间

小　班	中　班	大　班
1. 能注意物体较明显的形状特征,并能用自己的语言描述 2. 感知物体的基本空间位置与方位,理解上下、前后、里外等方位词 3. 丰富对圆形、正方形、三角形的认识 4. 能用实物再现图中物体的空间关系 5. 体验以 ABB、ABC 为单位的重复排列,并能全范例复制或按半范例拓展 6. 能根据形状线索和画面线索选择合适的补块,尝试运用平移、旋转完成补图	1. 体验常见立体图形各平面的特征 2. 感知平面图形的边、角的特点 3. 认识三角形、长方形、梯形、椭圆形等常见几何图形的基本特征,并能分类 4. 根据形状的特征选择合适的材料,用来制作其他东西 5. 感知行、列坐标的意义并进行相应的匹配 6. 感知物体或图形的形体结构特征,能拼搭出造型 7. 感知物体的空间位置关系,用方位语言描述物体的位置和方向 8. 创造或扩展一个简单的模式,如:ABAB	1. 分析、比较图形特征,对图形进行定义和分类 2. 感知不同的图形可以合成一个新的图形(组合),或分割成其他图形(分解) 3. 用移动、翻转或旋转变化等方式进行图形变换 4. 区分正方体和长方体,知道其共同点和不同点 5. 理解行、列坐标的意义和空间关系 6. 区分人与物之间的空间关系(以自身为中心的左右和以客体为中心的左右) 7. 理解方向标记的意义,用方向标记做记录 9. 发现立体图形中的遮挡空间关系 10. 识别、创造或扩展一个复杂的模式,如:ABA′B′

(三)测量

表8 测量

小　班	中　班	大　班
使用测量术语描述单个物体、人或事件,作为其身份的一部分,如:我很大,我是跑得最快的人	1. 能用多种自然测量法进行测量,并用简单的符号和数字表示测量结果 2. 理解测量单位,知道单位相等,且不间断或不重叠才能进行比较 3. 使用比较级测量词语对两个人、物体或事件进行比较或排序	1. 了解和确定物体的属性特征,据此进行比较与测量 2. 理解并使用单位概念,通过测量对事物进行比较排序 3. 使用高级测量词语对三个或更多的人、物体或事件进行比较或排序 4. 知道尺子的用途和刻度的意义,使用厘米尺测量生活中物体的长度

(四)探究发现

表9 探究发现

小　班	中　班	大　班
1. 认识常见的动植物,能注意并发现周围的动植物是多种多样的 2. 能感知并发现物体和材料的软或硬、光滑或粗糙等特性 3. 能感知并体验天气对自己生活和活动的影响 4. 初步了解并体会动植物和人们生活的关系 5. 感知和发现周围物体的形状是多种多样的	1. 能感知和发现动植物的生长变化及其基本条件 2. 能感知和发现常见材料的溶解、传热等性质或用途 3. 能感知和发现简单的物理现象,如物体形态或位置变化等 4. 初步感知常用科技产品与自己生活的关系,知道科技产品有利也有弊 5. 初步了解人们的生活与自然环境的密切关系,知道尊重和珍惜生命,保护环境	1.能观察到动植物的外形特征、习性与生存环境的适应关系 2. 能发现常见物体的结构与功能之间的关系 3. 能探究并发现常见的物理现象产生的条件或影响因素 4. 感知并了解季节变化的周期性,知道变化的顺序

(五) 探究能力

表 10　探究能力

小　班	中　班	大　班
1. 用多种感官探索事物 2. 对感兴趣的事物能仔细观察并发现其明显特征 3. 在操作材料时，会提出关于发生了什么的简单问题 4. 对自己简单的科学观察和发现，期望得到成人关注 5. 通过模仿展示对自然和物质世界的认识 6. 以做选择的方式做预测 7. 探索各种工具本身	1. 用多种感官来探索材料，开始表现出对事物变化过程的兴趣 2. 观察事物如何运用或事情在什么时候发生，当事情发生时表达或评论自己所看到的 3. 能对事物或现象进行观察比较，发现其相同点与不同点 4. 用简单的口语描述自己看到或做过的事 5. 通过简单的调查收集信息，用图画或符号进行记录 6. 通过反复试误去探究材料 7. 使用工具支持自己的游戏	1. 用多种感官更加细致地探索自然和物质世界 2. 通过观察、比较与分析，发现并描述不同种类的物体的特征或某个事物前后的变化 3. 表达一种想法并通过实验对其进行验证 4. 在成人的帮助下，能制订简单的调查计划，并执行 5. 用数字、图画、图表或其他符号记录 6. 在操作材料时，会提出关于发生了什么的问题，并通过实验去寻找答案 7. 根据已有经验做出预测，解释预测。基于观察结果验证预测，对结果进行口头解释 8. 以简单的方式解释工具如何工作以及能够做什么

四、表达与创造

(一) 欣赏

表 11 欣赏

小 班	中 班	大 班
1. 喜欢观看花草树木、日月星空等大自然中美的事物 2. 对大自然、艺术作品的美有积极的情感反应 3. 了解各种艺术形式中文学、音乐、美术、建筑、雕塑等基本表现手段,如颜色、声音、形状、动作、手势等 4. 初步感知不同文学作品的特点,如儿歌的韵律,故事的起始与结尾等 5. 喜欢跟读韵律感强的儿歌或童谣,感知儿歌朗朗上口的特点 6. 喜欢倾听运用不同修辞方式的文学作品 7. 愿意在成人陪伴下听音乐,看舞蹈、戏剧,对戏剧游戏有兴趣 8. 观察或参与创造性艺术活动	1. 关注自然界和生活环境中美的事物的形态、色彩等特征 2. 欣赏艺术作品时会产生相应的联想和情绪反应 3. 区分并说出各种艺术形式中的基本表现手段,如颜色、声音、形状、节奏、动作、手势等 4. 了解诗歌、故事、散文等不同体裁文学作品的特点和风格 5. 体会散文中描绘的各个画面的内容与意境 6. 理解文学作品中运用比喻、拟人、夸张等修辞方法的语句所表现的内容 7. 感知声音中的高低、长短、强弱的变化 8. 喜欢欣赏音乐、文学、美术等艺术作品,体会作品所表达的情绪情感,产生喜悦、担忧等情绪反应 9. 对戏剧游戏有积极的兴趣,理解艺术形象,关注人物角色的发展和相互影响 10. 对幼儿园周围的各种建筑有兴趣,了解不同的建筑风格 11. 在空闲时间愿意参加有趣的、丰富的活动,形成一定的休闲文化的基础,如游戏、阅读图书、绘画、泥塑、搭建、参观等	1. 能对自然界和生活环境中有特点的声音产生相应的联想 2. 艺术欣赏时能用表情、动作、语言等方式表达自己的理解 3. 艺术欣赏时能描述风格和内容方面的艺术特征 4. 愿意和别人分享、交流自己喜欢的艺术作品和美感体验,说出自己的艺术作品所表达的内容 5. 进一步感知不同类型诗歌,如数字歌、连锁调、谜语、绕口令等的特点 6. 感知不同风格、不同体裁作品中持续变化所带来的语境效果 7. 能初步感受文学语言的美 8. 爱好音乐、文学、美术等优秀的艺术作品,理解作品所表达的情感 9. 在空闲时间常进行有趣的、有益的、丰富的活动,形成良好的休闲文化的基础,如游戏、运动、阅读、绘画、泥塑、搭建、散步和参观等

(二) 表现

表 12 表现

小 班	中 班	大 班
1. 能口齿清楚地说儿歌、童谣或复述简单的故事 2. 根据成人的讲述或朗诵形成对文学作品中人物的动作、表情等的想象,并做出相应动作 3. 根据自己的经验和想象,替换作品中的单个要素,如角色、动作、对象,初步仿编文学作品 4. 经常自哼自唱或模仿有趣的动作、表情和声调,模仿学唱短小歌曲 5. 倾听环境中的声音,使用日常生活中的材料制造声音,尝试模仿声音 6. 学习串铃、铃鼓、有硬把的碰铃、鼓等可用大臂肌肉动作演奏的打击乐器的基本奏法,学会用适中的力量演奏 7. 能独立随熟悉的歌曲或乐曲有节奏地演奏,或在集体中合拍地齐奏 8. 探索用身体或身体的部分来做律动 9. 经常涂涂画画、粘粘贴贴,并乐在其中 10. 会画一些独立的构造简单的物体和内容简单的情节 11. 能用声音、动作、姿态模拟自然界的事物和生活情景 12. 在音乐的伴奏下,在旁白的配合下能模仿动物的动作	1. 结合已有的生活和文学作品的学习经验,表达对作品的初步感受,尝试有感情地讲故事、朗诵诗歌 2. 通过替换文学作品中的多个要素,仿编一个文学作品的片段或续编一个情节,合理且有逻辑 3. 能唱熟悉的简单歌曲,能唱出歌曲副歌或合唱部分的所有歌词或大部分歌词 4. 给熟悉的歌曲创编歌词,根据歌词即兴创作曲子来表达自己的心情 5. 能用一两种与音乐有关的方式来律动 6. 进一步学习一些打击乐器(如小钹、圆弧响板、吊钹、沙球等)的基本奏法,学会追求适中的音量和美好的音色 7. 学会辨别不同乐器的音色特征,体会各种演奏方案中音乐配置的对比性规律,在老师指导下尝试集体设计演奏方案 8. 进一步学会看指挥齐奏、合奏,保持自己的演奏速度和节奏型 9. 经常用绘画、捏泥、手工制品等多种方式表现自己的所见所想 10. 和同伴一起进行简单的扮演游戏,丰富游戏想法	1. 借助动作或口头语言表现不同类型诗歌的节奏和韵律,有感情地讲故事、朗诵散文 2. 结合生活经验谈论自己对文学作品主题或意境的理解 3. 调动生活经验,尝试用文学性、书面化的语言仿编、续编、创编诗歌、故事、散文等 4. 能唱复杂的歌曲,能唱合唱部分和几小节,游戏时能创作并演唱简单的歌曲 5. 能用律动或简单的舞蹈动作表现自己的情绪或自然界的情景 6. 进一步学习更多种类的打击乐器(如木鱼、双响筒、三角铁等需用腕、指等小肌肉动作演奏的乐器)的基本演奏方法,学会追求音色、音量的表现力 7. 体会各种演奏方案中音色、音量和节奏型配置的表现规律,初步学会独立设计演奏方案,并积极参与展示 8. 迅速、正确地按指挥的手势演奏,能在齐奏或合奏中始终保持自己的声部,并能有意识地与集体形成默契 9. 能用自己制作的美术作品布置环境,美化生活

续 表

小　班	中　班	大　班
13. 在戏剧游戏中能用语言伴随自己的动作，有初步的自主性和积极性 14. 能用平铺、垒高、对称等方式按照自己的构思建造建筑物 15. 游戏后把建构材料整齐地放回盒子 16. 乐于在成人陪同下做戏剧、绘画等有趣的活动，包括节日庆祝活动 17. 在成人的帮助下制作小饰物装扮教室，营造节日的氛围	11. 戏剧游戏中，能创编动物、人物的动作 12. 进行简单的戏剧表演，运用熟悉且富有表现力的手段来表现形象 13. 用多种材料建造建筑物，并用各种配件装饰建筑物 14. 游戏后能主动将建构材料分类收拾整齐 15. 和成人同伴共同庆祝传统的、幼儿园的、国际的节日 16. 积极参加节日准备和庆祝活动，装饰班级环境	10. 能用常见的几何形体进行组合绘画或添画出各种有创意的物体造型 11. 用材料或工具的特征来代表某件东西或创造某种效果，表达自己的感受和想象 12. 在丰富的戏剧表演场景中进行表演，积极参与各种戏剧演出 13. 能为自己的表演选择和搭配简单的服饰、道具或布景 14. 戏剧表演中能运用日用品亲手制作服装配饰等建立起角色的行为主线 15. 即兴创作，自由表达自己对角色的理解 16. 发现周围建筑物之间的联系，根据尺寸和结构创建各种建筑物 17. 热情、积极地对待节日，投身于节日的欢乐（艺术）活动中，活动中自己能亲手制作礼物 18. 庆祝祖国的、民间的、幼儿园的、国际的节日 19. 主动参加节日准备和庆祝活动，装饰班级、艺术大厅和幼儿园区域等空间

五、交往与适应

(一) 人际交往

表 13　人际交往

小　班	中　班	大　班
1. 愿意和小朋友在一起游戏,和熟悉的长辈一起活动 2. 想加入同伴的游戏时,能友好地提出请求 3. 在成人指导下,不争抢不独霸玩具,与同伴发生冲突时能听从成人的劝解 4. 别人对自己说话时能注意听并做出回应 5. 能大方地与人打招呼 6. 在提醒下能做到不打扰别人 7. 长辈讲话时能认真听,并听从长辈的要求 8. 身边的人生病或不开心时表示同情	1. 主动参与自己感兴趣的活动 2. 会运用介绍自己、交换玩具等简单技巧加入同伴游戏 3. 能用帮助、分享、轮流和交换的方式和自己喜欢的人交往 4. 与同伴发生冲突时能在他人帮助下和平解决,不欺负弱小 5. 在群体中能有意识地听与自己有关的信息 6. 活动时愿意接受同伴的意见和建议 7. 愿意与他人交谈,会用礼貌的方式向长辈表达自己的要求和想法 8. 喜欢和长辈交谈,有事愿意告诉长辈 9. 能注意到别人的情绪,并有关心体贴的表现	1. 能较快融入新的人际关系环境;有自己的好朋友,也喜欢结交新朋友 2. 能主动发起或加入同伴的游戏或活动;活动中能与他人分工合作,相互配合,协商讨论 3. 关注并热爱周围的人,有庆祝成人、朋友们值得纪念的事件的愿望 4. 有高兴的或有趣的事,愿意与大家分享;能想办法吸引同伴和自己一起游戏 5. 有问题愿意向别人请教;与别人的看法不同时敢于坚持自己的意见,并说出理由 6. 不欺负别人也不允许别人欺负自己 7. 能关注别人的情绪和需要,并能给予力所能及的帮助 8. 关心年纪小的伙伴,帮助他们,保护他们,热心,富有同情心

（二）社会适应

表 14　社会适应

小　班	中　班	大　班
1. 对群体活动有兴趣 2. 对幼儿园的生活好奇，喜欢上幼儿园，喜欢班上的老师 3. 知道父母的职业 4. 在提醒下能遵守游戏和公共场所的规则 5. 知道不经允许不能拿别人的东西，借别人的东西要归还 6. 在成人的提醒下爱护玩具 7. 不吃陌生人给的东西，不跟陌生人走	1. 愿意并主动参加群体活动 2. 关心了解长辈和身边的人 3. 认识了解常见社会成员的工作和自己的关系 4. 感受规则的意义并能基本遵守规则 5. 不私自拿不属于自己的东西 6. 知道说谎是不对的，知道接受了的任务要努力完成 7. 在提醒下能节约粮食、水、电等 8. 知道在公共场合不远离成人的视线单独活动，知道简单的求助方式	1. 在群体中积极快乐 2. 了解与自己生活有关的不同场所，知道他们与自己生活的关系 3. 了解城市中不同的职业、工作，熟悉身边一起生活、密切相关的人 4. 尊重为大家提供服务的人，珍惜他们的劳动成果 5. 接纳、尊重与自己的生活方式或习惯不同的人 6. 理解规则的意义，能与同伴协商制订游戏和活动规则 7. 爱惜物品，用别人的东西时也知道爱护 8. 爱护身边的环境，注意节约资源

（三）社会归属

表 15　社会归属

小　班	中　班	大　班
1. 知道和自己一起生活的家庭成员及其与自己的关系，体会到自己是家庭的一员 2. 能感受到家庭生活的温暖，爱父母，亲近与信赖长辈 3. 能说出自己家所在街道、小区的名称 4. 认识国旗，知道国歌	1. 喜欢自己所在的幼儿园和班级，积极参加集体活动 2. 知道父母的职业，能体会到父母为养育自己所付出的辛劳 3. 能说出自己家所在地的省、市、县（区）名称，知道当地有代表性的物产或景观 4. 知道自己是中国人，奏国歌、升国旗时能自觉站好	1. 能感受到家乡的发展变化，并为此感到高兴 2. 知道国家一些重大成就，爱祖国，为自己是中国人感到自豪 3. 知道自己的民族，知道中国是一个多民族的大家庭，各民族之间要互相尊重、团结友爱 4. 以客观、公正、开放、包容的态度对待外来文化，感受文化的独特性和多样性

六、习惯与态度

(一) 习惯

表 16　习惯

小　班	中　班	大　班
1. 在提醒下,按时睡觉和起床,并能坚持午睡 2. 在成人的帮助下学会按次序穿脱衣服 3. 在引导下,不偏食、不挑食,喜欢吃瓜果、蔬菜等新鲜食品 4. 愿意饮用白开水,不贪喝饮料 5. 不用脏手揉眼睛,连续看电视等不超过 15 分钟 6. 在提醒下,每天早晚刷牙,饭后漱口,饭前便后洗手 7. 与别人讲话时知道眼睛看着对方,说话自然,声音大小适中 8. 能在成人的提醒下使用恰当的礼貌用语 9. 遵守幼儿园活动室和区域内的秩序 10. 能独立完成一些简单的任务 11. 知道由食物产生的垃圾应放进厨余垃圾箱(袋)	1. 每天早晚刷牙,饭前便后洗手,方法基本正确 2. 有独立穿衣服的能力,养成整齐摆放和挂好衣物的习惯,能在成人的帮助下使衣物保持整洁 3. 不偏食、不挑食,不暴饮暴食,喜欢吃瓜果、蔬菜等新鲜食品 4. 常喝白开水,不贪喝饮料 5. 知道保护眼睛,不在光线过强或过暗的地方看书,连续看电视等不超过 20 分钟 6. 别人对自己讲话时能回应,根据场合调节自己说话声音的大小,能主动使用礼貌用语,不说脏话 7. 养成自觉保持班级活动室和幼儿园区域秩序的习惯 8. 独立完成值日任务 9. 能分清日常生活垃圾,并放进相应的垃圾箱	1. 养成每天按时睡觉和起床的习惯 2. 主动保护眼睛,不在光线过强或过暗的地方看书 3. 每天早晚主动刷牙,饭前便后主动洗手,方法正确 4. 巩固独立穿衣服和脱衣服的能力,整齐摆放柜子里的衣物。保持外表的干净整洁,珍爱个人物品 5. 别人讲话时能积极主动地回应,能根据谈话对象和需要调整说话的语气 6. 有在体育活动前帮成人准备器材,活动后收拾好归位的习惯 7. 帮助成人保持班级的秩序,擦拭清洗玩具,整理游戏材料,修理图书,等 8. 形成保持幼儿园区域秩序的能力 9. 认真完成值日生工作 10. 懂得按次序轮流讲话,不随意打断别人,能依据所处情境使用恰当的语言,如在别人难过时会用恰当的语言表示安慰 11. 日常生活中养成垃圾分类的习惯,并能提醒别人

(二) 态度

表 17 态度

小 班	中 班	大 班
1. 在短时间内持续参与一项感兴趣的活动 2. 观察专注于一项任务或活动的其他人 3. 喜欢承担一些小任务 4. 遇到困难时用语言或手势向成人求助 5. 能说出一个想要活动的内容 6. 在帮助下能制订一项计划 7. 为自己的行为或活动成果感到高兴 8. 自己能做的事愿意自己做 9. 珍惜成人的劳动成果 10. 回忆并简单讲述自己做过的或与当前事件密切联系的事情，以及当时用过的材料	1. 在适度的时间内持续参与一项感兴趣的活动 2. 敢于尝试有一定难度的活动和任务 3. 知道接受了的任务要努力完成 4. 遇到问题寻求帮助以解决问题，尝试一两种解决问题的方法 5. 活动中能把所做的事情和计划联系在一起 6. 活动时愿意接受同伴的意见和建议 7. 知道自己的一些优点和长处，并对此感到满意 8. 回忆并讲述自己做过的事情的细节，以及所获得的经验	1. 在长时间内持续参与一项感兴趣的活动 2. 对自己感兴趣的问题能够刨根问底 3. 探索中有所发现时感到兴奋和满足 4. 能随着活动的需要，转换情绪和注意力 5. 愿意为集体做事，为集体的成绩感到高兴 6. 自己的事情自己做，不会的愿意学 7. 主动承担任务，并坚持完成任务 8. 遇到困难能够坚持，或与同伴一起克服，而不轻易求助 9. 做了错事敢于承认，不说谎 10. 能制订一项包括区域、材料、行为和游戏伙伴等较为详细的信息的计划 11. 能在活动中实施自己制订的计划 12. 详细回忆并描述一件或多件自己做过的事情，并能基于前期经验行动